개경에서 한양까지 1

개경
에서
한양
까지
1

권력투쟁으로 본
조선 탄생기

이승한
지음

푸른역사

고려 왕실 세계

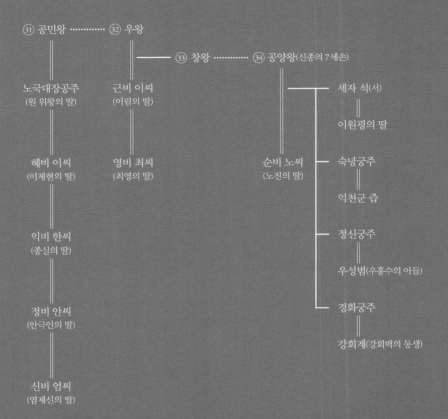

㉛ 공민왕 ‥‥‥‥ ㉜ 우왕

──── ㉝ 창왕 ‥‥‥‥ ㉞ 공양왕(신종의 7세손)

노국대장공주
(원 위왕의 딸)

근비 이씨
(이림의 딸)

세자 석(서)

이원굉의 딸

혜비 이씨
(이제현의 딸)

영비 최씨
(최영의 딸)

순비 노씨
(노진의 딸)

숙녕궁주

익천군 즙

익비 한씨
(종실의 딸)

정신궁주

우성범(우홍수의 아들)

정비 안씨
(안극인의 딸)

경화궁주

강회계(강회백의 동생)

신비 염씨
(염제신의 딸)

시작하며

이 책은 '몽골 제국과 고려'의 연작 마지막 책으로 썼던 《몽골 제국의 쇠퇴와 공민왕 시대》를 잇는 이야기이다. 공민왕 시대로 그 연작을 끝내기에는 뭔가 미진했지만 필자의 여러 사정상 일단 그것으로 마무리했는데 아쉬움이 많이 남아 있었다.

그런 아쉬움의 가장 큰 이유는 공민왕 사후 고려 말의 역사가 공민왕 시대와 직접 맞닿아 있다는 점이다. 하나하나의 사건 전개 과정도 그랬지만 공민왕 사후에 일어나는 어떤 사건도 공민왕 시대와 연결되지 않은 일이 없다. 마치 이야기를 한참 전개하다가 중도에 그만둬버린 허전한 느낌을 지울 수 없었다.

생각해보니 이런 느낌은 공민왕 사후 20년도 지나지 않아 일어난 조선왕조 개창이라는 왕조 교체 때문이었다. 전통 왕정시대의 새로운 왕조 개창은 그 자체로 가장 주목해야 할 역사적 사건이다. 새로 들어선 왕조가 구 왕조와 비교해 얼마나 많은 변화를 가져왔고, 정치 사회의 성격이 어떻게 다른지를 따지는 것은 그다음 문제이다. 우선 왕조 교체라는 역사적 사건에 주목할 필요가 있다.

그래서 이 책에서는 조선왕조의 개창 과정에 초점을 맞춰 살펴보고자 한다. 시기로는 공민왕이 죽고(1374) 바로 뒤를 이은 우왕이 즉위한 이후부터 이성계가 왕위에 오른(1392) 직후까지 고려 말의 마지막 약 20여 년 정도의 기간이다. 이성계가 왕위에 오름으로써 조선왕조가 개창되었으니 이는 이성계가 왕위에 오르는 과정이라고 봐도 상관없다. 하지만 이 책이 이성계 개인이나 개국공신의 활동에 초점을 맞춘 것은 결코 아니다. 이 기간 동안 고려 말의 막바지 조정에서 어떤 일이 벌어졌는지를 살피려는 것이다. 달리 말해서 고려왕조 최후의 정치사라고 할 수도 있다.

널리 알려져 있듯이, 위화도 회군(1388)은 이성계가 왕위에 오를 수 있었던 가장 중요한 발판이었다. 조선왕조 개창 과정을 살피려면 이 역사적 사건에 우선 관심을 가질 필요가 있다. 최영은 왜 무리하게 요동 정벌을 추진했으며, 이성계는 왜 위화도 회군을 감행했는지, 그리고 그 회군의 의미가 무엇인지 살펴보겠다. 이 문제는 요동정벌과 위화도 회군 이전에 전개되었던 대외관계의 변화와 추이를 추적하면서 그 답을 찾아보겠다. 정치외교사에 중점을 두고 위화도 회군을 감행했던 시대적 배경을 찾아보려는 것이다.

조선왕조 개창 과정에서 다음으로 궁금한 점은, 위화도 회군이 성공한 후에도 이성계는 바로 왕위에 오르지 못하고 4년이나 지난 후에 왕위에 올랐다는 사실이다. 왜 그랬을까. 생각할 것도 없이 이는 그럴 만한 여건이 아니었기 때문에 그랬다. 그래서 이성계가 쉽사리 왕위에 오를 수 없었던 그 배경을 살펴보려는 것이다. 이는 고려 말의 정국을 세밀하게 들여다보면서 찾아보고자 하는데, 달리 말하면 권력투쟁의 관점에서 살펴보려는 것이다.

새로운 왕조의 개창 과정을 살피는 데 그 대상으로 삼은 20년의 기간은 너무 길 수도 있고 너무 짧을 수도 있다. 이성계 개인의 즉위로만 조선왕조 개창을 설명한다면 너무 길 수 있지만, 조선왕조 개창이 고려왕조의 멸망을 의미한다면 너무 짧을 수도 있다. 하지만 위 두 가지 문제에 정확히 초점을 맞춰 조선왕조 개창 과정을 살펴보는 데는 길지도 짧지도 않은 적절한 기간이라 생각한다.

정치사는 역사의 민낯과 같다. 어느 시대나 막론하고 인간 군상의 삶이나 생각, 활동이나 갈등은 모두 정치로 표출되기 때문이다. 그래서 정치사는 그 시대를 이해하는 데 가장 효율적이고 중요한 내용을 보여준다. 이제 두 가지 화두를 손에 쥐고 왕조 교체 과정의 정치사를 시작해보겠다.

2020년 11월
이승한

차례

제1장

우왕의 즉위와 명사 살해 사건

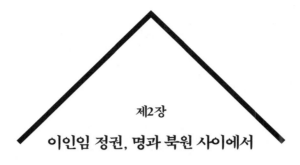

제2장

이인임 정권, 명과 북원 사이에서

제3장
요동정벌과 위화도 회군

[2권]

제4장
왕조 개창으로 가는 길

제5장

찬탈과 선양 사이에서

보론

왕조 개창, 그후

공민왕이 시해된 후 우왕을 후계 국왕으로 적극 내세운 인물이 이인임이었다. 이를 배경으로 이인임은 우왕이 즉위하자마자 권력의 중심에 들어선다. 하지만 우왕 즉위 직후 명의 사신이 귀국 도중 국경에서 살해되는 사건이 터지고, 이 명사 살해 사건의 배후 인물로 이인임이 지목되는데 그는 별 탈 없이 정권의 주도권을 잡아간다. 또한 이인임은 다시 북원에 접근하려는 태도를 보이면서 친명사대를 주장하는 박상충·정몽주·정도전 등 신진사대부의 저항에 부딪히지만 이들을 유배 보내고 일단 저항을 잠재우면서 권력을 장악한다.

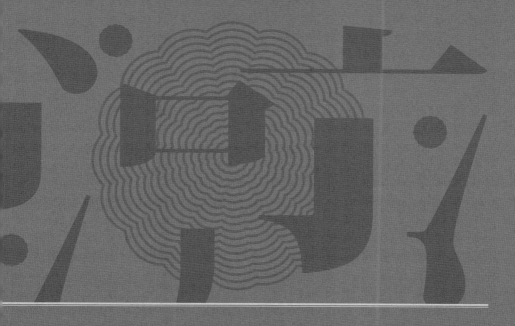

제1장

우왕의 즉위와 명사 살해 사건

1. 공민왕 시대 개관

격동의 공민왕 시대

이야기를 시작하기 전에 공민왕 집권 시대를 잠깐 개관해보고자 한다.

공민왕은 1351년 12월, 원에서 환국하여 22세의 한창 젊은 나이로 고려 왕위에 올랐다. 공민왕은 국왕에 낙점될 당시 10년째 원 조정에서 숙위 중이었고, 여러 차례 왕위 계승의 물망에만 오르다가 충정왕이 폐위된 뒤끝에 왕위에 오른 것이었다. 이는 원 조정이나 기황후의 판단이 작용하고 있었지만 공민왕에 대한 여망을 반영한 것이기도 했다.

공민왕은 왕위에 오르기는 했지만 원간섭기의 선대 왕들과 마찬가지로 왕권을 정상적으로 행사하기에는 국내외 상황이 녹록지 않았다. 원 조정에서 영향력을 높여가던 기황후는 고려 정부에 계속 간섭하였고 그 친족들도 여전히 건재하고 있었다. 게다가 공민왕은 국내에서도 자신의 세력 기반이 취약했다. 한 가지 유리한 점은 원 제국이 반란에 휩싸이면서 쇠퇴하고 있었다는 사실인데, 그런 속에서 즉위 두 달 후에 즉위 교서를 반포하여 왕권 강화와 개혁 의지를 드러냈다는 점이 특별했다.

원 제국이 쇠퇴하고 있다는 사실은 공민왕이 원에서 숙위하던 10년 동안 눈으로 확인한 일이었다. 공민왕의 숙위 활동에 함께 참여하고 환국했던 고려 관리들도 이 점은 마찬가지로 인식하고 있었다. 이들 숙위 관리들은 공민왕 즉위 6개월 후 '연저수종공신'으로 책정되지만 공민왕은 이들 모두를 온전히 신뢰하지는 않았다. 선대에 자행되었던 숙위 공신들의 횡포나 호가호위를 염려한 공민왕다운 태도였다.

연저수종공신의 서열 1위를 차지한 조일신趙日新이 1352년(공민왕 1) 9월에 기황후의 친족들을 제거하겠다고 변란을 일으킨 것은 매우 특별한 일이었다. 이 사건은 기황후 친족을 꺼리던 공민왕의 의도를 알아챈 조일신이 변란을 일으키고 공민왕을 주모자로 끌어들인 것인데, 공민왕은 여기에 말려들지 않고 조일신을 제거하여 사건을 무난히 마무리한다. 하지만 기황후와 그 친족들의 정치적 간섭은 당분간 허용하는 수밖에 없는 한계를 드러냈다.

공민왕이 기황후와 그 친족들에 대해 모종의 조치를 취해야겠다는 생각은 즉위 이후부터 굳어졌던 것 같다. 또한 이러한 공민왕의 생각은 가까운 주변 인물들에게도 전파되어 언제일지 모르지만 일이 터지기만을 기다리는 상황이었다. 기황후와 그 친족들에 대한 반감은 공민왕이나 그 측근뿐만 아니라 관료집단 내에서도 그동안 계속 쌓여온 터였다.

1356년(공민왕 5) 5월, 공민왕이 주도하여 기철 일당을 제거해버린 것은 깜짝 놀랄 만한 일이었다. 이어서 쌍성총관부를 회복하고 요동을 공격하면서 지정至正 연호를 정지하여 반원의 기치를 정면으로 내세우는데, 전광석화처럼 해치운 이런 사건은 사전에 면밀한 준비 없이는 불가능한 일이었다. 기황후와 그 친족들에 대한 반감 여론과 원 제국이 쇠퇴하고 있다는 국제 상황을 정확히 계산한 대응이었다. 그런 사정 때문이었는지 원 제국은 고려의 정면 도전에 대해 즉각적으로 대응하지 못했다.

하지만 반원 정책을 계속 추진하기에는 국내외 사정이 여의치 않았다. 이전부터 계속되던 왜구의 침략은 더욱 극성이어서 개경까지 위협할 정도였고, 여기에 1359년(공민왕 8) 11월부터 홍건적이 압록강을 넘어 쳐들어오기 시작한 것이다. 특히 홍건적은 그 2년 후에 10만이 넘는 본진의 대군이 쳐들어오는데 왕도 개경이 함락되고 만다.

공민왕은 복주(경북 안동)로 몽진을 떠나고 개경을 수복하는 일이 급선무였는데, 이런 속에서 반원의 기치를 계속 들기는 무리였다. 하지만 주목할 점은 홍건적에 의해 왕도가 함락된 국난 속에서도 원 조정에 구원을 요청하지 않았다는 사실이다. 이는 지금까지 부마국체제라는 양국의 관계를 감안하면 굉장히 이례적인 일이었다.

거국적인 군사력을 집중한 홍건적 격퇴 작전이 성공하여 왕도는 함락된 지 두 달이 채 못 되어 수복되었다. 하지만 왕도 수복에 결정적 공을 세웠던 정세운鄭世雲·안우安祐·이방실李芳實·김득배金得培 등 4인의 장수가 죽임을 당하는 어처구니없는 사건이 발생한다. 이들의 군사적 공로를 시기하여 공민왕 측근에 있던 김용金鏞이 주도한 사건이었는데, 이상하게도 김용은 이런 일에도 아무런 해를 입지 않고 건재했다. 군사적 실세로 성장한 이들 4인을 견제하고픈 공민왕이 방관한 일이 아닐까 의심스러운데, 특유의 용인술을 드러낸 장면이기도 했다.

공민왕의 측근에 있던 김용은 결국 국왕을 향해 칼끝을 겨누는데, 1363년(공민왕 12) 3월에 일어난 흥왕사의 변란이다. 개경이 수복된 후에도 공민왕의 개경 환도는 1년여를 지체하면서 그 환도 과정에서 개경 근교의 흥왕사에 머물고 있을 때 일어난 일이었다. 공민왕은 왕비 노국공주의 몸을 던지는 도움으로 간신히 피신하여 목숨을 부지하고 김용을 주살하지만 그 충격은 컸다.

김용이 그런 무모한 변란을 일으킨 이유는 여러 가지로 설명할 수 있지만 가장 중요한 배경은 기황후에 의한 공민왕 폐위 공작이었다. 기황후가 공민왕을 폐위시키겠다고 작정한 것은 기철 일당 제거에 대한 앙심을 품고 보복하려는 것이었다. 그동안 여러 사건의 중심에서 작란이 심했던 김용은 기황후의 그런 의도를 알아채고 선수를 친 것이었다.

공민왕을 폐위시키려는 기황후의 무리한 공작은 1년여의 혼란 끝에 결국 실패로 돌아가지만 이 과정에서 공민왕은 큰 상처를 입는다. 반란에 휩싸여 쇠퇴하는 원 제국이었지만 고려 국왕 하나쯤 언제라도 폐위시킬 수 있다는 것을 실감했기 때문이다. 여기에 정신적으로 의지했던 왕비 노국공주까지 죽으면서 공민왕은 실의에 빠진다. 공민왕이 이러한 상실감에서 벗어나는 방법으로 선택한 길이 승려인 신돈辛旽에게 권력을 위임하는 것이었다.

신돈은 1365년(공민왕 14) 무렵부터 1371년(공민왕 20)까지 6년여 동안 집권한다. 신돈에게 국정을 위임한 공민왕은 전민변정도감田民辨整都監을 통한 개혁을 추진하는 한편 측근이나 공신을 가리지 않고 배척하고 탄압했다. 특히 무장에 대해서는 퇴출과 기용을 반복하며 길들이는데, 신돈을 앞세워 세력가의 부상을 미연에 차단하겠다는 뜻이었다.

신돈이 제거된 후 살아남아 힘을 쓴 무장으로는 경복흥慶復興·최영崔瑩·이인임李仁任 등이 있었다. 이들은 다시 부상하여 공민왕 이후의 시대를 주도하는데 이인임이 그 중심에 선다. 문신으로서는 이색李穡이 부상하는데 유학자를 배척했던 신돈 정권에서 특기할 만한 현상이었다. 이색을 따르는 정몽주鄭夢周·김구용金九容·박상충朴尙衷·박의중朴宜中·정도전鄭道傳·이숭인李崇仁 등 젊은 유학자들도 성균관의 중흥을 통해 진출하면서 새로운 정치 세력으로 부상하는데 이들을 신진사대부라 부른다.

공민왕의 친명반원 외교

한편, 중원의 반란 세력 중에서 주원장朱元璋이 최종 승자가 되어 남경에서 황제로 즉위하고 국호를 대명大明, 연호를 홍무洪武라 정한 후 마침내 1368년(공민왕 17) 8월 원 제국의 수도 대도(북경)를 함락시킨다. 그리고 이듬해 4월, 대도 함락 이후 주원장이 파견한 최초의 사신이 고려에 도착하여 공민왕의 의중을 타진했다.

공민왕은 그해 5월 즉시 답례 사신을 파견하여 명과 사대관계를 약속한다. 이는 매우 신속하고 전격적인 외교적 전환이었다. 대도가 함락되었지만 북쪽으로 물러난 원 제국은 아직 북원北元으로 잔존하고 있었고, 게다가 그 북원과 공식적으로 외교가 단절된 상태도 아니었기 때문이다. 명과 이런 신속한 사대관계의 배경에는 공민왕을 폐위시키려 했던 기황후에 대한 반감과 이로 인한 반원 의식이 크게 작용하고 있었다.

고려와 명, 양국은 정기적인 사신을 몇 차례 더 주고받다가, 1370년 (공민왕 19) 7월 고려에서 공식적으로 홍무洪武 연호를 채용하면서 양국의 사대관계가 확정된다. 북원에서 파견한 사신을 참수한 직후이니 이제 친명반원 노선을 분명히 내세운 것이다. 흥미로운 점은 그 1년 뒤 전격적으로 신돈이 제거되는데, 이는 신돈 집권의 배경이나 그 정권의 성향을 설명하는 데 시사하는 바가 많다.

그런데 친명사대 외교는 순조롭게 진행되지 못했다. 명의 주원장은 고려 사신의 입국 절차나 경로 문제, 제주 말의 진상 문제 등에 대한 불만을 표시하면서 고려를 계속 압박했다. 명이 처음 고려에 접근할 때와 달리 대륙을 정복하여 새로운 주인공으로 안정을 찾자 점차 위압적인 태도를 드러낸 것이었다. 당시 주원장이 고려에 보낸 외교문서에 의하면 전쟁도 불사하겠다는 거친 표현과 고려를 힐난하는 감정을 숨기지 않고 있었다.

여기에 정료위定遼衛는 양국의 교섭 경로에서 중요한 거점이면서 문제의 중심에 있었다. 정료위는 1371년(공민왕 20) 무렵에 명이 요양 지방을 경략하기 위해 설치한 군사기지였다. 요양 지역은 원 제국이 쇠퇴하면서 여기서 떨어져 나온 나가추納哈出 등의 세력들이 반독립적인 상태로 남아있던 지역이었다. 명에서는 고려가 이들 북원의 잔존 세력과 연대하는 것을 꺼려했기 때문에 정료위는 고려를 압박하는 효과도 있어 그 자체로 민감한 문제였다.

이렇게 친명사대 외교가 순탄치 못한 가운데, 1373년(공민왕 22) 2월 북원에서 사신을 보내온다. 고려와 함께 힘을 합쳐 다시 대원 제국을 중흥시키고 천하를 바로잡자는 제의였다. 이에 대해 공민왕은 입경한 이 북원의 사신들을 즉각 처단할 것을 주장했지만 신하들은 모두 이를 반대했다.

그래서 세 가지 방안으로 여론을 물었다. 그 하나는 이 북원의 사신들을 억류하는 것, 둘은 그냥 방환하는 것, 셋은 명의 수도로 압송하는 것이었다. 결과는 대부분의 신하들이 두 번째의 방환을 선택하여 이들 북원의 사신들은 무사히 돌아간다. 사신 처단을 주장한 공민왕의 생각과는 가장 거리가 먼 선택이었다.

친명사대 외교를 이미 천명한 마당에 내린 이런 결정은 심상치 않았다. 이 무렵 점차 커지는 명의 위압적 태도에 대한 불만이 이런 기류를 만드는 데 영향을 주었던 것이다. 입경한 북원의 사신에 대한 이런 방환을 놓고 친원적인 외교로 전환했다고 보기에는 이른 감이 있지만 명의 주원장이 알아챘다면 문제삼을 소지가 분명 있었다.

마침내 친명사대 외교를 파국으로 치닫게 만드는 명의 사신이 1374년(공민왕 23) 4월 고려에 밀어닥친다. 제주 말 2천 필을 진상하라고 요구하는 임밀林密과 채빈蔡斌이라는 사신단이었다. 고려 정부에서는 이들 사신단과 말의 진상 문제를 놓고 심한 마찰을 빚는 가운데, 그해 9월 22일 공민왕은 취침 중에 환관 최만생崔萬生과 자제위子弟衛 소속의 홍륜洪倫 등에 의해 시해당하고, 9월 25일 우왕禑王이 즉위한다.

그런데 이들 명의 사신단은 갖가지 횡포를 부리다가 그해 11월 귀국 도중에 압록강을 넘자마자 살해당하고 만다. 공민왕 시대는 그렇게 황당하게 끝나고 우왕이 즉위했지만, 그 직후 명사 살해 사건이 터지면서 우왕 시대는 위태로우면서 불안하게 시작된다.

공민왕 시대에 대해서는 이 정도로 줄이고 자세한 내용은 필자의 저
서 《몽골 제국의 쇠퇴와 공민왕 시대》를 참고하기 바란다. 하지만 공민
왕 시대에 대한 그 역사적 의미는 따로 살펴볼 필요가 있다.

공민왕 시대의 역사적 의미와 평가

공민왕 시대의 정치를 일반적으로 반원 개혁정치라고 말한다. 밖으로
는 원 제국에 반기를 들었고, 안으로는 원간섭기 동안에 쌓인 폐단을
고치려는 개혁정치였다고 평가하는 것이다. 양쪽을 따로 분리해서 생
각하기 어렵지만 그 궁극적 목표는 왕권 강화였다고 할 수 있다. 하지
만 그 반원 개혁정치는 성공하지 못했다.

그래서 공민왕 시대의 반원 개혁정치가 성공하지 못한 이유를 생각
해볼 필요가 있다. 1세기 가까이 고려를 통제하던 원 제국이 쇠퇴의 길
로 접어들고 있었으며, 새로운 정치 세력으로 신진사대부도 등장하고
있었으니 안으로나 밖으로나 좋은 기회였는데 왜 실패했을까? 공민왕
이전에도 비록 단발성에 그쳤지만 개혁 조치는 몇 차례 있었다. 공민왕
의 개혁정치는 그런 일회적인 조치와는 다른 여건이었는데 실패했던
것이다.

가장 중요한 이유는 개혁 세력의 뒷받침이 부족했다는 점이다. 현대
민주사회에서도 마찬가지지만 전통 왕조시대에도 개혁정치에서 가장
중요한 것은 개혁 세력의 뒷받침이다. 하지만 그 개혁 세력의 온전한

성장을 기다린 후에야 개혁이 가능한 것은 아니다. 개혁을 추진하는 과정에서 개혁 세력이 부상하고, 또 그렇게 성장한 개혁 세력을 배경으로 개혁이 다시 탄력을 받는 것이다. 그런데 공민왕의 개혁정치는 개혁 세력의 성장이나 도움을 충분히 이끌어내지 못했다는 생각이다.

그럼, 다시 왜 그랬을까 하는 의문이 생긴다. 공민왕의 개혁정치는 변화나 개혁 자체보다는 왕권 강화에만 너무 치중했기 때문이라고 본다. 그래서 공민왕은 어떠한 정치 세력의 성장도 달가워하지 않았다. 달가워하지 않은 정도가 아니라 오히려 배척, 탄압했는데, 그것을 잘 보여주는 것이 신돈 정권의 등장이었다. 공민왕이 신돈을 앞세운 것은 다목적용이었지만 대내적으로는 유력한 정치 세력의 성장을 허용하지 않겠다는 뜻이었다. 그 경계 대상 첫 번째가 군공을 세운 무장 출신들이었고 둘째가 유학자 출신 관리들이었다.

그런데 공민왕이 무장 출신들의 정치적 성장을 경계한 것은 충분히 이해할 수 있지만 유학자들은 왜 경계했을까? 그것은 왕권에 대한 비판 세력으로 간주했기 때문이다. 사실 공민왕은 유학자 출신의 관리들뿐만 아니라 기존의 관료집단을 크게 신뢰하지 않았는데, 이는 원간섭기 대부분의 선대 왕들도 별반 다르지 않았다. 원 조정의 격심한 정치적 간섭 속에서 기존 관료들은 국왕을 배신하거나 등지는 행태를 다반사로 저질렀기 때문이다.

공민왕이 즉위한 후에 관료집단 내에는 이미 중국으로부터 수용했던 주자의 신유학, 즉 성리학性理學을 바탕으로 한 새로운 유학자 그룹이 성장하고 있었다. 이들 신진사대부들은 성리학의 기본 사상에 충실한 까닭에 우선 왕권에 대한 견제나 비판 세력으로 비춰졌다. 그러니까 개혁 세력으로서 신진사대부는 이미 등장하고 있었지만 공민왕은 왕권 강화에만 치중했고, 나중에는 신돈을 앞세워 이들을 견제하면서 개혁에 동참할 기회를 차단한 것이다.

역사적인 친명사대관계의 성립은 이들 신진사대부가 정치 전면에 등장하는 계기가 될 수 있었다. 공교롭게 신돈 정권도 친명사대관계가 성립하면서 막을 내렸으니 이제는 신진사대부가 공민왕의 적극적인 지지 세력으로 바뀔 수도 있었다. 하지만 공민왕의 갑작스런 죽음으로 내정이든 대외 정책이든 신진사대부는 개혁에 동참할 기회를 얻지 못한 것이다. 공교롭게도 공민왕 사후 친명사대 외교가 뒷걸음치면서 신진사대부는 정치의 전면에 등장한다.

공민왕 시대의 반원 개혁정치가 실패한 두 번째 원인으로는 홍건적의 침입을 들 수 있다. 왕도가 함락당하는 수모와 위기 속에서 개혁에 집중하기는 어려웠다. 내정에서 개혁뿐만 아니라 대외 정책에서 반원의 기치도 내릴 수밖에 없었다. 게다가 왕도를 수복한 직후에 벌어진 공민왕 폐위 공작이나, 그것과 연계되어 공민왕을 시해하려 했던 흥왕사의 변란은 국정을 추스르기도 힘든 위기의 연속이었다. 개혁은커녕 왕권을 유지하기에도 급급했던 것이다.

개혁 실패의 원인으로 왜구의 침략도 빼놓을 수 없다. 끊임없이 계속되는 왜구의 침략은 반도의 서남해안뿐만 아니라 함경도까지 미쳤고 내륙도 안전하지 못했으며 왕도까지 위협할 정도였다. 홍건적의 침략은 일회적인 것이었지만 왜구의 침략은 공민왕 재위 내내 계속되었으니까 개혁에 신경 쓸 여력이 없었다고 할 수 있다. 이에 대해서는 긴 설명이 필요 없을 것이다.

그렇다면 반원 개혁에 실패한 공민왕 시대는 아무런 의미가 없을까? 결과는 실패했어도 공민왕이 즉위하면서 개혁과 반원을 모색했다는 것은 주목해야 한다. 이에 대해 원 제국이 당시 쇠퇴하고 있었기 때문에 특별할 것 없는 자연스런 일이라고 그 의미를 축소할 수도 있다. 하지만 원 제국과의 사대복속관계가 1세기 가까이 진행되는 동안에 정면으로 반원 정책이 시도되었다는 사실을 고려하면 그 역사적 의미는 결코 과소평가할 수 없다는 생각이다.

무엇보다도 공민왕 시대의 가장 큰 역사적 의미는 새로운 친명사대관계의 성립이었다. 이는 원 제국과의 사대복속관계를 끝장내는 일로서 충분히 역사적 사건이라 할 만한 일이었다. 또한 이러한 대외관계의 대전환은 국내 정치에도 중대한 영향을 미쳐 새로운 정치 세력, 신진사대부를 개혁 세력으로 등장시키는 계기가 되었던 것이다. 조선왕조 개창의 단서는 여기서부터 시작되었으니 그 의미는 더욱 특별하다.

이상과 같이 공민왕 시대에 대해 역사적 의미나 판단을 내리고 보면, 그 시대를 실패했다고 평가절하할 필요는 없다고 생각한다. 전환기 국제정세의 변화 속에서 적극 대응하여 새로운 대외관계를 이끌어냈다는 것은, 공민왕 사후에 다시 보수 반동으로 회귀하는 경향을 드러냈을지라도 역사적 대세에 부응하여 그 진로를 바르게 잡았다는 생각이다. 게다가 공민왕 이후 신진사대부가 새로운 개혁 세력으로서 구시대에 저항하며 변화를 추구했다는 것은 공민왕의 반원 개혁정치에 충분히 역사적 의미를 부여할 수 있다고 본다.

2. 명사 살해 사건

우왕의 즉위와 이인임

공민왕이 시해된 직후 자제위 소속의 홍륜 등 가담자를 주살하고 사건의 뒤처리를 주도한 인물이 이인임과 안사기安師琦였다. 이때 수상인 문하시중에는 경복흥, 아상인 수문하시중에는 이인임이 앉아 있었다. 안사기는 신돈이 제거된 직후 공민왕의 군사권을 보좌하면서 갑자기 권력의 중심으로 들어왔던 인물이다.

당장 후계 국왕을 결정해야 하는 문제가 떨어졌다. 이때 이인임은 우禑(우왕)를 세우고자 했고, 공민왕의 모후인 명덕태후와 경복흥은 종친 중에서 골라 세우자고 주장했다. 재상회의인 도당都堂에서는 서로 바라만 보면서 누구도 함부로 발언을 못하여 쉽게 결정하지 못했다.

이인임이 내세운 우는 신돈과 그의 비첩 반야般若 사이의 소생으로 본래 이름은 모니노牟尼奴였다. 혹은 신돈과 반야 사이에서 태어난 진짜 아들은 죽고 다른 애를 데려다 길러 소생으로 삼았다는 얘기도 사서에 전하고 있다. 아무튼 모니노가 공민왕의 친자가 아니라는 사실은 그 시대에 알 만한 사람은 알고 있었다. 명덕태후도 그런 사람 중의 하나였다. 신돈이 제거된 직후 공민왕의 뜻에 따라 태후가 그 모니노를 대궐에서 맡아 기르면서 모니노에 대해 부정적인 태도를 보인 적이 있었던 것이다.

하지만 공민왕은 말년에 모니노를 자신의 친자라고 주변에 말하면서 후사로 삼으려고 결심했다. 이를 위해 모니노의 이름을 우로 개명하고 강녕부원대군江寧府院大君으로 책봉한다. 공민왕은 또한 백문보白文寶·전록생田祿生·정추鄭樞 등으로 스승을 삼게 했다. 이들 3인은 당대를 대표하는 뛰어난 유학자들이었다. 그러나 관찬사서에는 신돈의 아들이라 확정하여 왕우王禑가 아닌 신우辛禑로 기록하고 있다.

뿐만 아니라 공민왕은 시해당하기 직전 신우를 반야의 소생이 아니라 이미 죽은 궁인 한韓씨의 소생으로 모칭하고 그 궁인의 4대조(부, 조, 증조, 외조)를 추증하는 일도 단행한다. 이는 신우를 자신의 친자로 인정받으려는 작업이었을 것인데, 역설적으로 신우의 출생에 문제가 있다는 뜻이기도 했다. 여기 궁인 한씨에게는 우왕이 즉위한 직후 순정왕후順靜王后라는 시호가 내려진다.

이인임이 우를 후계로 내세운 후 몇몇이 다른 의견을 내는데, 먼저 이수산李壽山은 종친 중에서 세우자고 주장했다. 이수산은 공민왕 대에 기황후 친족들과 가까워 조일신의 변란 때 표적이 되는 등 위기를 많이 겪었던 인물이다. 그런 그가 명덕태후나 경복흥과 같이 왜 종친 중에서 국왕을 세우자고 주장했는지 좀 의아한데, 종친 중에서 구체적으로 누구를 세울 것인가에 대해서는 아무 언급을 하지 않았다.

그런가 하면, 밀직(국왕 비서관)으로 있던 왕안덕王安德은 공민왕의 뜻에 따라 후사를 결정하는 것이 옳지 이를 버릴 수 없다고 주장하였다. 공민왕의 뜻에 따라 후사를 결정해야 한다는 것은 우를 말하는 것이고 그건 바로 이인임의 뜻이었다. 왕안덕은 무장으로 출신한 관리인데 이 주장 때문이었는지 우왕이 즉위한 후 이인임의 큰 신임을 받는다.

그런데 관찬사서에 의하면 왕안덕과 함께 이인임의 뜻에 따르자고 주장한 또 한 사람으로 영녕군 왕유永寧君 王瑜라는 종친이 있었다. 영녕군 왕유 역시 이인임의 뜻과 같이 우를 후계 국왕으로 주장했다는 얘기인데 이게 좀 이상하다. 왕안덕이 이인임의 뜻에 따른 것은 이해할 만한데, 영녕군 왕유는 왜 이인임과 뜻을 함께 했는지 의문이 들기 때문이다.

영녕군 왕유는 8대 국왕 현종顯宗의 후손인데, 그보다는 영녕공 왕준永寧公 王綧의 증손이라는 점을 더 주목할 필요가 있다. 왕준은 1241년(고종 28) 전쟁 시기에 몽골 제국에서 인질을 요구하자 고종의 친자라 속이고 원에 들어갔던 인물이다. 한때 그는 몽골의 침략군을 따라와 길 안내를 맡고 고려의 항복을 권유하기도 했었다. 이후 그는 몽골 제국의 황실 여성과 결혼하여 원에 체류하면서 귀화한 것이나 다름없었다.

그런 왕준의 증손인 왕유가 1368년(공민왕 17) 고려에 들어온다. 몽골 제국의 쇠퇴를 알아채고 고려에 다시 귀순한 것으로 추측되는데, 이 시대는 그런 인물들이 많았으니 이상할 것도 없는 일이다. 그런 왕유가 공민왕 사후 후계 문제에서 이인임의 뜻을 좇은 것이다. 그래서 왕실의 종친으로서 그가 왜 이인임의 뜻에 따랐는지 의문인 것이다. 게다가 그는 귀순한 종친으로서 공민왕 사후의 후계 문제 같은 민감한 사안에 나서는 것도 적절치 않았는데 말이다.

어쩌면 왕유는 공민왕에게 후사가 없다는 점을 감안하고 돌아왔는지도 모른다. 부원배 출신인 이수산이 갑자기 종친 중에서 세워야 한다는 주장은 그런 왕유를 염두에 둔 말이 아니었을까 싶다. 그러니까 영녕군 왕유는 혹시 왕위 자리가 자신에게 떨어질지도 모른다는 생각을 했을 수 있다는 얘기다. 이를 위해 일단 주도권을 쥐고 있는 이인임의 뜻에 따르지 않았을까 하는 생각이 든다. 하지만 국내 지지기반도 전무한 그가 갑자기 귀국하여 낙점받기는 어려운 상황이었다. 명덕태후나 경복흥도 종친 중에서 후계를 세우자고 주장했지만 그렇다고 귀순한 왕유를 앞세울 수는 없었다.

이인임의 뜻에 따라 우를 내세운 왕안덕의 주장은 합리적이었다. 선왕 공민왕이 사전에 지목해둔 우를 버리고 다른 데서 후계를 찾을 수 없다는 말은 누구도 쉽게 반박할 수 없었기 때문이다. 우가 공민왕의 친자인가 아닌가 하는 문제는 그 중차대한 자리에서 거론하기 어려웠던 것이다. 종친 중에서 다른 대안을 내세울 수 없다면 명덕태후나 경복흥도 결국 따를 수밖에 없었을 것이다.

이인임이 내세운 신우를 명덕태후나 경복흥이 크게 반대하지 못한 이유는 신우를 공민왕의 친자라고 믿어서가 아니라 종친 중에서 내세울 적절한 인물이 없었기 때문이다. 그래서 신우만큼 공민왕의 의지가 정확히 실린 인물은 없었다고 볼 수 있다. 이인임은 그 점을 간파하고 신우를 앞세워 후계 국왕을 확정했다.

그렇게 공민왕이 시해당한 지 단 사흘 만인, 1374년(우왕 즉위년) 9월

25일 우왕이 즉위한다. 새로 왕위에 오른 우왕의 그때 나이 10세였다. 매우 신속한 결정이 아닐 수 없는데, 북원에서 왕위 계승 문제에 개입할 여지를 차단하기 위한 선제 조치로 보인다. 대원 제국이 건재한 상태라면 지금까지의 전례로 보아 먼저 원 조정에서 후계 국왕 문제에 간여하는 것이 상례였기 때문이다.

이인임은 우왕의 즉위를 계기로 확실하게 정치의 주도권을 행사한다. 당연히 종친을 내세웠던 수상인 경복흥은 아상인 이인임에게 권력에서 밀릴 수밖에 없었다. 사실, 이인임이 권력의 핵심으로 들어선 것은 그 이전 공민왕 시해 사건을 뒤처리하면서부터였다. 그래서 이인임이 우왕을 다음 국왕으로 내세워 관철시켰던 것은 공민왕 시해 사건으로부터 정치적 주도권을 잡았던 결과였다고 할 수 있다.

우왕 즉위 전후 일련의 사건들

1374년(우왕 즉위년) 10월 말 선왕을 현릉玄陵에 장례하고, 11월 8일 남경(당시 명의 수도)에 장자온張子溫을 파견하여 선왕의 부고를 알리면서 시호와 함께 왕위 계승에 대한 승인을 요청하였다. 새로운 제국 명에 사대를 확정했으니 당연히 치러야 할 외교적 절차였다. 사신으로 선발된 장자온은 공민왕 폐위 공작을 저지하기 위해 입원하여 활동한 적이 있었고, 원명 교체기에는 명에 여러 차례 다녀온 관리였다.

조금 이상한 점은 장자온이 가지고 간 표문에는 공민왕 시해 사건에 대한 언급이 전혀 없다는 것이다. 아마 그 사건을 명에 낱낱이 사실대로 밝힐 수 없는 사정이 있었을 것이다. 그런데 더욱 이상한 것은 명으로 출발한 사신 장자온이 도중에 다시 되돌아와버린다는 점이다. 여기에는 명의 사신이 환국길에 올랐다가 살해당한 사건과 관련이 있었다.

그래서 명의 사신이 입국한 이후부터 공민왕 시해, 그리고 사신이 귀국 도중 살해당하기까지 이 일련의 사건들을 좀 더 자세히 들여다볼 필요가 있다. 이런 일련의 사건들을 통해 우왕 즉위 초의 권력의 추이나 정치 상황을 가늠해볼 수 있기 때문이다. 해서 날짜별로 사건을 정리해보고자 한다.

① 1374년 4월 13일: 명의 사신 임밀과 채빈이 입국하여 제주 말 2천 필 요구.

② 5월 2일~7일: 마필을 확보하기 위해 제주에 어마사御馬使를 파견함.

③ 6월 3일: 명의 사신을 위한 향연. 이 자리에서 명의 사신이 탐욕을 부리고 재상들을 욕보임.

④ 7월 12일: 제주에 파견된 어마사가 제주 목호 세력의 반발로 제주 말 3백 필만 확보.

⑤ 7월 25일: 명의 사신이 다시 2천 필을 요구하자 제주를 토벌하기로 결정.

⑥ 8월 15일~28일: 최영崔瑩을 총사령관으로 전함 3백여 척, 군사 2만 5천여 명이 제주로 출정 토벌.

⑦ 9월 2일: 명의 사신 임밀과 채빈이 제주마 3백 필만 가지고 귀국길에 오름. 김의金義를 동반시켜 정료위까지 호송하도록 함.

⑧ 9월 22일: 최만생·홍륜 등이 공민왕을 시해함.

⑨ 9월 25일: 우왕 즉위.

⑩ 11월 8일: 선왕의 상을 알리고 시호와 왕위 계승을 요청하기 위해 장자온을 명에 파견. 명의 사신 임밀과 채빈이 귀국 도중에 압록강 넘어 개주開州의 역참에 이르자 호송관 김의가 채빈과 그 아들을 죽이고 임밀을 사로잡아 군사 3백과 말 2백 필을 거느리고 북원으로 달아남. 장자온은 도망쳐 되돌아옴.

⑪ 12월 25일: 도평의사사(도당)에서 명에 사신을 보내 명사 살해 사건 경과를 보고함.

⑫ 12월 ○일: 김서金湑를 북원에 보내 선왕의 상을 알림.

명의 사신 임밀과 채빈이 들어와 요구한 제주 말 2천 필은 무리한 것이었다(①). 그 이전부터 제주 말 진상 문제를 놓고 고려를 압박하던 명의 주원장이 고려의 친명사대의 진정성을 확인하려는 요구일 수도 있었다. 고려에서는 요구한 말의 숫자를 확보하기 위해 어마사를 파견한 가운데(②), 이들 사신단은 갖은 행패를 부리며 고려 정부의 반감을 산다(③).

당시 제주는 고려 중앙 정부에서 확실하게 통제하지 못하고 있었다. 말의 방목과 관리를 위해 몽골인으로 제주에 들어와 정착한 목호牧胡 세력은 친명사대에 저항하며 드러내놓고 고려 정부에 반발하고 있었다. 이런 상태에서 명에 진상하기 위한 말을 충분히 확보할 수 없었다 (④). 확보한 3백 필도 제주 말이 아니라 내륙에서 차출한 말이 대부분이었다.

제주에 대한 토벌을 결정한 것은(⑤) 명에서 요구한 말의 숫자를 꼭 채우기 위해서가 아니라 이 기회에 제주를 완전히 복속시킬 필요가 있었기 때문으로 보인다. 또한 명에서도 2천 필의 말을 진상하라고 요구한 것은 이를 꼭 관철시키기 위한 것이 아니라 지정학적으로 중요하고 친명사대에 저항하고 있는 제주를 완전 복속시키라는 주문이었을 것이다. 이는 최영을 파견해 제주를 토벌하자⑥, 명의 사신은 말의 숫자를 더이상 요구하지 않고 귀국을 결정한 사실에서 알 수 있다⑦.

그런데 명의 사신이 귀국길에 오른 후에 공민왕은 시해당한다⑧. 이 공민왕 시해 사건은 그 배후가 따로 있지 않을까 의심해볼 수 있다. 시해 사건 이후 공민왕의 친명사대 외교는 벽에 부딪히고 다시 친원적인 기류가 살아나는데, 이를 감안하면 친명사대에 불만인 세력을 그 배후로 추정해볼 수 있기 때문이다. 하지만 이런 판단에는 위험을 무릅쓰고 그런 큰일을 저지를 수 있었을까 하는 의문이 들고, 구체적인 배후 인물이나 증거도 없다는 한계가 있다.

공민왕 시해 사건에 대해서는 이렇게 생각한다. 공민왕이 친원적인 세력의 배후 책동으로 시해당한 게 아니라 공민왕이 시해당했기 때문에 친원적인 기류가 급부상했다고 보는 게 옳다. 또한 시해를 저지른 최만생이나 홍륜 등이 친원적인 세력을 등에 업고 저지른 사건 같지도 않다. 하지만 공민왕 시해 사건은 따로 정치적 배후 세력이 없을지라도 고려 말 원명 교체기에 중대한 외교적 변곡점이 되었던 것은 분명하다. 나아가 국내 정치에서도 원간섭기의 수구 세력이 다시 등장하는 계기이기도 했다.

역사에서 가정은 무의미하지만 이런 가정을 해볼 수도 있다. 만약 공민왕이 시해당하지 않았다면 어떠했을까? 그래도 친원 세력의 등장은 피할 수 없었다고 본다. 왜냐하면 공민왕 말년에 명의 압박이 커지면서 이미 친명사대 외교에 불만을 품은 자들에 의해 친원적인 기류가 되살아나고 있었기 때문이다. 시해당하지 않았다면 그 진행을 좀 더 늦추거나 더디게 할 수는 있었겠지만 결과는 마찬가지였을 것이다.

그런데 사건의 전개 과정에서 중요한 점은 명의 사신이 귀국길에 오르면서 공민왕 시해 사건을 인지했느냐 못했느냐의 문제이다. 시간상으로는 명의 사신이 출발한 지 20일 뒤에 시해 사건이 터지니까 몰랐을 가능성이 많다. 하지만 그 사신이 국경을 넘기까지 매우 지체하여 두 달이나 걸렸다는(⑩) 것을 고려하면 충분히 인지했을 가능성도 있다.

명의 사신이 개경을 출발하여 국경을 넘기까지 두 달이나 걸린 것은 공민왕 시해 사건과 우왕 즉위라는 정치적 격변을 인지한 사실과 무관치 않을 것이다. 시해 사건의 향방과 다음 국왕이 누구일지 귀추를 주목하면서 고의로 월경을 지체했을 수 있기 때문이다. 하지만 귀국 도중의 명 사신이 그런 중대한 사건을 알았다면 그에 대한 어떤 반응이 있었을 법한데 그런 게 없어 조금 걸린다. 어느 쪽일까? 이 문제는 명사 살해 사건의 배후를 밝히는 데 상당히 중요한 부분이니 조금 뒤에 사건의 뒤처리를 따라가면서 살피려 한다.

⑩의 기사에 의하면 선왕의 죽음을 알리기 위해 장자온을 명에 파견한 것은 11월 8일 이전으로 보인다. 중대한 사건이니 장자온은 길을 재촉하여 그에 앞서 귀국길에 올라 국경을 넘던 명의 사신과 조우했을 것이다. 그런데 그 사신 일행이 살해당하자 장자온은 놀라서 도망쳐 되돌아와버린 것이다. 개경의 고려 정부에서는 그 장자온에 의해 명사 살해 사건을 처음 알았을 테고 그날이 11월 8일로 보인다.

그 후 한 달도 더 지나서 사신 살해 사건을 명에 보고했는데⑪ 이는 매우 더딘 조치이다. 이조차 그 보고 주체가 국왕이 아니라 도당이고, 파견된 사신의 정확한 성명도 없어서 실제 사신이 파견되었는지조차 의심이 든다. 관찬사서에는 이와 관련된 아무 기록이 없는 것을 보면 논의만 되고 실제 사신 파견으로 이어졌는지는 장담할 수 없다.

그리고 명확히 날짜가 명시되어 있지 않지만 김서를 보내 북원에도 공민왕의 상을 알리고 있다⑫. 김서는 이전에 명에 사신으로 파견되었던 적이 있었던 자인데, 친명사대를 이미 결정한 마당에 북원에 사신을 파견했다는 것은 다시 북원에 접근하겠다는 뜻이다. 장자온이 되돌아옴으로써 아직 명에는 선왕의 유고를 알리지도 못했는데 말이다.

명사 살해, 그 배후는?

고려에서 당장 문제가 된 것은 명에 공민왕의 죽음을 알려야 하는데 누구도 나설 자가 없었다는 점이다. 국왕 시해 사건에다가 귀국길의 명 사신까지 살해당했으니 목숨을 걸지 않으면 갈 수 없었기 때문이다. 사신으로 나설 자가 없다는 핑계로 이인임은 사신 파견을 미적거리고 있었다.

이에 사신 파견을 재촉하고 나선 인물이 성균관의 교수로 있던 박상충·정몽주·정도전 등 사대부들이었다. 그 중심에 선 박상충은, 선왕 시해 사건을 알리지 않으면 명의 황제가 더욱 의심할 것이고 만약 이에 대한 죄를 물으면 온나라가 화를 입을 것이라고 하면서 재상들을 압박했다. 하지만 이인임은 모두들 사신으로 나서기를 꺼린다는 이유를 들어 결정을 내리지 못했다. 명에 사신을 파견하는 사안에 부정적인 태도를 드러낸 것인데, 이런 소극성은 이인임뿐만 아니라 대부분의 다른 재상들도 마찬가지였다.

이에 박상충 등은 사신으로 갈 수 있는 사람을 직접 물색했다. 여기에 흔쾌히 응한 인물이 최원崔源이었다. 최원은 공민왕 때 국왕 비서관을 지냈던 인물로 박상충 등 신진사대부와 생각이 통했던 것 같다. 그러니까 최원은 신진사대부 그룹에서 내세운 인물로 그 자신 역시 명과의 사대관계를 중시한 자였다고 볼 수 있다.

최원은 1375년(우왕 1) 1월 고려를 출발하여 그해 3월 명의 황제를 대면한다. 최원은 공민왕이 죽어 이미 사신을 파견해 알렸으나 도적에 길이 막혀 부고가 늦어졌음을 설명하고, 아울러 명사 살해 사건까지 그 전말을 보고했다. 본래의 사행 목적은 선왕의 부고였지만 명사 살해 사건은 그 중대성으로 인해 언급하지 않을 수 없었다고 보인다.

그런데 명사 살해 사건에 대한 최원의 보고 내용은 사실과 다른 점이 있었다. 김의가 명의 사신 채빈을 죽이고 임밀을 붙잡아 개경으로 돌아오니까, 고려 정부에서는 김의를 주살하고 그 집을 적몰했다고 보고한 것이다. 김의는 채빈을 죽이고 북원으로 도망쳐버렸는데 개경으로 돌아와 주살했다고 언급한 것이다. 명 태조 주원장이 이를 의심하여 최원을 억류한 것은 어쩌면 당연한 조치였다.

명의 사신을 살해하고 북원으로 도주한 김의는 고려인이 아닌 호인胡人, 즉 오랑캐라고 그의 열전에 기록되어 있다. 한인漢人도 아니고 몽골인도 아닌 아마 여진족 출신이 아닌가 싶다. 그가 어떻게 고려에 들어와 국왕 비서관인 동지밀직사사(종2품)에까지 올랐는지 모르겠지만 좀 특별한 인물인 것은 분명하다. 김의는 귀환하는 명의 사신을 요동의 정료위까지 안내하라는 명령을 받은 호송관이었다. 이런 명령을 받은 것은 공민왕이 시해당하기 전이었으니 그를 발탁한 데는 공민왕의 의중이 반영되었을 것이다. 그래서 공민왕의 의지대로 한다면 김의는 명의 사신을 살해할 이유가 없었다.

그런데 김의가 명의 사신과 함께 개경을 출발한 후 공민왕은 시해당한 것이다. 공민왕이 시해당하고 우왕이 즉위한 후 김의는 압록강을 넘자마자 명의 사신 채빈을 살해하고 임밀을 사로잡아 북원으로 도주했다. 김의가 공민왕 시해 사건을 인지하고 명의 사신을 살해했는지, 또한 이인임의 주도로 우왕이 즉위한 사실도 명의 사신 살해의 동기로 작용했는지 여부는 정확히 알 수 없다.

김의 열전에 의하면 채빈이 술주정이 심하여 자신을 죽이려고 하므로 이를 견디지 못한 김의가 먼저 일을 저질렀다고 한다. 그러면서도 열전에는 김의의 배후 인물로 이인임과 안사기를 거론하고 있다. 이인임은 공민왕의 변고를 명에서 문책할까 두려워 은밀하게 안사기를 김의에게 보내 명사 살해를 사주했다는 것이다. 명의 사신을 죽여 공민왕의 변고에 대해 입을 막으려고 그랬다는 것인데, 이에 따르면 명의 사신들은 공민왕 시해 사건을 인지하고 국경을 넘은 것으로 볼 수 있다.

이 대목에서 의문인 것은, 명의 사신을 죽인다고 공민왕 시해 사건을 명에서 언제까지 모르고 넘어갈까 하는 점이다. 명의 사신을 살해한다는 것은 공민왕 시해 사건 못지않게 그 자체로 중대한 사건으로 외교 단절을 각오하지 않고서는 저지를 수 없는 일이다. 시간문제일 뿐이지

언젠가는 알 수밖에 없는 그 위험천만한 일을 이인임이나 안사기는 왜 저질렀을까? 이런 일에는 타당하고 합리적인 동기를 찾아야 이인임이나 안사기를 배후 인물로 확정할 수 있을 것이다.

이인임이나 안사기가 명의 사신을 살해하고 얻을 수 있는 이득은 무엇일까? 그것은 자신의 권력 유지밖에 없다. 이인임 등은 공민왕이 시해당한 후 그 뒤처리를 주도하고 어린 우왕을 즉위시키면서 권력의 중심에 들어와 있었다. 그러니까 이인임은 공민왕과 우왕의 왕위 교체기에 국정의 최고 책임자였고 우왕의 후원자이기도 했다.

그래서 이인임은 명에서 공민왕 시해 사건을 거론하여 고려를 압박하면 제일 먼저 문책을 받을 위치에 있었다. 당연히 권력을 잃을 가능성이 컸다. 이를 회피하는 방법은 명의 압박을 사전에 차단하는 수밖에 없었을 것이다. 이를 위해서는 지금까지의 친명사대관계에 위기가 닥치더라도 외교적 전환이 필요했다. 친명사대관계를 폐기하는 가장 효과적이고 강력한 방법은 명의 사신을 살해하는 것이었다.

물론 여기에도 위험이 따를 수 있지만 정치적 이해득실에서 해볼 만하다고 판단했을 것이다. 마침 고려 내부에서는 명의 강압적인 태도로 인해 친명사대관계에 대한 불만이 쌓여가고 있었기 때문이다. 어쩌면 일석이조의 효과를 볼 수도 있었다. 이 기회에 명과의 사대관계를 재고하면서 자신의 지지기반을 더욱 확고하게 다질 수 있기 때문이다.

이인임으로서는 명의 사신을 살해하여 최악의 경우 친명사대관계가 끝장나더라도 손해 볼 게 없는 방도라고 판단했을 것이다. 이런 판단은 이인임 외에도 명에 대한 불만을 품고 있던 다른 재상급 고위 관료들도 별반 차이가 없었다. 특히 수상으로 있던 경복흥도 마찬가지였으니, 그 역시 공민왕 시해 사건으로 인한 명의 문책에서 결코 자유로울 수 없었기 때문이다.

결국, 명사 살해 사건은 이인임이 국정을 주도하면서 호송관인 김의를 사주하여 그 일을 주도했다는 합리적 의심을 할 수 있다. 여기에 친명사대에 불만을 품고 있던 고려 정부의 고위 관료들도 암묵적으로 방관했다고 볼 수 있다. 하지만 이런 해석에 의문을 가지고 호송관 김의에 의한 개인적 혹은 우발적 사건으로 얼마든지 볼 수도 있다. 이 경우 김의가 공민왕의 죽음을 알고 저질렀다면 그 동기는 따로 살펴봐야 한다.

아무튼 명사 살해 사건 이후 친명사대관계를 재고하면서 북원에 다시 접근하려는 기류가 형성된다. 친명사대관계를 중시한 신진사대부들은 이런 기류에 반대하는데, 외교노선을 둘러싸고 바야흐로 심각한 갈등을 예고하고 있었다.

북원의 개입과 심왕

최원이 공민왕의 죽음을 알리기 위해 명으로 출발한 직후인 1375년(우왕 1) 1월, 나가추納哈出가 고려에 사신을 보내왔다. 나가추는 몽골 제국이 쇠퇴하면서 이탈한 지방 군벌로서 원 조정으로부터 반독립적인 상태로 세력을 키워온 인물이다. 이후 요동 지역에 근거하면서 원·명·고려 3자 사이에서 세력을 유지하다가 원이 쇠퇴하여 막북의 초원지대로 물러나자(북원) 북원의 대리인 같은 역할을 하고 있었다.

나가추는 사신을 보내와 공민왕에게는 아들이 없는데 누가 왕위를 이었느냐고 물어왔다. 요동의 일개 군벌이 고려의 왕위 계승 문제에 대해서 간섭할 일이 아니었는데, 이는 북원을 등에 업고 고려의 왕위 계승에 개입하려는 것이었다. 어쩌면 고려 정부 내의 친명사대에 대한 불만 기류를 감지하고 개입하려는 것일 수도 있었다.

이때 북원에서는 심왕瀋王 왕고王暠의 손자인 톡토부카脫脫不花를 공민왕 다음의 국왕으로 삼고자 하였다. 여기 심왕은 충선왕이 맨 처음 원 조정으로부터 책봉받은 왕위로 고려 국왕과 심왕이라는 두 왕위를 겸하고 있었다. 이후 충선왕이 고려 왕위는 아들 충숙왕에게 물려주고 심왕 자리는 조카인 왕고에게 물려주었는데, 충숙왕과 심왕 왕고 사이에 고려 왕위 쟁탈전이 벌어져 국정을 극심한 혼돈에 빠져들게 한 적이 있었다. 그 심왕 자리가 언젠가 왕고의 손자인 톡토부카에게 세습되었던 것이다.

북원에서 톡토부카를 고려 국왕으로 삼으려 한다는 소문은 진즉에 나돈 적이 있었다. 공민왕이 죽기 직전에도 북원에서 온 오랑캐 승려가 강순룡康舜龍에게, '북원에서는 심왕의 손자로 고려 왕을 삼으려 한다'고 소문을 전한 적이 있었다. 여기 강순룡은 기철 친족과도 가까운 부원배 성향이 강한 인물이다. 그 승려와 강순룡을 하옥하여 문초하니 소문의 출발은 북원을 왕래하는 어느 행상에게서 나온 말이었다.

이런 소문은 크게 신빙성은 없지만 당시 북원에서 공민왕을 폐위시키려는 움직임을 반영하는 것으로 볼 수 있다. 만약 김의가 배후 없이 개인적으로 명의 사신을 살해했다면 이러한 정보의 영향을 받았을 가능성이 크다. 그 소문이 나돈 것은 공민왕이 죽기 사흘 전의 일인데, 김의는 어쩌면 심왕을 고려 국왕으로 내세우고 자신의 입지를 세우기 위해 그 일을 저질렀을지도 모르겠다는 생각이 들기도 한다.

　그런데 공민왕 사후 다시 북원에서 그 심왕을 고려 국왕으로 내세우려 했던 것은 명의 사신을 살해하고 북원으로 도주했던 김의의 역할이 분명히 작용하고 있었다. 북원에서 공민왕의 죽음을 맨 처음 알게 되었던 것은 김의를 통해서였을 테니까, 심왕을 고려 국왕으로 생각한 것도 김의의 제안이 아니었을까 하는 것이다. 고려를 배반하고 북원으로 도주한 김의로서는 그게 자신의 활로를 찾을 가장 좋은 방법이었기 때문이다.

　공민왕의 죽음을 접하고 북원에서 심왕인 톡토부카를 고려 국왕으로 삼겠다고 한 때는 우왕이 즉위한 지 몇 개월이 지난 뒤였으니 이는 우왕을 부정하겠다는 것과 다름없었다. 우왕을 부정하고 톡토부카를 고려 국왕으로 확실하게 세우려면 고려에 들여보내야 하는데 이때 요동 지역에 근거하고 있는 나가추의 협조가 필수였고, 그래서 나가추가 개입하게 된 것이었다.

　이미 쇠퇴한 북원에서 그런 조치를 내려봐야 별다른 위력은 없었지만 고려에서는 심상치 않게 받아들였다. 특히 우왕의 후원자로서 정권을 쥐고 있던 이인임에게는 심각한 문제였다. 새로 왕위를 이은 우왕이 부정당한다는 것은 곧 자신의 실각을 의미했기 때문이다.

　그해 4월 이인임은 여러 신하를 거느리고 효사관孝思觀에 나아가 태조(왕건)의 혼령을 향하여 이렇게 맹서한다. '본국의 무뢰배들이 심왕의 손자를 끼고 북쪽 변방에 와서 왕위를 엿보니 우리 신하들은 힘을 다하여 새 임금을 받들겠나이다. 이 맹서가 변한다면 천지 종묘사직에서 우리를 주살할 것입니다.' 이인임이 얼마나 다급했는지 알 만하다. 여러 신하들이 심왕 쪽으로 이탈하지 않도록 다잡기 위한 조치였을 것이다.

여기서 그치지 않고 이인임은 서북면과 동북면에 대한 방비에 나섰다. 선왕 공민왕에 대한 폐위 공작 때처럼 북원에서 군사적으로 압박해 올 것에 대비한 것이다. 그때 이인임은 공민왕을 지키기 위해 원의 군사적 공격에 맞서 큰 기여를 했는데 이제는 자신의 권력을 지키기 위해 나선 것이다. 이전 경험을 살려 미리 대비하려는 것이었지만 북원에서는 별다른 움직임이 없었다.

그런데 이인임이 태조의 혼령에 맹서한 며칠 후, 명사를 살해한 김의의 수행원 하나가 북원으로부터 돌아온다. 그런데 이 자가 명덕태후에게 전하는 말이 미묘한 것이었다. 나가추가 그 수행원에게 했던 말을 수행원이 태후에게 전하는 형식이었는데 요지는 두 가지였다.

하나는 고려의 재상이 김의를 보내어 심왕을 받들고 임금 삼기를 원하므로 북원의 황제가 심왕을 고려 국왕으로 삼았다는 것. 또 하나는 만약 전왕에게 아들이 있다면 북원에서는 심왕을 보내지 않겠다는 것 등이었다. 문제는 앞의 첫 번째 내용이었다. 이에 의하면 애초에 심왕을 고려 국왕으로 삼자고 제의했던 것은 고려 재상이라는 것인데, 여기 재상에는 이인임이 제외될 수 없으며 그런 제의를 김의를 통해 전달했다는 뜻이다.

명덕태후는 김의가 명사의 호송관으로 파견되었다는 소식을 알고 있었지만 재상들이 김의를 통해 북원에 그런 제의를 했다는 얘기는 충격이었다. 명사 살해 사건에 대해서도 태후는 아직 정확히 파악하지 못하고 있는 듯했다. 태후는 이인임을 불러 강경한 어조로 물었지만 사실대로의 바른 답변이 돌아올 리 없었다.

이인임을 비롯한 고려 재상들이 심왕을 고려 국왕으로 삼자고 제의했다는 얘기는 사실이 아니라고 본다. 자신이 우왕을 추대해놓고 그런 제의를 할 리가 없기 때문이다. 여기에는 북원으로 도주한 김의가 모종의 역할을 했다는 것을 짐작할 수 있다. 북원에서 심왕을 고려 국왕으로 만들기 위해 이인임을 거론하여 조작한 얘기이거나, 김의를 이용하여 친명사대에 치우친 고려의 대외 정책을 흔들어보려는 수법이라고 할 수 있다.

그런데 북원에서 돌아온 이 김의의 수행원을 이인임과 안사기가 후하게 대접하면서 명사 살해 사건의 배후로 이 두 사람이 거론되고 강력한 처벌론도 제기된다. 여기에 신진사대부가 다시 나서는데, 이인임과 안사기를 처벌해야 한다고 주장한 선두에 다시 박상충이 있었다. 박상충은 상소를 올려 김의를 사주하여 명사를 살해한 배후에 안사기가 있으니 그 죄를 다스려야 한다고 주장했다. 박상충이 이인임을 빼고 안사기만 언급한 것은 이상한데, 정권을 쥐고 있는 이인임까지 거론하는 것을 주저했는지 모르겠다. 하지만 안사기 뒤에 이인임이 있다는 것은 충분히 알아차렸을 것이다.

박상충이 올린 그 상소는 재상회의인 도당에 전달되지 못했다. 명덕태후가 뒤늦게 이를 알고 도당에 하명하면서 안사기는 하옥당하는데, 그는 도주하다가 주살되고 그의 머리는 거리에 효시되었다. 이때 이인임은 김의를 북원에 도주케 한 것은 강순룡 등 3인이라고 따로 거론하였다. 강순룡 등은 과거 원에서 관직생활을 했던 친원적 성향 탓에 이인임의 지목을 받았던 것이다. 강순룡은 원지로 유배 보내졌고 진짜 명사 살해의 배후로 의심받은 이인임에게는 아무 일도 없었다.

신진사대부의 저항, 정도전의 유배

명사 살해의 배후 인물로 안사기를 주살하고 이인임은 무사했지만 문제는 남아 있었다. 심왕 톡토부카를 고려 국왕으로 삼으려는 북원의 태도를 방관할 수 없었기 때문이다. 이인임으로서는 우왕을 내세운 후 자신의 권력을 지키기 위해 다시 북원에 접근하려 했지만, 북원에서는 엉뚱하게 심왕을 앞세우고 있는 터라 일이 묘하게 꼬이게 된 것이다.

1375년(우왕 1) 4월, 그러니까 안사기가 주살당한 며칠 후, 이인임은 문건을 만들고 여기에 문무백관의 서명을 받아 북원에 보낼 작정을 하였다. 그 문건에는, 공민왕이 죽자 사신을 보내 부음을 전했으며 선왕의 유명遺命으로 우왕이 왕위를 계승했으니 승인해달라는 것과, 심왕 톡토부카가 왕위를 이어받는 것은 부당하다는 내용이었다.

그런데 이 문건에 대해 신진사대부들이 서명을 거부하였다. 임박林樸·박상충·정도전이 그 중심에 있었다. 여기 임박은 과거를 통해 입사한 후 공민왕 때 신돈 정권에서 핵심 역할을 했는데 신돈이 제거된 후에도 건재했던 특별한 인물이다. 이들의 반대 주장은 선왕이 친명사대를 이미 천명했는데 다시 북원에 왕위 승인을 요청할 수 없다는 것이었다.

이인임의 문건에 대해 이들 신진사대부들이 반대한 것은 북원에 대한 명백한 사대라고 판단했기 때문이다. 이인임의 의도를 정확히 파악하고 있었던 것이다. 신진사대부 측에서 서명을 거부한 이 문건이 북원에 보내졌는지는 분명하지 않지만, 친명사대관계를 유지하려는 신진사대부의 저항이 본격적으로 시작되고 있었다.

마침내 결정적인 사건이 다가온다. 1375년(우왕 1) 5월 북원에서 사신을 보내온 것이다. 우왕이 즉위한 후로는 첫 번째 북원 사신이었다. 이 북원 사신단을 어떻게 응대할 것인가가 문제의 핵심이었다. 이 직전에 북원 사신이 들어온 1373년(공민왕 22) 2월에는 공민왕이 처단할 것을 주장했지만 대부분의 신하들이 반대하여 방환한 적이 있었다. 그때 이미 친명사대에 대한 이상 기류가 드러났다고 볼 수 있다.

이때 입경한 북원의 사신이 전하는 조서의 내용이 재미있다. 공민왕은 북원을 배반하고 명에 붙었기 때문에 그 임금을 죽인 죄를 용서한다는 것이었다. 공민왕 시해 사건에 대해 불문에 붙이겠다는 뜻이니 이는 고려의 재상들을 비롯한 기득권 세력에 보내는 화해 메시지가 분명했다. 그 중심에 있던 이인임으로서는 반길 만한 일이었을 것이다.

이에 이인임을 비롯한 재상들은 찬성사(정2품) 지윤池奫을 국경에 보내 북원의 사신을 맞아들이려고 하였다. 여기 지윤은 무장으로 성장한 자로서 이인임과 정확히 뜻을 함께하는 자였다. 북원의 사신을 맞아들인다는 것은 공민왕 말년에 입경한 북원 사신을 돌려보내는 것과는 차원이 다르다. 북원과의 새로운 사대관계를 상정하지 않고서는 취할 수 없는 조치이기 때문이다.

이에 신진사대부들이 다시 나서는데, 김구용·이숭인·정도전·권근權近 등은 도당에 글을 올려 강하게 반대하였다. 북원의 사신을 맞아들인다는 것은 온나라 신민을 난적으로 만드는 것이고 지하에 있는 현릉(공민왕)을 뵈올 면목이 없다는 것이었다. 친명사대관계의 훼손을 들어 강하게 저항한 것이다.

이인임은 도당에 올라온 이 글을 각하해버리고, 오히려 정도전에게 북원의 사신을 맞으라는 지시를 내린다. 조금도 양보 없는 정면 승부로 대응한 것이다. 엉뚱한 명령을 받은 정도전은 수상인 경복흥을 찾아가 항의했다. 정도전은 자신에게 북원 사신의 안내를 맡긴다면 사신의 목을 베어오든지 체포하여 명에 보내버리겠다고 거칠게 항의했다. 이인임보다는 경복흥이 조금 유화적이라고 판단해서 찾아간 것이지만 그 역시 이인임과 생각이 크게 다르지 않았다.

정도전은 다시 명덕태후를 찾아가 북원의 사신을 맞아들이는 것은 불가하다고 피력하였다. 하지만 명덕태후도 별 도움을 줄 수 없었고 오히려 대세를 따르는 처지였다. 국왕인 우왕은 아직 어리고, 명덕태후는 힘이 없고, 권력은 북원에 접근하려는 도당 중심의 재상들에게 이미 심하게 기울어 있었다. 재상들에게 거칠게 항의한 정도전은 이 일로 회진(전남 나주 다시면)으로 유배당하고 만다. 북원의 사신을 맞는 것에 반대한 정도전에게 오히려 그 사신을 맞으라고 명령한 것은 이 기회에 그를 내치기 위한 구실이었을 것이다. 어차피 신진사대부 중에서 누군가 희생양이 필요했을 터이니 말이다.

하지만 신진사대부들은 여기서 멈추지 않는다. 특히 성균관 대사성으로 있던 정몽주는 독자적으로 국왕에게 긴 상소문을 올렸다. 정몽주는 친명사대의 명분을 설파하면서 지금까지 북원에 접근하려는 여러 태도를 조목조목 비난한다. 명사를 살해한 김의와 그 수행원을 그대로 놔두고 있는 문제, 공민왕의 죽음을 알리는 사신을 북원에 파견한 문제, 명에 사신으로 파견되었던 장자온이 김의와 부화뇌동하여 되돌아왔는데도 불문에 붙인 문제, 심왕을 옹립하려는 북원에 대해 저자세 외교를 하는 문제 등을 거론하면서 비판하였다. 그러면서 대안도 제시했는데, 북원의 사신을 붙잡고 장자온과 김의의 수행원을 체포하여 남경으로 보내면 우리의 어려운 처지를 명에 대해 충분히 설득할 수 있다고 하였다. 정몽주의 용기에 힘을 얻었는지 박상충이 따로 상소문을 올리기도 했다.

이에 이인임 등 재상들은 신진사대부의 거센 저항에 한발 물러선다. 국경에 머무르고 있던 북원의 사신을 위로하고 그냥 돌려보낸 것이다. 친명사대관계를 생각한다면 그 사신을 체포하거나 처단하는 것이 당연한 조치였지만 방환했다는 것은 북원과의 새로운 관계를 고려하여 여지를 남겨두었다고 볼 수 있다.

북원의 사신을 돌려보내는 한편, 명에 대해서는 기존의 사대관계를 유지한다. 북원의 사신을 방환한 직후 명에도 사신을 파견하여 세공마를 바친 것이다. 또한 1375년(우왕 1) 12월에는 밀직부사 김보생金寶生을 명에 하정사(신년 축하 사절단)로 파견한다. 앞서 우왕이 즉위한 직후 왕위 교체의 승인을 받기 위해 명에 파견되었던 최원은 억류되어 아직 돌아오지 못하고 있는 상황이었다.

이때 파견되었던 김보생은 풍랑으로 길이 막혀 되돌아와 교동(강화)에 머물다가 다음 해 1월에야 다시 파견되었다. 북원과의 새로운 관계를 시작하려는 정권의 처지에서는 내키지 않는 사행이었는지는 모르겠지만 어쨌든 명과의 사대관계도 훼손시키지 않으려는 최소한의 노력도 계속한 것이다. 하지만 북원과의 새로운 관계에 저항하는 신진사대부에 대한 공격은 본격적으로 시작된다.

이인임의 반격

대사헌(정3품) 이보림李寶林이 이인임의 뜻에 아부하여 총대를 멨다. 여기 이보림은 유명한 이제현李齊賢의 손자인데, 지방 관리로서 성적이 우수하여 우왕 즉위 초에 관리들의 감찰과 탄핵을 맡는 사헌부의 장관인 대사헌에 발탁되었다. 그는 가계의 성향으로만 보면 신진사대부에 가까울 텐데 이인임에게 줄을 대고 신진사대부 공격에 앞장선 것이다.

이보림은 북원에 보내는 문건에 서명하지 않은 임박을 특별히 지정하여 탄핵하였다. 북원의 사신을 돌려보낸 직후였다. 서명하지 않은 사람은 임박 외에도 더 있는데 왜 임박만을 특정했는지 모르겠다. 임박은 이 탄핵을 받아 서인으로 강등되고 자신의 고향인 길안현(경북 안동)으로 귀향당했다. 앞서 문건에 서명하지 않은 사람 중에서 정도전은 이미 유배당했고 이제 박상충만이 남아 있었다.

임박이 탄핵당한 것에 분노했는지 1375년(우왕 1) 6월에는 간관諫官으로 있던 이첨李詹 등이 이인임과 지윤의 목을 베라는 상소문을 올린다. 이첨의 상소문은 앞서 정몽주의 상소문과 비슷한 내용인데, 다른 점은 이인임과 함께 지윤의 죄를 포함시키고 있다는 점이다. 지윤이 서북면의 장수로 나가 있을 때 김의의 편지를 받고도 국왕에게는 상달하지 않고 몰래 이인임에게 전달했다는 것이다. 지윤 역시 이인임과 함께 명사 살해 사건의 배후로 본 것이다. 게다가 지윤은 심왕 톡토부카에 접근하려는 의도까지 보였다고 주장하였다.

이첨의 이러한 상소는 김의를 사주하여 명의 사신을 살해한 배후 인물에 대한 처벌이 아직 끝나지 않았음을 보여준다. 명사 살해 사건의 배후로 이인임뿐만 아니고 지윤도 사후에 연루되었다고 본 것이다. 이첨은 이 일로 지방으로 좌천당하고 만다. 강경한 상소 내용에 비하면 가벼운 응징인데 사건을 크게 확대하지 않으려는 이인임의 계산인 듯하다.

이첨이 좌천당한 후, 1375년(우왕 1) 7월에는 이인임을 추종하는 인물들이 다시 신진사대부를 공격하기 시작한다. 이때 이인임의 뜻에 따라 앞장선 인물들은 무반 서열 1위인 응양군 상장군으로 있던 우인열禹仁烈 등이었다. 우인열 등 무장들이 이 문제에 나섰다는 것은 무반 고위직에 있는 자들이 이인임 정권을 적극 추종했음을 보여주는 것이다.

우인열의 주장은 이첨의 상소를 문제삼은 것으로, 간관이 재상을 탄핵하는 것은 큰 문제이니 그 잘잘못을 논변해야 한다는 것이었다. 이에 이첨 등과 함께 상소를 올렸던 간관이 다시 하옥당하고 국문이 이루어진다. 이때 추국을 담당한 자가 최영과 지윤이었다. 지윤은 이첨의 상소에서 명사 살해 사건의 배후인 이인임과 관련된 것으로 언급된 인물인데 자신의 문제를 가지고 스스로 이첨을 국문하는 꼴이었다.

그런데 이첨을 국문하는 과정에서 전록생과 박상충이 관련된 것으로 드러난다. 박상충은 앞서 상소를 올려 명사 살해 사건의 배후로 안사기를 지목하여 죽게 했고, 북원에 보내는 문건에도 서명하지 않았으니 이 기회에 연루시킬 만했다. 전록생은 이때 정당문학(종2품)으로 있었는데, 충목왕 때는 정치도감의 개혁에 적극적으로 참여했던 인물이다. 아마 그가 우왕의 사부라는 점을 꺼려하여 연루시켰다고 보인다.

국문을 담당한 최영은 전록생과 박상충을 혹독하게 국문했다고 하니 최영도 이인임 정권에 적극 동조했다는 것을 알 수 있다. 얼마나 참혹하게 고문을 당했는지 전록생과 박상충은 유배 도중에 죽고 말았다. 이 일로 이첨 등은 다시 곤장을 맞고 유배되는데, 일은 여기서 그치지 않는다. 앞서 북원의 사신을 맞는 것에 반대했던 정몽주·김구용·이숭인 등과 여기에 10여 명의 관리를 함께 엮어 이인임을 해치려 했다고 모함하여 모두 유배 보냈다.

이인임 등은 북원에 접근하려는 외교노선에 저항하는 세력이 확대되는 것을 좌시하지 않겠다는 의지를 분명히 드러내고 있었다. 이 사건으로 친명사대를 주장하는 신진사대부의 저항은 수면 아래로 내려간다. 이인임 정권이 일단 안착에 성공하고 있다는 뜻이었다.

이인임은 누구인가

여기서 잠깐 이인임이라는 인물을 살펴보고 넘어가자. 그는 경산부(경북 경산) 출신인 이조년李兆年의 손자이다. 이조년의 부 이장경李長庚은 성산(경북 성주)의 향리 출신으로서 그에게는 이조년을 비롯해 다섯 형제가 있었는데 모두 과거에 급제했고 그중 이조년이 가장 현달했다. 이를 보면 이인임은 통상적으로 말하는 신진사대부의 성향에 부합하는 가계의 출신이라고 볼 수 있다.

이인임의 조부 이조년은 충숙·충혜왕 시절 부원배의 책동으로 왕권이 위기에 처했을 때 원 조정에 맞서 지조를 잃지 않고 끝까지 국왕을 옹호한 인물로 유명하다. 충혜왕 때는 국왕의 폐행을 직간했으나 고쳐지지 않자 벼슬을 버리고 낙향하여 세상과 인연을 끊어버린 인물이기도 했다. 이조년은 사후에야 충혜왕의 묘정에 배향되어 그 공을 인정받는다.

이조년의 조카, 그러니까 이인임의 숙부로 이승경李承慶이 있는데, 그는 원에서 벼슬하여 요양행성 참지정사라는 상당히 높은 관직에 오르고 몽골식 이름까지 가졌던 인물이다. 그는 나중에 환국하여 고려에서도 재상에 오르는데, 이런 이력은 친원적인 기반이 이미 닦여 있었다는 뜻으로 선대의 가계 분위기와는 조금 달라 보여 특별하다.

이조년의 아들에는 이포李褒가 있고 이포에게 첫째 이인복李仁復을 비롯해 여섯 아들이 있었는데, 이인임은 그중 둘째였다. 이포의 여섯 아들 중에서 첫째 이인복과 둘째 이인임이 가장 현달하는데 이인임의 친형인 이인복에 대해 먼저 살펴볼 필요가 있다.

이인복은 어려서부터 글을 잘 짓고 생각이 깊어 조부 이조년의 특별한 관심을 받았으며, 충숙왕 때 19세의 나이로 과거에 급제하고, 충혜왕 때는 원의 과거인 제과制科에도 합격하여 원에서도 관직을 역임한 인물이었다. 이인복은 공민왕 초에 조일신이 정변을 일으켰을 당시 그를 제거할 것을 주청하여 성공시키고 공민왕의 각별한 관심을 받기도 하였다.

그의 이력에서 특별한 점은 신돈을 비판하다가 파면당했다는 사실이다. 다시 복직하여 재상에 오르지만 이 점은 동생 이인임과 딴판이다. 이인임은 신돈 정권에서 거칠 것 없이 승진했고 신돈이 제거되고 많은 사람이 연루되어 죽거나 축출되는 상황에서도 끄떡없었기 때문이다. 형 이인복이 공민왕 말년에 죽었을 때 이인임은 이미 수상에 올랐으니 관직에서도 형을 앞섰다.

그런데 이인복은 말년에 아우인 이인임을 가리켜 나라를 결단내고 집안을 망칠 놈이라고 미워했다는 얘기가 그의 열전에 특기되어 있다. 이인복은 이인임의 어떤 태도가 그리 마음에 들지 않았을까? 아마 이인임의 평소 기질이나 권모술수에 능한 성향을 보고 그러지 않았나 싶다. 이인임의 이력을 따라가보자.

이인임은 과거를 통하지 않고 음서로 출사하여 처음에는 문관으로 시작하였다. 홍건적이 쳐들어와 의주를 함락했을 때 이인임은 국왕 비서관인 우부승선(정3품)으로서 서경(평양) 존무사를 맡아 2등 공신으로 책정되었다. 존무사는 전선에서 전투를 하는 장수가 아니라 후방에서 민심을 수습하는 직책이다. 그 후 홍건적이 재침하여 왕도가 함락되었을 때는 수복전쟁에 참여하여 다시 1등 공신으로 책정된다. 이때도 전투에 직접 참전한 것 같지는 않다. 어쨌든 이인임은 신돈 정권 이전에 이미 여러 공을 세워 정계에 착실한 기반을 마련해 승진가도를 달리고 있었다.

이인임이 두 차례에 걸쳐 공신에 책정되었지만 결정적인 공로가 있어 그런 것은 아니었다. 특히 그가 두 번째로 공신에 책정될 때는 기황후에 의한 공민왕 폐위 공작이 시작되고 있을 무렵이어서 관료집단의 이탈을 막기 위한 정치적 성격이 짙었다. 이때 여러 명목의 공신을 선정하여 한꺼번에 3백여 명이나 남발하는데 여기에 이인임이 낀 것이다. 이 무렵 이인임은 벌써 재상 반열에 올랐는데 굉장히 빠른 승진이었다.

이인임의 특별한 능력이 드러난 것은 기황후 측에서 공민왕을 폐위시키려고 덕흥군德興君을 고려 국왕으로 앞세워 고려를 침략할 때였다.

양쪽에서 군사를 동원한 전면전으로 치닫고 있었는데 이인임은 이때 서북면도순문사西北面都巡問使 겸 평양윤平壤尹을 맡았다. 이 역시 비전투 장수로 평안도 지역의 민심 수습과 평양에서 군량 등 후방 지원을 담당하는 직책이었다. 이때 총사령관인 도원수는 경복흥이었다.

공민왕은 이 전쟁에서 원의 군사적 공격도 막아야 했지만 대규모 군사를 거느리고 있는 고려 측 장수들의 동향도 예민하게 주시하고 있었다. 그래서 총사령관에게 전쟁에 대한 전권을 부여하지 않고 직접 통제하면서 압록강을 넘어 덕흥군의 군사를 공격하라는 명령을 내렸다. 하지만 당시 고려 측 군사들의 사정이 압록강을 넘어 선제 공격할 만한 여건이 아니었다. 고향을 떠난 지 몇 달이 된 군사들은 굶주려 도주하거나 약탈을 일삼고 있었기 때문이다. 이때 이인임은 공민왕에게 직보하여 압록강을 넘어 공격하는 것보다는 압록강을 방어하는 쪽이 유리하다고 건의하였다. 결국 공민왕이 이를 수용하여 군사를 압록강 이남으로 철수시키고 방어에 주력하면서 덕흥군의 군사를 막아내는 데 성공한다. 아울러 기황후 측의 공민왕 폐위 공작도 실패로 돌아갔다.

이 일은 이인임이 월권하여 직속상관인 도원수 경복흥을 소외시키고 자신이 주도한 것이나 다름없는데 어쨌든 작전을 성공시킨 것이었다. 이 일로 이인임이 큰 보상을 받지는 못했지만 지략이나 기획 능력이 매우 뛰어난 인물로 볼 수 있다. 전쟁에서도 몸소 싸우는 전투형 장수가 아니라 후방 지원이나 선무를 주로 하는 정무 직책을 주로 맡았다.

신돈 정권이 들어선 후 이인임은 권력의 중심으로 진입하는데, 극소수의 인물들과 함께 도당에 참여하여 인사권에 간여하면서 첨의찬성사(정2품)에 오른다. 뿐만 아니라 개혁기구인 전민변정도감에도 참여하여 신돈과 함께 송사를 처결하는 일에도 나선다. 이인임이 신돈 정권에 정확히 부응하지 않고서는 이룰 수 없는 일이었다. 그의 선배인 경복흥·최영 등이 신돈 정권에서 축출 배척되었다는 것을 감안하면 이는 권력의 흐름에 대단히 민감했던 그의 권력지향적인 성향을 그대로 보여준다.

이인임이 신돈 정권에서 죽지 않고 잘 나아갈 수 있었던 것은 행운도 작용하고 있었다. 신돈 정권에서 일순위로 축출되었던 사람들은 군사적 공로를 세운 무장들이었는데, 그는 군사를 거느렸던 순수 무장 출신이 아니었던 것이다. 이 점에서 그는 신돈이나 공민왕에게 위험인물로 비춰지지는 않았던 것 같다. 이인임은 신돈 정권 후반기인 1368년(공민왕 17)에 결국 수상인 좌시중에 오르는데 선배 무장들이 대거 축출되면서 그 공백을 채우며 쉽게 올라온 것이다.

그런데 우왕이 즉위하고 이인임이 정권을 장악할 수 있었던 직접적인 계기는 따로 있었다. 그것은 바로 신돈과 그 시비 반야 사이에 낳은 신우(모니노)의 출생 문제와 관련이 있다. 신돈 정권이 무너지고 나서 공민왕이 죽기 3년 전의 일이었는데, 어느 날 공민왕은 신우를 명덕태후 궁에 들여보내고 좌시중인 이인임에게 이런 말을 남긴다. "원자가 있으니 나는 걱정이 없다. 신돈의 집에 아름다운 부인이 있어 아들을 잘 낳는다는 얘기를 듣고 관계하여 이 아이를 얻게 되었다."

이 말은 공민왕이 신우를 자신의 친아들이니 다른 사람들도 그렇게 생각해주라는 뜻이었다. 원자라고 표현한 데서 신우에게 왕위를 잇게 하려는 의지가 드러나는데, 이를 하필 이인임에게 말한 것이다. 이인임의 여러 성향과 능력을 고려하여 그랬는지, 아니면 우연히 이인임이 곁에 있어 그랬는지 모르겠지만 어쨌든 이인임에게만 밝힌 것이다.

당시는 여러 사람들이 신우의 출생 문제에 대해 의심스런 눈치를 보내던 시기라 이는 공민왕이 이인임을 선택하여 의도한 발언이라고 본다. 그리고 공민왕이 졸지에 시해당하면서 그 말은 왕위 승계에 대한 마지막 유언이 되고 말았다. 간단히 말해서 이인임은 공민왕의 고명대신顧命大臣이나 다름없었던 것이다.

결국, 이인임은 공민왕의 고명대신으로서 왕이 시해된 직후 그 뒤처리를 주도적으로 할 수 있었고, 불과 사흘 만에 신우를 다음 국왕으로 정확히 내세울 수 있었던 것이다. 따라서 권력은 이인임에게 돌아갈 수밖에 없었다. 지금까지의 탄탄한 정치적 기반에다가 그의 권력지향적 성향이나 자질까지 보태졌으니 이런 기회를 그냥 흘려보낼 리 없었다.

민감한 심왕 문제

이인임 정권이 신진사대부의 저항을 일단 잠재우기는 했지만 아직도 안심할 수 없는 문제가 있었다. 바로 심왕 문제이다. 만약 북원에서 심왕을 공민왕 다음의 후계 국왕으로 계속 밀어붙인다면 우왕을 이미 옹립한 이인임으로서는 자신의 정권을 부정하는 것으로서 큰 낭패였기 때문이다.

1375년(우왕 1) 8월, 변방에서 심왕의 움직임에 대한 심상치 않은 보고가 들어온다. 심왕 모자가 김의와 김서의 무리를 대동하고 압록강 북쪽에 이르렀다는 것이었다. 여기 김의는 명의 사신을 살해하고 북원으로 도주했던 바로 그 자이고, 김서는 그 직후 공민왕의 죽음을 알리기 위해 북원에 파견되었던 사신이다. 이는 전년 11, 12월에 있었던 일이다.

깜짝 놀란 도당에서는 즉시 장수들을 서북면과 동북면에 파견하여 군사 동원에 들어간다. 심왕 무리의 고려 입경을 막고 만약의 군사적 공격에 대비하려는 것이었다. 이때 파견된 장수들 중에는 이인임과 가까운 지윤이 포함되어 있었다. 지윤은 군사 부족을 들어 다시 후속 지원을 요청하면서 각 사찰에서는 전마를 징발하고 조세를 거두어 군수에 충당하기도 했다. 이후 심왕의 동정에 별다른 이상이 없었던 것으로 보아 변방의 그 보고는 뜬소문에 불과했던 것 같다. 하지만 그런 불확실한 보고조차도 고려에서는 그냥 흘려보내지 못하고 과도하게 반응했다는 점을 주목할 필요가 있다. 이인임 정권이 심왕의 움직임에 얼마나 민감했는지 보여주는 일이었다.

김의와 함께 심왕에게 붙었다고 보고된 김서는 이로부터 1년 후 나가추의 군영에서 도망쳐 환국하였다. 김서는 환국하여 오히려 고려 내에서 심왕과 서신으로 연락하는 자들이 있었다는 고발을 해서 김의와는 정반대 편에 섰다. 이를 보더라도 위 보고는 신뢰할 수 없다는 것을 확인할 수 있다. 하지만 김의는 환국한 김서와 달리 북원에 체류하면서 확실하게 심왕 편에 선다.

그해 9월, 고려에서는 김의의 아내와 어미를 순군옥에 가두고 죽이려고 하였다. 김의의 배반은 이제 돌이킬 수 없는 것으로 단정하고 늦게나마 그 가족까지 단죄하려는 것이었다. 사헌부에서 주살하는 것을 반대하여 관비로 만드는 데 그쳤지만 이 역시 심왕의 동정과 관계된 민감한 대응이었다. 사헌부에서 김의의 가족을 주살하는 것에 왜 반대했는지 좀 의문이다.

심왕과 관계된 민감한 반응은 이뿐이 아니었다. 그해 10월에 요양과 심양 지방의 초적 백여 명이 압록강을 넘어 침범한 일이 있었다. 고려에서는 이것도 심왕과 김의가 군사를 몰고 쳐들어오는 것으로 간주하여 호들갑을 떨었다. 초적의 무리 수십 명을 주살한 후에야 도적떼인 줄을 알았고, 이후 서북면과 동북면의 군사를 모두 철수시켰다. 변방에 군사들이 한 달 이상 주둔하면서 이 지역의 민심도 심상치 않았기 때문이다.

다음 해인 1376년(우왕 2) 2월 변방의 장수로부터 심왕이 죽었다는 보고가 들어온다. 이 보고는 사실로 보인다. 심왕의 죽음을 보고한 이 장수는 왕안덕이었는데, 그는 바로 공민왕 사후 이인임의 뜻에 따라 신우를 후계 국왕으로 강력 주장했던 인물이기 때문이다. 앞서 지윤도 그랬지만 이인임은 변방에까지 왕안덕 등 자신의 측근을 심어두고 있었다.

이인임에게는 심왕의 죽음으로 골칫거리 하나가 해결되었다고 보인다. 하지만 명의 사신을 살해하고 북원으로 도주한 후, 그 심왕에 붙어 고려를 배반한 김의는 계속 북원에 남아 있으면서 이인임 정권에 부담을 준다. 김의를 강제로 불러들일 수도 없었고 그렇다고 방치할 수도 없었다.

이 대목에서, 이인임이 배후에서 김의를 사주하여 명의 사신을 살해했다는 것에 강한 의문을 제기할 수 있다. 그렇게 보는 이유는, 김의가 이후 심왕을 고려 국왕으로 세우려는 북원의 앞잡이 역할을 하면서 이인임 정권에 큰 위협을 안겨주었기 때문이다. 김의의 이런 행동을 주목한다면 이인임이 자신의 정권에 위협이 될 일을 자초했다고 볼 수 있으니 그런 판단도 할 수 있는 것이다.

신진사대부는 왜 친명사대를 주장했을까?

공민왕 시해 사건에 대한 명의 문책을 두려워한 이인임은 자신의 권력을 지키기 위해 친명사대관계를 재고하게 되었고, 그 방법으로 명의 사신을 살해했을 것이라는 추론을 앞에서 했다. 북원과 다시 사대관계를 맺음으로써 자신의 권력을 유지하겠다는 의도로 보았다. 그리고 신진사대부는 여기에 저항했던 것이다.

그럼, 이런 의문이 자연스레 따라온다. 신진사대부는 왜 여기에 저항했을까? 달리 말하면, 왜 친명사대를 그렇게 고집했는가 하는 문제이다. 자신들이 정치적으로 곤경에 처할 줄 뻔히 알면서 말이다. 이 의문은 대단히 중요한 문제이다. 왜냐하면 조선왕조의 개창과도 연결되는 문제이기 때문이다. 또한 한마디로 간단히 해명하기 어려운 주제이기도 하다.

우선 가장 손쉬운 대답은, 공민왕이 처음 친명사대관계를 천명할 때 신진사대부가 이를 적극 주장하고 지지했기 때문에 그랬다고 설명할 수 있다. 그래서 북원에 다시 접근하려는 것은 공민왕이 천명한 친명사대 외교노선을 훼손하기 때문에 반대할 수밖에 없었다고 보는 것이다. 실제로 신진사대부는 북원의 사신을 맞아들여야 한다고 이인임이 강요할 때 그런 주장을 편다. 즉 친명사대는 거스를 수 없는 천하의 대세로서 공민왕이 이를 천명했으니 따르는 것이 순리라는 뜻이다. 상당히 합리적인 설명이다.

그런데 이런 설명에는 약간의 허점이 있다. 공민왕이 북원에 등을 돌리고 전격적으로 친명사대를 천명할 당시 신진사대부가 이를 적극 주장하거나 지지한 흔적이 별로 없기 때문이다. 다만 정몽주는 예외인데, 그의 열전 기사에 의하면 주원장의 명이 흥기하자 그가 적극 요청하여 명에 사대하게 되었다고 나온다. 정몽주가 그런 주장을 한 것은 천하의 대세를 판단한 결과였고, 이는 정몽주의 신념이고 세계관이었다고 할 수 있으니 다른 인물들의 경우와 다르다.

하지만 정몽주 외의 다른 사대부에게는 그런 주장을 거의 찾아볼 수 없다. 특히 신진사대부의 중심에 있었던 이색이나 조선왕조 개창의 핵심 인물이었던 정도전도 공민왕 때 친명사대를 주장한 적이 없다는 점을 감안하면 이는 정말 뜻밖이다. 물론 대부분의 신진사대부들이 공민왕 당시 하급 직에 있거나 정치적 비중이 낮아 그런 주장을 드러낼 만한 위치에 있지 않아서 그랬다고 판단할 수도 있다. 하지만 이런 생각을 수용하더라도 의문은 풀리지 않는다. 그럼, 우왕이 즉위하자마자 신진사대부의 정치적 비중이 갑자기 높아져서 공민왕이 천명했던 친명사대를 고집했을까?

우왕이 즉위하면서 신진사대부의 정치적 비중이 높아진 것은 사실이지만, 이 문제는 오히려 반대로 봐야 선후관계가 바르게 풀린다. 정치적 비중이 높아져서 그런 주장을 한 게 아니라 그런 주장을 하면서 신진사대부의 정치적 비중이 높아진 것이었다. 따라서 우왕이 즉위하면서 신진사대부가 왜 친명사대를 고집했는가 하는 의문은 충분히 해명되지 않는 것이다.

다만 정몽주와 같은 예외가 있어 이런 설명을 완전히 무시할 수는 없다. 또한 정몽주를 신진사대부의 대표 주자로 판단하여 여타 신진사대부의 생각을 대변했다고 간주할 수도 있을 것이다. 인간집단의 복잡한 생각과 행동양식을 어떻게 논리적으로 낱낱이 모두 설명할 수 있겠는가? 그래서 이 해명은 버리지 말고 일단 유보해두자.

두 번째, 신진사대부의 친명사대를 설명하는 방법으로 성리학 사상을 동원하는 방법이 있다. 신진사대부가 신유학인 성리학을 수용하여 자신들의 사상적 기반으로 삼았다는 것은 널리 알려진 통설이다. 그래서 친명사대의 사상적 배경을 성리학에서 찾는 것이다. 그게 가능하다면 충분히 설득력이 있을 것이다. 또한 사상적 기반과 세계관의 변화를 연결시켜 역사를 설명하는 것이니 조선왕조 개창을 설명하는 문제에도 부합한다. 게다가 신진사대부의 외교노선을 사상적으로 뒷받침하는 것이어서 맥락이 서로 통하기도 한다.

그러나 여기에는 우선 성리학 사상과 친명사대의 외교관계를 어떻게 연결시키느냐의 문제가 있다. 즉 친명사대의 외교노선 변화가 구체적으로 성리학의 어떤 사상과 관련되느냐의 문제이다. 이를 해명하기 위해 동원되는 것이 성리학의 명분론名分論이나 화이관華夷觀이다.

성리학의 명분론은 개인 사이의 관계로부터 계급이나 신분, 나아가서는 국제관계까지 폭넓게 규정하는 이론인데 친명사대 문제는 국제관계 이론에서 비롯된다. 즉 대국과 소국 사이의 사대종속관계, 중화中華와 이족夷族 사이의 문명 우열관계가 있으니 그것을 따라야 한다는 것이다. 이런 이론에 의하면 몽골 제국은 쇠퇴하는 오랑캐이고 주원장의 명은 흥기하는 중화국가이니 친명사대로 나아갈 수밖에 없다는 것이다.

하지만 여기에도 약간의 문제가 있다. 중화니 오랑캐니 하는 명분론은 조선 시대에 들어와서야 정착되고 힘을 발휘하기 때문이다. 고려 말 성리학 수용 단계에서는 그와 같은 명분론이나 화이관이 정치적 힘을 발휘할 여지가 별로 없었다면 이런 설명으로는 충분치 않은 것이다.

명분론이나 화이관을 수긍한다 해도 또 하나의 문제가 있다. 신진사대부가 성리학을 수용한 것은 원 제국을 통한 것이었는데, 성리학이 그런 대외관계의 변화를 수반하는 길로 나아갈 수 있었을까 하는 점이다. 원 제국을 배반하고 친명사대로 나아가는 사상적 기초를 원 제국이 제공했다? 몽골 제국이 번창한 시절에는 이를 오랑캐가 아닌 중화로 판단했다는 이론도 있으니 명분론이나 화이관은 친명사대의 이론적 근거가 될 수 없는 것이다.

성리학의 명분론으로 친명사대를 설명하는 데는 또 하나의 흥미로운 문제를 제기할 수 있다. 사상과 정치노선의 문제이다. 쉽게 말해서 인간의 삶에서 생각과 행동노선, 어느 것이 먼저인가의 문제이다. 생각(사상)에 의거해서 행동하는가, 아니면 행동노선에 따라 생각하는가? 다시 말해 신진사대부가 성리학 사상 때문에 친명사대를 주장했는지, 아니면 친명사대를 고집하면서 성리학에서 그 사상적 기반을 찾았는지, 분명치 않은 것이다. 어쩌면 양자의 선후관계를 명쾌하게 구분할 수 없을지도 모른다.

또한 신진사대부들이 조선왕조 개창을 놓고 찬성과 반대로 양분된 것도 의문이다. 동일한 사상적 기반을 토대로 한 자들이 새 왕조의 개창을 반대한 온건파와 이를 주장한 혁명파로 나뉜 이유는 무엇일까? 성리학에 대한 해석의 차이나 인식이 달라서 그랬다? 고려 말 이제 막 수용된 성리학에서 그렇게 강력한 철학적 인식의 차이가 있었을까? 이런 의문을 떨칠 수 없으니 그래서 이 성리학 문제도 머릿속에 남겨두고 계속 살펴볼 것이다.

세 번째로, 신진사대부가 친명사대를 고집한 이유를 권력관계로 파악해보는 방법도 있다. 즉, 북원과 관계 개선을 시도하려는 이인임 정권과 이를 반대하며 친명사대를 고집하는 사대부 측으로 정치 세력을 양분하여 설명하는 것인데, 양 세력 간의 권력 싸움에 주목하는 것이다. 게다가 이인임 정권은 무인들을 기반으로 하고 있었다. 그래서 신진사대부가 친명사대를 고집했던 것은 무인 기반의 이인임 정권을 견제하고 주도권을 잡기 위한 권력투쟁이라 볼 수 있다.

이인임 정권이 북원에 접근하려는 이유가 권력 유지를 위한 것이었다면, 그에 저항하는 신진사대부도 권력투쟁의 측면에서 외교 문제를 접근했다고 충분히 생각해볼 수 있다. 그런 측면이 분명 없지 않아 있었다. 외교노선을 둘러싼 양측의 주도권 싸움을 들여다보면 그 점은 분명하게 드러난다. 하지만 역사의 변화를 그런 방법으로 단순 소박하게 설명해도 문제가 없을까?

이에 따르면 당시 동아시아의 격변과 국제관계의 큰 변화에 대응하는 방식이 권력투쟁의 수단이었다는 것이다. 이렇게 판단하는 것은 역사의 변화를 너무 협소한 국면으로만 보는 것이 아닐지 조심스럽기도 하다. 이 문제만 없다면 권력투쟁에 의한 설명은 신진사대부가 친명사대를 고집한 이유를 가장 명쾌하게 설명하는 것이다. 이 책에서는 권력 투쟁에 초점을 맞춰 외교 문제를 살펴보겠다.

도당을 장악한 이인임 정권은 북원과의 관계 개선을 도모하여 명의 연호를 폐지하고 북원의 연호를 채용하였다. 그 직후 지윤은 이인임을 제거하려다 자신이 제거당하고 이후 최영의 영향력이 조금 커진다. 그런데 이인임 정권은 북원의 연호를 채택한 지 1년 남짓 만에 다시 북원의 연호를 폐지하고 명의 연호를 채택하는 외교적 급변을 탄다. 하지만 명에서는 친명사대관계를 회복하려는 고려의 노력에 조공 문제를 비롯한 명사 살해 사건을 거론하며 불신을 드러내고 쉽사리 수용해주지 않는다. 이런 상황에서 이인임이 국정의 전면에 나서는 것을 조심스러워하면서 대신 임견미가 수상을 맡아 부상한다.

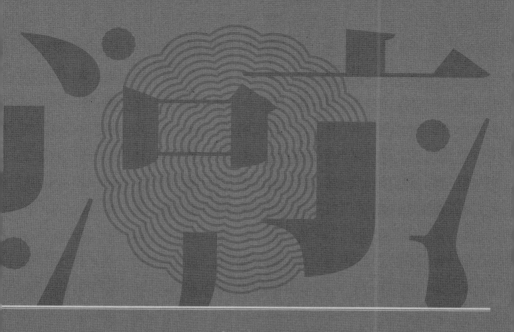

제2장

이인임 정권, 명과 북원 사이에서

1. 이인임 정권

도당, 집단지도체제

이인임 정권은 도당을 중심으로 한 일종의 집단지도체제 성격을 띠고 있었다. 이런 속에서 당시 명덕태후나 나이 어린 우왕은 제대로 권력을 행사하지 못했다. 국왕이야 나이 어려 그렇다 치더라도 명덕태후도 국정에 별다른 영향력을 행사하지 못했다는 것은 주목할 필요가 있다. 이는 이인임 정권이 도당을 이용하여 권력을 행사했다는 사실과 관련이 있다.

도당은 고려 전기의 도병마사都兵馬使라는 회의기구에서 비롯되었다. 고려의 전통 관제에 의하면 도병마사는 2품 이상의 관료가 참여한다. 도병마사는 중서문하성의 2품 이상인 재신宰臣과 중추원(추밀원)의 2품 이상인 추신樞臣이 그 구성원이었으며 이를 합해 '재추'라고 불렀다.

재추에 해당하는 관직은 재신 5개와 추신 7개를 합해 '재5추7'이라

하여 모두 12개의 관직이었고 인원은 많아야 20명 이내였다. 하지만 도병마사가 만들어진 초기에는 2품 이상의 관리인 재추가 모두 당연직으로 도병마사의 구성원이었던 것은 아니었다. 그 기능도 군사 문제만을 다루는 임시적인 회의기구로서 사안이 발생하면 수시로 임명받아 참여했다. 그러니까 고려 전기의 도병마사는 국정 운영의 상설기구도 아니었고 크게 주목할 기구도 아니었던 것이다.

이러한 도병마사가 무인집권기에는 거의 활동이 없다가 몽골과의 전쟁이 끝나갈 무렵인 고종 말년에 그 성격이 변한다. 재추 전원이 당연직으로 그 구성원이 되면서 관장 사항도 군사나 국방 문제뿐만 아니라 국가의 중대사에 모두 미치고 임시기구에서 상설기구로 바뀌게 된다. 이러한 변화의 결과는 충렬왕 때에 도평의사사都評議使司로 개편되는데, 이 도평의사사를 다른 이름으로 도당이라고 불렀던 것이다.

충렬왕 때 개편된 도평의사사, 즉 도당은 기능이나 구성원이 크게 바뀌었다. 우선 그 기능이 군사나 국방 문제뿐만 아니라 토지제도, 녹봉, 형옥, 인사, 대외 문제까지 다루게 된다. 달리 표현하면 국가 정책 전반을 논의하는 국정 총괄기구가 되었던 것이다. 이러한 도당의 변화는 행정기구로 바뀌는 것을 의미했고 이는 외형상 일단 도당의 기능 강화라고 볼 수 있다.

하지만 원간섭기의 도당은 이런 기능을 충분히 발휘하지 못했다. 도당이 열리는 횟수도 극히 드물었을 뿐만 아니라 정작 국정의 중요한 문제는 도당이 아닌 별도의 특별기구에 의해 운용되었다. 가장 중요한 인사 문제를 다루는 기구로서 충렬왕 때 도당 안에 설치된 '내재추'(별청 재추)라든지, 충선왕 때의 '사림원' 같은 것이 그것이다. 충선왕 이후에도 국왕의 측근들에 의해 중요한 문제가 결정되었지 도당은 국정 운영에서 큰 역할을 하지 못했다. 그래서 원간섭기 도당의 구성원이 확대되었다고 해서 도당의 기능이 강화되었다고 볼 수 없는 것이다.

원간섭기 도당의 변화에서 가장 주목할 점이 그 구성원의 확대였는데, 그렇다면 이를 어떻게 봐야 할까? 고려 전기에 도병마사의 구성원이었던 '재5추7'이 원간섭기에는 점차 늘어나 충렬왕 대에는 30명 가까이 된다. 이렇게 확대된 것은 관직을 남발하면서 2품 이상의 관직이 늘어난 데도 원인이 있지만 재추가 아닌 자도 도당에 참여하였기 때문이다.

원간섭기에 들어 도당의 구성원이 많아진 것은 당시 정치 세력의 기득권 유지와 관계가 깊다. 이 당시 정치 세력으로 부상한 부원배는 자신들의 세력을 확장하기 위해 고위 관직을 남발하고 독점했기 때문이다. 또한 이들은 음서를 통해 관직을 세습하면서 대대로 기득권을 유지하는 도구로 도당을 활용했던 것이니, 이는 도당의 기능 확대가 아니라 변질이었고, 정확히 하자면 오히려 기능 약화라고 말하는 편이 옳다.

도당의 구성원이 비약적으로 늘어난 시기는 바로 우왕 때였다. 1376년(우왕 2) 3월에는 재추에 임명된 자가 50인이나 되었으며, 그해 12월에는 59명이나 임명되었다는 기록도 있다. 이를 시정하기 위해 정치적 현안 문제로 거론되기도 하지만 전혀 개선되지 않았고, 이게 고려 말에 이르면 더욱 늘어나 7, 80명이 될 정도로 확대되었다.

우왕 때 도당의 구성원이 크게 확대된 것은 원간섭기의 폐단이 사라지지 않고 그 관행이 계속된 것으로 볼 수 있다. 여기에 원의 정치적 간섭이 끝났지만 국왕은 아직 어려서 정치의 중심에 설 수 없었던 탓도 컸다. 그래서 우왕 대는 도당을 중심으로 정치가 운용되었다고 말할 수 있다. 하지만 자세히 들여다보면 그 구성원 5, 60명 모두가 국정에 직접 참여하는 것은 아니었다. 어린 국왕이 정치의 중심에 서지 못하다보니 원활한 국정 운영을 위해 도당을 확대하고 이를 활용했을 뿐이다.

도당의 확대는 권력의 중심에 있던 이인임에게도 필요한 일이었다. 도당의 구성원을 크게 증원함으로써 자신의 세력을 양성하고 지지기반을 넓혀 권력의 정당성을 확보할 수 있었기 때문이다. 그래서 도당은 왕권을 대행하면서 국정 운영의 중심이 되고, 이인임에게는 권력을 장악하고 유지하는 수단이었다고 할 수 있다. 때문에 도당이라는 국가기구를 활용한 집단지도체제라고 볼 수 있는 것이다.

그런데 우왕 대의 정치가 도당에 의한 집단지도체제라고는 하지만 주도권은 그 안에서도 소수의 몇 사람이 행사하고 있었다. 이인임·경복흥·최영·지윤 등이 그들이고 그중에서도 핵심 인물이 이인임이었던 것이다. 그러니까 이인임은 도당이라는 집단지도체제 형식을 빙자하여 권력을 장악하고 행사했던 것이니, 단순하게 이인임 정권이라고 불러도 문제없다.

저항하는 대간

이인임 정권은 신진사대부의 저항을 일단 잠재웠고, 여기에 심왕의 죽음으로 한숨 돌렸지만 또 하나의 불편한 조직이 있었다. 바로 대간臺諫의 관리들이었다.

'대간'은 관리 감찰과 탄핵을 담당하는 사헌부(고려 전기의 어사대)의 관리인 '대관'과, 국왕에 대한 직언과 간쟁을 맡는 '간관'의 앞 글자를 따서 합쳐 부르는 말이다. 대간은 권력에 대한 견제와 균형을 이루기 위한 것으로 유교적 정치 이념에 따른 독특한 장치였다. 그 기능이 유사하여 양쪽 관서를 합쳐 불렀는데, 대간의 관리들은 품계는 낮지만 그 본분으로서 권력에 저항하는 속성을 지니고 있었다.

1375년(우왕 1) 11월 좌정언左正言(종6품)으로 있던 김자수金子粹를 돌산(전남 여수)의 군졸로 내친 사건이 있었다. 여기 김자수는 바로 전년 (1374)에 과거에 수석 합격하여 중앙 관서의 주부注簿(종7품)로 관직을 시작한 그야말로 신출내기 관리였다. 과거의 우수한 성적 때문이었는지 바로 대간인 좌정언으로 승진하는데, 좌정언은 간관 중에서 품계가 가장 낮은 직책이었다.

김자수가 지방 군졸로 내쳐진 것은 왕명을 거역한 때문이었는데, 이 사건에서 이인임 정권이 대간의 관리들을 어떻게 상대했는지 엿볼 수 있다. 사건의 발단은 왜구의 침략에 맞서 싸운 장수에 대한 포상 문제였다. 왜구의 침략과 관련된 이 사건의 시작은 이러했다.

고려 말 왜구의 침략에 대해서는 자세히 언급할 겨를이 없는데, 필자의 저서 《몽골 제국의 쇠퇴와 공민왕 시대》를 참고하기 바란다. 다만 우왕 시대는 왜구의 침략이 가장 극성이었다는 것만은 강조하고 싶다. 통계에 의하면 왜구 침략은 우왕 재위 14년 동안 총 378회 있었으니 보름이 멀다고 침략하는 꼴이었다. 이 시기 관찬사서의 기록은 왜구의 침략으로 도배될 정도였다.

그해 1375년 11월에 왜구가 김해(경남)를 침략하여 노략질하며 백성을 죽이고 관사까지 불사른다. 도순문사로 출전했던 조민수曺敏修는 패전하여 왜구는 대구까지 쳐들어왔으며, 여기서도 조민수는 패전하여 장수가 여럿 전사하고 희생된 군사도 매우 많았다. 며칠 후 왜구가 다시 김해로부터 낙동강을 거슬러 밀성(경남 밀양)을 침략하자 조민수가 맞서 싸워 왜구 수십 급을 베었는데, 작은 승첩에 다행이라 여겼는지 우왕은 옷과 술을 하사하였다. 이것으로 그치지 않고 우왕은 조민수에게 내릴 교서를 김자수에게 지어 올리라 하는데, 김자수가 이에 반대한 것이다. 교서를 지으려면 조민수의 공로를 적시해야 한다면서 조민수는 패전이 많아 공로가 별로 없고, 오히려 옷과 술을 하사한 것으로도 지나치다는 것이었다.

이에 우왕은 김자수를 하옥시키고 지윤과 하윤원河允源에게 문초하게 하였다. 지윤은 바로 도당에서 이인임과 정확히 뜻을 함께하는 자였다. 하윤원은 당시 사헌부의 장관인 대사헌으로 있던 인물인데, 대사헌은 이인임 정권이 항상 자기 사람으로 임명하는 자리였으니 그 역시 이인임 정권에 봉사하는 인물이었다.

그리고 조민수는 이인임의 천거와 발탁으로 지금에 이른 인물로, 그는 후일 이성계와 함께 위화도 회군에 참여한다. 그러니까 조민수에 대한 우왕의 각별한 관심에는 그 뒤에 이인임이 존재한다는 것을 감안했던 것이고, 지윤과 하윤원에게 김자수를 문초하게 한 것도 이인임의 의지가 반영되었다고 볼 수 있다. 다만 김자수가 이런 조민수와 이인임의 사적인 관계를 간파하고 그의 공로 교서에 반대했는지는 분명치 않다.

문초를 담당한 지윤이 김자수에게 국왕의 명령을 어긴 죄를 적용하려 하니, 김자수는 국왕의 잘못을 시정하는 것이 간관의 본분이라 주장하면서 저항한다. 지윤은 김자수를 괘씸하게 여겨 곤장을 쳐서 유배 보내려고 이 문제를 도당에 회부했다. 하지만 도당에서도 간관인 김자수에게 곤장을 치는 것에 난색을 드러내며 유배에 그치기를 주문했다. 이에 우왕이 그 벌이 가볍다고 김자수를 다시 국문하게 하는데 여기서 다른 사람에게 비화된다. 당시 삼사의 우사右使(정3품)로 있던 김속명金續命이 김자수를 옹호하고 나선 것이다.

김속명은 명덕태후의 외척으로 태후와 가까운 인물이었다. 그는 공민왕 재위 시절 사헌부의 대사헌으로 있는 동안 강직한 성품으로 유명했지만 이인임 정권에서는 소외되고 있었다. 김속명은 태후를 찾아가 간관인 김자수를 치죄하는 것은 언로를 막는 짓으로 부당하다고 주장하였다. 이에 태후는 김속명의 주장을 옳게 여기고 우왕에게 김자수를 더이상 욕보이지 말 것을 주문한다. 김자수는 그 덕에 겨우 곤장을 면하고 지방의 군졸로 내쳐진 것이었다.

그런데 이 사건은 여기서 그치지 않았다. 문초를 담당했던 지윤은, 신참 간관인 김자수가 이런 저항을 한 데는 다른 선배 간관들과 의기투합한 것으로 여기고 간관 전체를 그 배후로 판단했다. 이로 인해 애먼 간관 한 명이 김자수와 연결되었다고 유배당한다. 이인임 정권이 이 기회에 고분고분하지 않은 간관들을 길들여보겠다는 속셈을 드러낸 사건이었다. 이후에는 간관들 중에도 이인임의 뜻을 좇는 자들이 늘어났다.

사건은 이렇게 마무리되었지만 몇 가지 눈여겨볼 대목이 있다. 발단은 간관 김자수가 우왕의 명령을 거부하면서 시작되었지만, 사실은 김자수가 이인임 정권에 저항한 것에 다름없었다. 바로 그 김자수는 신진사대부라 할 수 있으니 이래저래 이인임 정권과 신진사대부는 부딪히고 있었던 것이다.

그리고 김자수를 옹호한 김속명을 주목할 필요가 있다. 그는 명덕태후의 측근이었는데 이 사건에서 명덕태후는 김속명과 뜻을 함께하여 이인임 정권을 견제했다는 것을 엿볼 수 있기 때문이다. 그렇다면 이후 명덕태후와 김속명이 이인임 정권에 어떻게 대응해 나갈지 주목할 필요가 있다.

골칫거리, 우왕 생모 반야

대간의 관리들 외에도 이인임 정권에 골칫거리가 또 하나 있었다. 우왕의 생모로 알려진 반야般若라는 여성이다. 이 반야가 1376년(우왕 2) 2월, 밤중에 명덕태후 궁에 들어와 이렇게 울부짖으며 소리쳤다. "내가 실상 주상을 낳았는데 어째서 한씨를 어미로 합니까?"

　태후는 반야를 바로 쫓아냈지만 깜짝 놀라지 않을 수 없었다. 공민왕은 죽기 직전에 반야를 놔두고 우왕의 어미로 이미 죽은 궁인 한씨를 지정했었다. 우왕을 자신의 친자로 규정하고 왕위 세습을 염두에 둔 조치였다. 그리고 우왕은 즉위한 직후 궁인 한씨에게 모후 대접을 하여 순정왕후라는 시호를 내렸다는 얘기를 앞서 했다. 그러면서도 반야에 대해서는 별다른 조치를 취하지 않았었다.

　이인임은 즉시 반야를 하옥시켰다. 우왕의 왕위 계승 정통성 문제가 달려있는 중대 사안이면서 우왕을 옹립한 자신의 처지에서도 정권의 위기를 가져올 수 있는 민감한 문제였기 때문이다. 만약 우왕의 생모가 반야로 소문난다면 우왕은 공민왕의 친자가 아니고 신돈의 소생이라고 알려지는 것과 같다. 반야는 신돈의 비첩이었기 때문이다. 그 반야가 갑자기 나타나 자신이 주상을 낳았다고 소리쳤으니 큰 문제였다.

이인임은 우선 태후 궁의 환관 김현金玄을 축출했다. 김현이 반야의 태후 궁 출입을 사전에 막지 못했다는 추궁이었다. 김현은 태후 궁의 환관으로 있으면서 그동안 국정에 간여하며 힘을 쓰고 청탁받은 바가 많았다. 하지만 이인임이 김현을 축출한 진짜 이유는 그가 명덕태후의 측근에서 깊은 신임을 받았다는 데 있었다. 이 기회에 국정에 간여하려는 태후의 손발을 자르겠다는 의도였다.

하옥된 반야를 처리하는 문제가 다급하고 중요했다. 그해 3월 흥국사에서 원로대신과 고위 관리, 대간들이 모여 이 문제를 논의하는데 여러 사람들이 이 회의를 기피하고 참석하지 않았다. 이제 와서 우왕의 생모가 누구인가를 변별할 수도 없는 문제이기도 했지만, 반야를 죽이는 것밖에 특별한 묘안도 없었기 때문이다.

그런데 이 일에 김속명이 또 나선다. 김속명은 이 반야 문제를 조롱하듯이 이렇게 말한다. 이인임 정권을 향한 말이었다. "국왕의 어머니가 정해지지 않았으니 속히 분별하여 사람들의 의심을 풀어야 하는데 왜 이 문제를 기피하는가? 천하에 그 아비를 분별하지 못하는 경우는 있어도 어미를 분별하지 못했다는 얘기는 예전에 듣도 보도 못했다."

김속명의 이 말은 우왕의 정통성 문제를 비꼬아 말한 것이고, 우왕을 추대한 이인임 정권에 대한 비판에 다름 아니다. 이를 보면 김속명은 태후와 더불어 우왕이 공민왕의 친자가 아니라는 사실을 이미 알고 있었던 것 같다. 뿐만 아니라 이인임이 공민왕 사후 우왕을 후계 국왕으로 세우려는 것에도 반대했다고 충분히 짐작할 수 있다. 그러니 김속명은 이인임 정권에 눈엣가시였을 것이다.

하옥된 반야는 국문을 피할 수 없었는데 죽이려는 수순에 지나지 않았다. 국문을 당하면서 반야는 또 저주의 말을 퍼부었다. "하늘이 만약 나의 원통함을 안다면 여기 앞의 중문이 반드시 무너지고 말 것이다." 말이 끝나기가 무섭게 진짜 그 문이 무너지면서 문초를 담당하던 하급 관리 하나가 그 문을 지나다 죽을 뻔했다니 반야의 억울함이 컸던 것은 사실인 듯했다.

반야는 즉시 임진강에 던져 수장시키고 관직에 있던 그 친족들도 함께 주살했다. 그렇게 우왕 생모 문제는 억지로 봉해졌던 것이다. 하지만 우왕에 대한 공민왕 친자 여부는 두고두고 화근이 된다.

유배당한 김속명

김속명은 초기 이인임 정권에서 가장 큰 걸림돌이었다. 김속명은 태후의 측근으로 주로 궁중의 일을 맡아보면서 이인임 정권을 비판하고 견제하니 명덕태후도 그를 통해 최소한이나마 영향력을 행사할 수 있었다. 그런 김속명이 1376년(우왕 2) 3월, 결국은 유배당하는데 경위는 이랬다.

김속명은 도당에 참여할 자격이 있었지만 도당은 이미 이인임 일파에 의해 장악되어 그는 소외되고 있었다. 특히 관리 임명에 대한 인사권은 이인임 등 소수 몇몇이 마음대로 하면서 뇌물이 횡행하였고, 관직이 부족하면 임시직을 만들어 남발하기도 하였다. 이런 상황에서 김속명은 별다른 힘을 쓰지 못했던 것이다.

그런데 사실은 경복흥이나 최영도 김속명의 처지와 별반 다르지 않았다. 그들도 도당의 일원이기는 했지만 권력의 중심은 역시 이인임에게 있어 도당에 참여하면서도 이인임에게 밀리고 있었기 때문이다. 이 두 사람은 친명사대를 계속 고집하는 신진사대부와 생각이 달라 이인임과 외교노선에서 같은 길을 갈 뿐이었다.

하지만 지윤은 경복흥·최영과는 달리 도당 내에서 철저히 이인임을 따르면서 중요한 역할을 하고 있었다. 이는 이인임과 서로의 이해관계가 잘 맞아떨어진 때문으로 보인다. 지윤이 그런 위치에 오른 것은 명사 살해 사건 이후 이인임과 한 배를 탈 수밖에 없었던 탓이 아닌가 싶다. 앞서 간관 이첨이 이인임과 지윤을 함께 엮어 목을 베라는 상소를 올린 것은 그런 정황을 반영한 것으로 판단할 수 있다.

이인임 정권에 아부한 또 한 사람으로 임견미林堅味가 있다. 임견미는 공민왕의 호위 무장 출신으로서 국왕이 홍건적 침입으로 몽진을 갈 때 호종하여 1등 공신에 책정되면서 출세의 발판을 마련한 자였다. 우왕이 즉위한 후 도당에 참여하면서 지윤과 함께 이인임 정권을 충실히 따르고 있었다. 이들이 이인임 정권의 핵심이라 할 수 있으니 경복흥이나 최영은 여기에 들지 못했던 것이다.

이런 속에서 김속명이 도당의 문제를 정면으로 건드린다. 어느 때인가 김속명이 병이 들어 사저에서 쉬고 있는데, 이인임·경복흥·지윤, 이 세 사람이 문병을 왔다. 하필 왜 이 세 사람이 문병했는지 모르겠지만 김속명을 예의주시하고 있었던 것 같다. 문병 자리에서 나눈 이들의 대화를 그대로 옮겨보겠다.

김속명: 옛 제도에 양부(중서문하성과 추밀원)에는 재신 5명과 추신 7명이었는데 이제는 50명이나 되니 어찌된 일이오?

경복흥: 부득이하게 그렇게 된 것이오

김속명: 지금의 재추는 녹봉만 먹고 자리만 차지하고 있으니 나 같이 바르지 못한 자는 없소.

이인임: 공이 바르지 못하다면 누가 바르겠소?

김속명: 내가 도당에서 녹봉을 받아먹으면서 안건에 서명할 때는 마음으로는 그르게 여기면서도 입으로는 옳다고 했으니 나 같이 바르지 못한 자가 누가 있겠소?(이에 대해 세 사람 모두 아무 대답이 없었다)

김속명의 말 속에는 뼈가 있었다. 김속명은 우선 이인임 정권에서 도당의 구성원이 대폭 늘어난 것을 따져 묻고 있다. 이에 별다른 해명을 못하는 경복흥의 말은 무책임하게 들린다. 자신도 이인임과 함께 도당을 그렇게 만들었으니 그런 옹색한 답변을 할 수밖에 없었을 것이다. 또한 김속명은 자신의 처지를 빗대어 도당이 제 구실을 제대로 못하고 있다는 것도 비꼬고 있는데 이인임은 별 의미 없는 말만 던지고 있다.

이 대화에서 김속명은 도당의 구성원이 확대되면서 이인임 정권에 놀아나고 있다는 것을 이인임 면전에서 문제삼은 것이다. 이 일 이전에도 김속명은 지윤의 부정을 비판하는 등 이인임 주변 인물에 대해 시비를 걸었지만 이인임 정권을 이렇게 면전에서 직접 비판한 것은 처음이었다. 이는 마음먹고 한 말로 이인임 정권에 대한 저항이 분명했다.

이인임은 김속명을 그대로 놔둘 수 없다고 판단하고 자신을 따르는 간관을 부추겨 김속명을 탄핵하도록 한다. 탄핵의 사유는 다름 아닌 김속명이 이전에 우왕 생모 문제에 대해 조롱한 그 발언이었다. 사실 이인임은 그 발언에서부터 김속명을 그대로 방치할 수 없다고 생각하던 터였다.

김속명의 탄핵에 나선 그 간관은, 김속명이 국왕에 대해 입 밖에 내서는 안 될 말을 함부로 뱉어 신하로서 불경죄를 저질렀으니 국문으로 다스려야 한다는 것이었다. 국문을 당한다면 치욕을 감수해야 했다. 이에 태후가 나서서 치욕적인 국문을 저지하고 유배로 그쳤던 것인데, 그나마 태후로서 할 수 있었던 일이었다. 하지만 태후는 이후 손발을 잃었고 이인임 정권은 일석이조의 성과를 얻었던 것이다.

김속명은 이후 다시 정치에 발을 딛지 못하고 10년 후 죽는다. 하지만 그가 뱉은 우왕 생모에 대한 발언은 두고두고 회자된다. 공양왕恭讓王이 즉위하고 우왕과 창왕에 대한 왕위 정통성 문제에 시비가 일 때마다 이성계 측에 선 인물들이 그의 발언을 거론한 것이다.

김속명이 그때까지 생존했다면 자신의 발언이 그렇게 회자되는 것에 대해 어떻게 반응했을지 궁금하다. 그 발언은 자신이 예상하지 못했겠지만 우왕과 창왕에 대한 왕위 계승의 정통성에 큰 상처를 입혀 새 왕조 개창을 준비하던 자들에게 힘을 실어줬기 때문이다. 그렇다면 이인임이 그런 우왕을 옹립한 사건은 고려왕조의 수명을 단축시키는 데 일조한 것이 아닌가 하는 엉뚱한 생각도 든다.

무장의 성장을 견제하다

우왕 대, 왜구의 침략은 숨 돌릴 틈도 없이 계속되고 있었다. 한반도는 그들이 마음만 먹으면 아무 때나 들락거리는 앞마당 같았다. 도당에서는 이를 막기 위해 중신들을 장수로 임명하여 수시로 각 지방에 파견했지만 방어 활동에는 큰 성과가 없었다. 여기에는 그럴 만한 배경이 있었다.

파견되는 장수들은 문·무관을 가리지 않고 원수니 도병마사니 도순문사니 도안무사니 혹은 조전원수니 하여 감투만 씌워서 임시방편으로 내보내고 교체하기를 반복했다. 그래서 유능한 장수가 선발되기 힘들었고 출전한 장수가 어느 한 지역을 책임지고 방어하지도 못했으며 지휘체계에도 문제가 많았다. 다행히 작은 승첩이라도 이루면 포상하지만 패전하면 처벌하고 다시 장수를 교체하는 식이었다. 근본적인 방어 전략이 없이 침략이 있을 때만 그때그때 대응하는 식이었으니 효과가 있을 리 없었던 것이다.

이인임 정권이 이런 식의 방어 전략을 구사한 데는 중요한 이유가 있었다. 장수들의 직함만 바꾸어 수시로 여러 사람을 돌려막기 식으로 교체했던 것은 무장들의 정치적 성장을 꺼려 한 때문이었다. 군사를 보유한 장수를 특정 지역에 장기간 주둔케 하면 군사적 기반을 갖춘 무장의 성장은 당연하다. 이는 이인임 정권에 위협적인 일로서 방관할 수 없었던 것이다. 우왕 대의 왜구 침략에 대응하는 방식에서 가장 큰 문제는 바로 이것이었다.

1376년(우왕 2) 7월 왜구가 전라도 원수의 군영을 침범한 후 영산강의 전함을 불태우고 나주까지 침략하는데 전혀 손을 쓰지 못하고 방치하다시피 한 일이 있었다. 당시 전라도를 책임지는 장수 하을지河乙沚가 책임을 방기한 것이었다. 여기에는 이인임 정권의 대처에 근본적인 문제가 있었기 때문이다.

하을지는 충혜왕 때 과거에 급제하여 관직을 시작한 문신으로 이인임과 가까운 인물이었다. 그가 이인임과 가까워진 계기는 공민왕 때 이인임의 부장을 맡아 충실히 따른 인연 때문이었다. 하을지는 그런 인연 때문이었는지 우왕이 즉위한 직후 전라도 원수 겸 도안무사를 맡았다. 전라도의 군사 문제와 치안 행정을 총괄하는 자리였으니 중책이었다.

하지만 하을지는 탐욕스럽다는 세평이 있었고 군사 방면의 능력이나 행정 수완이 부족했다. 그는 전라도를 맡기 전에도 한양(서울)을 침략한 왜구를 방어하지 못해서 처벌받은 적이 있었지만, 전라도에 부임해서도 군사를 과도하게 징집하여 백성들의 원성을 크게 샀다. 이에 그해 6월 유영柳濚을 전라도의 새 원수로 삼고 하을지를 면직시킨다.

그런데 하을지는 유영이 새로 임명받아 내려온다는 소식을 듣고 바로 임지를 떠나 자신의 고향인 진주(경남)의 농장으로 낙향해버렸다. 그 사이 새로 전라도 원수에 임명받은 유영이 아직 부임하지 않은 상태에서 왜구가 그해 7월 나주를 침략한 것이었다. 그런 하을지를 애초에 전라도 원수로 임명한 것도 문제였지만 신구 장수 간의 교체가 그렇게 허술하게 이루어졌다는 것은 중앙의 대처에도 허점이 많았다는 것을 그대로 보여주는 일이었다.

하을지는 이 일로 곤장을 맞고 하동으로 유배를 당했는데, 그는 몇 년 후 복직하여 계림(경주)의 장수가 되어 다시 왜구에 대한 방어 책임을 맡는다. 하지만 그곳에서도 왜구 침략에 또 패전하였다고 하니 이인임 정권의 장수 임명이 얼마나 문제가 많았는지 알 수 있다.

나주를 침략했던 왜구는 그해 7월 같은 달에 부여를 침략하고 이어서 공주를 함락시켰다. 왜구는 철수하지 않고 서남해안에 머무르면서 계속 침략을 이어간 것으로 보인다. 공주 목사가 방어에 나섰지만 패전하고 양광도(충청도) 원수 박인계朴仁桂는 개태사(충남 논산)에서 왜구와 맞서 싸우다 전사하고 만다.

왜구는 여기서 그치지 않고 같은 달에 낭산(전북 여산)·풍제(전북 함열) 등을 침략한다. 지금의 전라북도와 충청남도의 경계를 넘나들며 마음껏 휘젓고 다녔던 것이다. 다행이 새로 임명된 전라도 원수 유영과 전주 목사 유실柳實이 힘을 합하여 여기서는 물리치는 데 일단 성공했다.

그런데 양광도 원수 박인계가 전사했으니 그 후임을 세워 파견해야 했다. 이때 왜구는 개경까지 노리고 있다는 소문이 퍼지고 있었으니 다급한 일이기도 했다. 이에 출전을 자청한 인물이 최영이었다. 최영은 이전에도 여러 차례 왜구와 맞서 싸웠던 백전노장으로서 가장 믿을만한 장수였다. 하지만 최영이 자청하면서 이상한 일이 벌어진다. 우왕이나 여러 장수들이 최영은 너무 늙었다고 출전을 말리는 것이었다.

최영의 이때 나이 61세로 적은 나이는 아니었지만 그 위급한 상황에서 홀로 자청하여 출전하겠다는 장수를 말리는 이유로는 좀 옹색했다. 이는 아무래도 최영이 군공을 세우는 것에 대한 달갑지 않은 반응으로 볼 수밖에 없을 것 같다. 그래서 최영의 자청에 대한 우왕의 반대는 이인임의 뜻이 아니었을까 하는 생각이 스친다. 아무튼 왜구 침략에 대처하는 방식이 그런 식이었다는 데 문제가 있었다.

하지만 최영은 우왕이 말리는데도 여러 차례 더 강청하여 마침내 출전하게 된다. 이때 최영이 출전하여 왜구와 싸운 전투가 유명한 홍산(태안반도의 홍성)전투인데, 최영 자신이 노구의 부상에도 불구하고 선봉에 서서 거둔 승리였다. 1376년(우왕 2) 7월의 일로서, 영산강 하구로부터 서해안을 따라 계속 거슬러 올라오면서 침략하던 왜구를 태안반도 부근에서 일단 격퇴시킨 것이었다.

그해 8월 최영이 개선하니 임진강에서는 성대한 환영식이 열렸다. 그리고 개선한 최영 장군에게 우왕은 시중(수상)을 제수하려고 하였다. 하지만 최영은, 시중이 되면 가벼이 출전하지 못하니 왜구를 완전 평정한 다음에 받겠다고 사양하고 철원부원군鐵原府院君의 작위를 받는 것으로 그쳤다. "황금 보기를 돌같이 하라"는 부친의 경구를 마음에 새긴 때문인지, 아니면 이인임 정권의 견제를 회피하려는 계산이었는지 잘 모르겠다.

분명한 것은, 이 홍산전투의 승첩을 통해 최영의 정치적 위상은 굳건해졌다는 점이다. 물론 그 이전부터 이미 무시할 수 없는 무장으로 성장해 있었지만.

일본 통신사 나흥유

한편, 왜구의 침략을 막기 위해 1375년(우왕 1) 2월 일본에 사신을 파견한 적이 있었다. 일본에서 먼저 사신을 보내오자 이에 대한 답례 사신이었다. 하지만 이 무렵 일본에서 사신이 들어왔다는 내용이 고려 측 기록에 없는 것으로 보면 여기 일본 사신은 공식적인 사신이라기보다는 승려 신분의 민간 요원이 아니었을까 추측된다.

일본 사신에 대한 고려의 답례 사신으로 처음 내정된 인물은 전교령(종5품)으로 있던 정습인鄭習仁이었다. 정습인은 공민왕 때 과거에 급제하여 성균관에서 관직을 시작한 유학자였다. 그의 이력에서 특이한 점은 불교와 미신을 배척하다가 신돈에게 축출되고 하옥까지 당했다는 사실이다. 그런 정습인이 신돈이 사사된 후 다시 관직에 들어왔는데 일본에 파견되는 사신으로 내정된 것이다.

그런데 일본에서 온 사신이 내정된 정습인을 반대하고 나선다. 불교를 배척하는 자는 함께 사신으로 갈 수 없다는 것이었다. 일본 사신이 고려의 사신 선발에 간여하는 것 같아 이 대목이 좀 이상한데, 고려에서도 이를 수용하여 다시 선정에 들어갔다. 이에 정습인이 탈락하고 그 대안으로 선발된 인물이 판전객시사(정3품)로 있던 나흥유羅興儒라는 자였다.

나흥유는 이 기회에 일본과 화친해야 하고 자신이 일본에 가겠다고 자청하였다. 나흥유가 그런 주장을 한 것이나 일본에 가겠다고 나선 이유가 무엇인지 알 수 없지만, 왜구의 침략이 갈수록 심해지는 상황에서 자진해서 일본에 가기를 요청했으니 도당에서는 반대할 이유가 없었다. 나흥유가 일본 사신으로서의 자격을 충분히 갖추었는지는 깊게 고려할 여지가 없었던 것이다.

나흥유는 나주(전남) 출신으로 여러 차례 과거에 낙방한 후 중견 무장으로 출사하였는데, 처음에 노국공주의 영전 공사를 책임지면서 공민왕의 눈에 들었던 자였다. 해학과 잡기에 뛰어나고 시문도 곧잘 지었다는 것을 보면 잔재주가 많은 인물이었고, 게다가 중국과 고려의 지도를 작성하여 공민왕에게 올리면서 큰 관심을 받았다는 것을 보면 특이한 모습으로 권력에 접근하는 요령도 아는 인물이었던 것 같다. 나흥유는 이런 여러 재능을 활용하여 허황된 욕심을 부리다가 공민왕 말년에 파면되기도 했었다.

그런 나흥유가 일본과의 화친을 주장하고 일본 가기를 자청한 것이다. 당시 그의 관직은 일본 사신으로 발탁되면서 다시 받은 관직으로 보인다. 일본에 사신으로 가서 성과를 낸다면 그 이상의 출세가 보장된다는 것도 생각했을 것이다. 그래서 그가 일본 파견을 자청했던 것은 아마 출세욕이나 공명심에서 그러지 않았을까 여겨진다. 더불어 이인임 정권의 사신 선발이 즉흥적이었다는 것도 짐작할 수 있다.

어쨌든 나흥유는 1375년(우왕 1) 2월 일본에 파견되는데, 충렬왕 때 여몽연합군에 의한 일본원정 이후 100년 만에 처음 가는 사신이었으니 그 의미가 적지 않았다. 하지만 나흥유는 일본에 가서 첩자로 오해받아 억류되고 만다. 일본 측 기록에도 그해 11월 나흥유의 일행이 교토京都로 나아갈 때 특별히 경계를 당부하는 내용이 있어 그런 짐작이 가능하다.

나흥유가 환국한 것은 파견된 지 2년 가까이 지난 1376년(우왕 2) 10월이었다. 왕복하는 기간을 감안하면 억류된 사신치고는 그리 오래 머물지 않았다. 환국하는 나흥유와 함께 이때 일본에서는 양유良柔라는 승려를 딸려 보내고 채단, 화병, 장검 등 선물까지 보내온다. 양유는 고려인으로 젊어서 왜승을 따라 일본에 건너간 자였다. 그가 고려에서 사신이 들어왔다는 말을 듣고 찾아와 나흥유의 석방을 요청하고 함께 환국했던 것이다.

그런데 나흥유 일행이 환국하면서 일본 승려 주좌周佐의 서신을 가지고 들어온다. 그 내용이 대단히 우호적이었는데 그대로 옮겨보겠다.

우리 서해도 일대 규슈九州를 난신들이 할거하면서 조세를 바치지 않은 지가 20여 년이 되었습니다. 서해도 해변의 완악한 백성들이 이 틈에 고려를 침범한 것이고 우리가 한 짓이 아닙니다. 조정에서 장수를 보내 토벌하는데 깊이 들어가서 양쪽이 칼날을 맞대어 서로 싸우고 있습니다. 바라건대 규슈를 극복하기만 하면 하늘에 맹서하고 해적들을 금지할 것을 약속합니다(《고려사절요》 30. 우왕 2년 10월).

일본으로부터 이 정도의 답서를 받았다면 사신 파견은 뜻밖의 성과가 있었다고 볼 수 있다. 다만 이게 일본의 국서가 아닌 승려의 글이었다는 점에서 조금 걸린다. 일본에서는 왜 국서 형태로 보내지 않고 이런 승려의 답서로 대신했는지 궁금한데, 아마 중앙 정부에서 규슈에 대한 토벌과 정복을 쉽사리 끝낼 수 없었던 탓이 아니었을까 생각한다. 어쨌든 일본과 다시 소통을 시작했다는 데 의미가 컸다.

나흥유는 일본에 가서 재미있는 일화를 남겼다. 그는 당시 60세였는데 150세라고 말했다고 한다. 그의 외모가 백발에 하얀 수염으로 덮여 일본인들은 이를 사실로 믿었던 것이다. 이 덕분에 나흥유의 외모를 그려주고 글을 지으려는 자들이 구름떼처럼 모여들었다고 하니 신기한 인물로 여겼던 모양이다. 해학과 잡기에 능한 나흥유도 여기에 호응하여 환호했을 것이니, 그는 외교관으로서 진정성이나 사명감은 부족했어도 일본인들에게 고려 문화에 대한 선망은 심어주지 않았을까 상상해본다.

명의 정료위와 북원의 나가추

1376년 무렵의 외교 상황은 명에 대해서나 북원에 대해서나 별다른 변화가 없는 어정쩡한 상태였다. 공민왕 시해 사건과 명사 살해 사건이 외교적으로 아직 정리되지 않은 탓이었다.

이인임 정권은 명에 대한 친명사대의 외교를 완전히 단절시키지는 않았지만 벽에 부딪혀 있었다. 공민왕의 죽음을 알리기 위해 1375년(우왕 1) 1월 명에 파견했던 사신 최원은 억류되어 아직 환국하지 못하고 있었으며, 1376년(우왕 2) 1월 명에 파견된 하정사 김보생 역시 환국하지 않은 상태였다. 명으로 들어가는 고려의 사신은 있었지만 돌아오는 사신이 없었으니, 명의 주원장이 공민왕의 죽음이나 명사 살해 사건에 대해 어떤 판단을 내리고 있는지 알 길이 없었다.

그러면서 북원에 다시 접근하려는 이인임 정권의 외교에도 큰 변화가 없기는 마찬가지였다. 공민왕이 시해된 직후인 1374년(우왕 즉위년) 12월, 공민왕의 죽음을 알리기 위해 북원에 파견되었던 사신 김서 역시 환국하지 못하고 있었다. 1375년(우왕 1) 5월에는 북원에서 직접 사신을 보내왔지만 신진사대부의 반대로 맞아들이지 못하고 돌려보냈었다. 이를 계기로 북원과의 외교 재개에 반대하는 신진사대부의 저항을 일단 누르기는 했지만 더이상의 관계 개선으로 나아가지는 못했던 것이다.

이런 상황에서 고려에서는 1376년(우왕 2) 2월 정료위에 사람을 보낸다. 정료위는 요동에 있는 명의 군사기지이니 아마 사태 추이를 정탐하기 위한 것이었다고 보인다. 명의 군사적 공격을 염려하기도 했으니 필요한 일이기도 했을 것이다.

정료위는 현재 그 위치를 정확하게 비정하기 어려운데 처음 설치된 곳은 지금의 요양遼陽이었다. 하지만 나중에는 정료전위와 정료후위로 개편되면서 요동반도 서안의 개주蓋州에도 나타나고 있어 정확히 한 곳을 확정하기 어렵다. 아마 만주 일대의 미정복 세력을 평정하기 위해 그 기능을 강화하면서 관할 지역이나 중심지를 이동 확대한 것으로 보인다.

명사 살해 사건 이후 고려에서 가장 걱정하는 문제가 바로 명의 군사적 응징이었다. 명에서 고려를 공격하자면 가장 중요한 군사기지가 요동반도에 위치한 정료위였다. 정료위에서 가까운 곳에는 우가장牛家莊이라는 기마병단을 위한 목마장도 있어 고려에서는 위협적인 곳으로 생각했다. 그래서 명사 살해 사건 이후 서북면에 군사를 집결시켜 정료위를 예의주시하고 있었던 것이다.

그해 3월에 고려에서는 정료위에 판사 김용金龍을 또 파견하여 화해의 메시지를 보내는데, 그 김용이 그해 6월에 돌아와 정료위의 중요한 서신을 전했다. 서신을 보내온 주체는 고가노高家奴(코기얄리우)란 자인데, 이 자는 몽골 제국이 쇠퇴하면서 요동에서 독립 세력을 유지하다가 1372년에 명에 항복했던 자였다. 이 자가 명 조정과 정료위의 동정을 고려에 알려온 것이다. 그중 중요한 내용만 몇 가지로 요약하면 이런 것이었다.

① 공민왕의 죽음과 명사 살해 사건에 대해 명 조정에서는 의구심을 가지고 있는데, 이런 마당에 나가추와 교섭하는 것은 삼가는 것이 좋습니다. ② 명 조정에서는 총병관을 파견하여 정료위 쪽으로 대군을 움직이고 있으며, 요동 각지의 성지를 세우고 보수하고 있다는 것을 알려드립니다. ③ 사해팔방이 명에 신복하고 있다는 사실을 잊지 말고 말을 진상할 것이며, 또한 여기 총병관에게도 중신으로 사신을 보내 의논하기를 바랍니다.

고가노가 고려를 위한답시고 조언해주는 것이었지만 군사적 공격을 암시하는 위협을 겸한 것이었다. 명에 항복한 자가 보낸 서신이니 크게 신뢰할 수는 없었지만 고려에서는 그런 정보마저도 고맙게 여겼는지 도당에서는 크게 환영했고 서신을 들고 온 김용에게 큰 상금을 내렸다. 명사 살해 사건으로 외교 단절을 염려하고 군사적 공격까지 예상했다가 돌파구가 생겼다고 안심했는지 모르겠다.

위 내용 중에서 주목할 부분은 ①의 나가추와 관련된 언급이다. 고려에서는 공민왕 시대에도 몽골의 지방 군벌로 독립적인 세력을 유지하던 나가추와의 관계를 유지하고 있었다. 주로 나가추 측에서 먼저 사람을 보내 우호관계가 유지되고 있었는데, 우왕이 즉위한 후에는 이인임 정권이 북원에 접근하려는 태도를 보이면서 고려에서 오히려 아쉬운 입장이었다. 북원과 교섭하려면 나가추의 세력권을 통과해야 했고, 나가추 역시 북원의 대리자 역할을 자임하고 있었기 때문이다.

그런데 명사 살해 사건 이후 명에서 가장 예민하게 주시하는 문제가,

고려가 명에 등을 돌리고 북원으로 향하지 않을까 하는 염려였다. 그럴 경우 나가추는 중간 다리 역할을 할 수 있었는데, 고려에서는 정료위에 사람을 보낼 때 나가추에게도 사람을 보내 우호관계를 표시하고 있었다. 이는 이인임 정권이 북원의 태도를 타진해보겠다는 뜻으로 북원과의 관계 개선을 고려한 것이었다.

명의 정료위에서 수행하는 중요한 기능 중의 하나가 고려와 북원의 교류를 차단하고 감시 감독하는 일이었다. 정료위의 고가노는 명에 항복한 후 도사都事라는 직책을 받고 그 일을 수행하고 있었다. 고가노는 군사들을 상인으로 가장시켜 압록강 이남까지 내려와 정탐 활동을 하던 중 변방을 지키는 고려 장수에게 들킨 적도 있었다. 그러니 고가노나 명의 정료위에서 고려가 나가추와 교섭하고 있다는 사실을 모를 리 없었던 것이다. 위 ①의 내용은 이를 경고한 것이었다.

고가노가 주문한 중신을 보내 총병관과 의논하라는 ③의 내용은 실천에 옮겨지지 않았다. 이는 물론 신뢰하기 힘든 자의 말을 믿고 그대로 실천하기 힘든 점도 있었겠지만, 이인임 정권이 적극적으로 친명사대관계를 회복할 의사가 별로 없다는 뜻이기도 했다. 이인임 정권의 외교는 명보다는 북원 쪽으로 이미 기울고 있었던 것이다.

나가추와의 교섭의 결과였는지 1376년(우왕 2) 5월 북원에서는 초아지抄兒志라는 사신을 보내온다. 사신의 관품도 없고 이름만 언급된 것으로 보아 비중 있는 사행은 아니고 고려의 의중을 탐색하려는 것 같았다. 하지만 고려에서는 우왕이 나서서 이 사신을 후대하여 보내주었다. 특별히 주고받은 서신이나 답신은 없었지만 양국 모두 화해의 손짓이 아니었을까 싶다. 북원과 교섭에 반대한 신진사대부들은 죽거나 유배

중이어서 그랬는지 별다른 반발은 없었다.

한편, 공민왕의 죽음을 알리기 위해 북원에 파견되었던 사신 김서가 1376년(우왕 2) 7월 나가추의 군영으로부터 도망쳐 온다. 김서는 북원에서 환국하다가 나가추 군영에 억류되었던 것 같은데 파견된 지 1년 반이나 지난 뒤였다. 김서가 도망쳐 온 것인지 방환된 것인지는 불분명하지만 고려를 향한 나가추의 친교라고 볼 수도 있을 것이다. 나가추를 북원의 대리자로 본다면 이는 북원의 뜻이라고 해석할 수도 있다.

고려와 북원 사이에 화해의 메시지를 주고받는 속에서, 1376년(우왕 2) 8월에는 어떤 자가 정료위에서 도망쳐 와서 고려를 곧 공격할 것이라는 소문을 전했다. 아마 이런 소문은 정료위에서 보내는 심리전일 가능성이 높지만 이에 놀란 이인임 정권은 전국에 무장을 보내 군사 점검에 들어갔다. 이런 사실도 명과의 일전을 고려한 것이니 이인임 정권의 외교 방향을 짐작할 수 있게 해준다.

아무튼 이인임 정권의 외교 경로에서 정료위와 나가추 세력은 중요한 관문이었다. 북원과 관계 개선을 하려면 나가추와의 교섭을 이어가야 했고, 명과 친명사대관계를 회복하려면 정료위의 요구에 부응해야 했다. 하지만 나가추와의 교섭은 명을 자극하는 문제이기도 했으니까, 한편으로 정료위를 주시하며 군사적 공격에 대비해야만 했다. 이런 속에서도 왜구의 침략은 갈수록 극성이었다.

북원과의 교섭

1376년(우왕 2) 10월, 북원에서 정식 사절을 고려에 파견한다. 우왕이 즉위한 뒤 북원에서 세 번째 보내는 사신이었다. 앞서 파견되었던 초아지라는 사신을 후대하여 보내준 것에 고무되어 고려를 다시 끌어들이려는 기대를 했을 것으로 보인다.

사신으로 온 자는 병부상서 보카테무르李哥帖木兒였고 그는 우승상 쾌쾌테무르擴廓帖木兒의 서신을 가지고 왔다. 당시 북원의 수상이자 실권자였던 쾌쾌테무르가 서신을 보내온 점이나 사신의 관품을 보면 이번 사신은 매우 무게감이 컸다. 그 서신 내용을 알기 쉽게 간략히 요약하면 이런 것이었다.

① 공민왕의 죽음을 듣고 후계 국왕을 세우려고 사신을 파견했지만 고려에서 길을 막아 들어가지 못했는데, 우리에게 다음 왕위에 대한 계책이 없는 것은 아니었고, 군사를 일으키지 않은 것도 다른 혼란을 염려한 때문이었다. ② 그사이 톡토부카(심왕)가 고려 국왕이 되겠다고 나섰지만, 압록강을 건너지 말고 요서에 머물게 하여 자중하게 했다. ③ 공민왕에게 아들 모니노가 있어 왕위를 이었다고 들었는데 백성들의 복종을 받는다 해도 우리 조정에서는 아직 승인을 하지 않았다. ④ 우리가 북으로 옮겼을 때 공민왕이 잠깐 주구朱寇(명의 주원장)와 가까이하여 나라를 지켰지만 옛임금(원 황제)과 의리가 중하고 구생舅甥(장인과 사위) 간의 은혜가 두터우니 어찌 배반할 수 있겠는가. ⑤ 군사를 준비하여 우리와 함께 국가 중흥의 대업을 도와준다면 그 공이 빛날 것이다. 이 서신이 도착하거든 이해경중을 잘 살펴서 신속히 답을 보내주면 응

분의 보답이 있을 것이다.

명의 주원장에게 밀려 몽골 세계제국에서 북원으로 쇠퇴한 지금 상태를 서신은 그대로 반영하고 있다. 고려의 비위를 건드리지 않으면서 다시 끌어들이려다보니 강압적인 표현은 최대한 삼가고 있는데, ①과 ②항은 이미 지난일로서 별 의미가 없다. 어쩌면 이인임 정권이 북원과의 관계 개선을 원하고 있다는 사실을 간파하고 보낸 서신이었을 것이다.

③항은 우왕에 대한 왕위 승인권을 늦게나마 행사하겠다는 뜻이다. 이게 수용되면 고려와 북원의 관계는 과거 대원 제국 시절의 사대복속 관계로 회귀하는 것이고, 가장 중요한 외교관계 성립의 형식적 징표가 된다. 그리 되면 마땅히 친명사대관계도 재고되어야 한다. ④항은 ③이 해결되면 자연스레 해소될 문제이다.

문제는 군사 지원을 요구하고 있는 ⑤항이다. 고려에서 명과 싸우고 있는 북원을 위해 군대를 파견한다는 것은 명을 배신하고 북원을 선택하는 가장 명백한 행동이다. ③항은 의례적 혹은 형식적으로 수용할 수도 있겠지만 ⑤항은 그럴 성격이 아니다. 하지만 군대 파견 문제는 북원의 처지에서 고려를 시험하여 다시 복속시키는 데 가장 중요한 증거로 삼을 것이 분명했다. 이인임 정권이 어떻게 대처할지 궁금한 문제다.

그런데 이때 북원의 사신이 들어올 때 나가추도 따로 사신을 고려에 파견했다. 그러면서 문천식文天式을 방환하여 보내준다. 여기 문천식은 1368년(공민왕 17) 10월 원에 파견되었던 사신인데, 그해 8월에 원 제국의 수도 대도(북경)가 주원장에게 함락되었다는 사실을 감안하면 공민왕이 형식적으로 파견했다고 보인다. 그가 환국하다가 나가추에게 억류되었던 것 같은데 이때 방환해준 것이다. 문천식은 이후 북원의 사신으로 자주 파견된다.

북원과 나가추의 사신을 맞은 고려에서는 불과 며칠 후 즉각 답례 사신을 파견했다. 아주 신속한 대응이었다. 북원과 관계 개선을 기다리던 이인임 정권도 고무되었는지 모른다. 사신으로 선발된 자는 밀직부사 손언孫彦이었다. 물론 손언도 북원에 전하는 답장 서신을 가지고 갔는데, 특별하게도 문무백관의 서명으로 이루진 것이었다.

① 본국은 충경왕(원종)이 제일 먼저 귀순하여 왕위를 계승한 이후, 세조 황제(쿠빌라이 칸)의 딸과 충렬왕이 결혼하면서 대대로 그 아들이 왕위를 이어받았는데, 현재 공민왕의 아들 모니노가 왕위를 이어받으면서 지난해에 이미 천자의 조서를 기다린다는 글을 올렸다. ② 하지만 뜻밖에 김의가 심왕 톡토부카와 결탁하여 조정을 속이고 국통을 문란케 하였으니, 지난해에 올렸던 왕위 승인 요청을 인준해주고 국통을 어지럽히는 무리를 붙잡아 돌려보내 그 죄를 다스리게 하라.

고려의 답신 내용은 의외로 간단했다. ①에서 우왕에 대한 왕위 승인 요청은 이미 했다는 것이고, ②는 심왕을 옹립하려 했던 김의의 무리를 압송하라는 것이었다.

앞서, 북원에 파견되었던 사신 김서를 통해 고려에서는 이미 왕위 승인 요청을 했다고 본 것이다. 하지만 김서가 나가추에게 억류되었다가 방환되어서도 우왕에 대한 승인은 없었다. 아마 북원에서는 우왕에 대한 승인을 미루면서 고려를 좀 더 끌어당기고 싶었을 것이다. 심왕과 결탁한 김의는 그런 북원의 의도에 이용되었다고 볼 수 있다. 왕위 승인과 함께 김의의 송환을 요청한 것은 그래서 당연한 일이었다.

그런데 고려의 답신에서 군사 지원에 대한 언급은 전혀 없었다. 이인임 정권은 쇠퇴하는 북원의 요구라서 묵살해도 괜찮다고 판단했는지 모른다. 아니면 우왕에 대한 승인을 먼저 받은 후에 대처하려던 것일까. 명으로부터 왕위 승인을 아직 받지 못한 이인임 정권으로서는 왕위 승인이 우선 급한 문제였을 것이다. 어쨌든 북원과 사신을 주고받았으니 이제 교섭을 튼 것은 틀림없었다. 고려의 답신에 대한 북원의 반응은 이로부터 4개월 후에 나타난다.

왜구 방어를 둘러싼 갈등

홍산전투에서 승리한 최영에게 우왕이 수상을 제의했지만 사양했다는 얘기를 했는데, 그를 빼고 포상으로 관직을 받은 자가 많았다. 전라도 원수 유영과 병마사 유실을 비롯한 많은 사람들이 차등 있게 벼슬을 제수받는다. 이 과정에서 벼슬자리가 부족하면 임시직을 만들어 주면서 첨설직添設職이 남발되기도 했다.

그런데 이 포상에서 종군하지도 않고 벼슬을 얻은 자가 대단히 많았다. 물론 그런 혜택을 입은 자들은 이인임을 비롯한 권력자에게 줄을 댄 사람들이었다. 이인임 정권의 인사권 남용과 비리가 광범위하게 자행되고 있었기 때문이다. 권력을 잡았다는 것은 결국 인사권을 장악한다는 뜻이니 인사권은 권력자의 징표였던 것이다.

당시 인사권은 도당 안에서도 경복흥·이인임·최영·지윤, 이 네 사람을 중심으로 이루어지고 있었다. 하지만 경복흥은 이인임과 지윤이 뜻을 함께하면서 여기서 약간 소외되고 있었다. 경복흥은 도당 안에서 자신의 주장을 펴고 바른 인사를 하려고 나름 애썼지만 두 사람의 견제를 받아 실행하지 못한 경우가 많았다. 그리고 최영은 권력에 초연해서 그랬는지 크게 인사권에 간여하지 않은 듯 보였다.

그런데 왜구의 침략이 계속되는 상황에서 인사권을 놓고 이인임과 지윤의 사이가 벌어진다. 왜구가 창궐하는 전라도 지역에 누구를 장수로 임명하여 내려 보낼 것인가를 놓고 두 사람이 의견을 달리한 것이다.

1376년(우왕 2) 9월, 왜구에 의해 전주가 함락되는데, 최영의 홍산전투에서 패퇴한 왜구가 서해안을 따라 남하하면서 고부, 흥덕, 김제 등 전북의 서해안 일대를 침략하면서 당한 일이었다. 전주 목사 겸 병마사인 유실이 책임져야 했고 전라도 원수 유영의 책임도 컸다. 도당에서는 조전원수助戰元帥를 따로 임명하여 내려 보냈지만 임피(전북 임실)에서 또 패배했다. 이 책임을 물어 전라도 원수 유영과 병마사 유실은 관직을 빼앗기고 유배당했다.

유배당한 유영은 최영의 처조카였고 유실은 김속명과 가까운 인물이었다. 이런 사실을 감안하면 이인임 정권이 김속명의 세력을 제거하고 최영을 견제하기 위해 왜구와의 패전을 이유로 두 사람을 유배시켰다는 생각이 든다. 이 두 사람이 한때 승첩이 있었음에도 그런 식으로 응징했다는 것은 왜구의 침략에 대응하는 방식에 분명 문제를 드러낸 것이었다.

그런데 유영의 유배로 전라도 원수의 자리가 공석이 되었으니 이를 다시 임명하여 보내야 했는데 이 과정에서 사단이 벌어진다. 도당에서는 적절한 인물이 없어 고심하며 결정을 못했는데, 왜구가 설치는 지역에 자청해서 나설 장수도 없으려니와 이인임 정권과 가까운 장수들은 회피한 결과로 보인다. 왜구 침략을 방어하는 장수 임명이 늘 그런 식이었으니 결코 놀랄 일도 아니었다.

도당에서 논의를 거듭한 결과 전라도 원수로 의견이 모아진 인물이 바로 지윤의 아들인 지익겸池益謙이었다. 왜 하필 권력의 중심에 있던 지윤의 아들이 지목되었는지, 누가 그런 제안을 했는지 모르겠지만 왜구가 극성인 상황에서 전라도 원수를 새로 발탁하는 문제가 간단치 않았음을 알 수 있다. 아마 고육지책으로 지윤의 아들이 지목되었고, 어쩌면 이는 이인임의 생각이었을 것이다.

아들을 사지에 보내게 될 지윤은 수긍할 수 없어 강하게 저항했다. 지윤의 저항을 무시하고 그 아들을 강제로 내려 보낼 수 없어 다시 논의에 들어갔다. 이번에는 도당이 아닌 경복흥의 사저에서 이인임·지윤·경복흥·최영 등 4자가 이 문제를 풀기 위해 회동했다. 어차피 많은 사람과 논의할 필요 없이 이 4인이 결정하면 될 일이었기 때문이다.

여기서도 쉽사리 결론이 나지 않자, 지윤이 갑자기 전라도 원수로 적합한 인물은 최영이라고 소리 높여 말한다. 이에 최영이, 자신은 이미 양광도를 맡고 있는데 어찌 전라도로 갈 수 있겠냐고 즉각 반박해버린다. 머쓱해진 지윤은 다시 이인임을 지목하는데, 이유는 이 문제를 애초에 거론한 당사자인 이인임이 책임져야 한다는 것이었다. 이인임이 이를 수긍할 수도 없지만 자신을 지목한 지윤이 괘씸하기까지 했다.

우왕이 즉위한 이후 이인임 정권의 국방 전략은 왜구보다는 명의 군사적 공격에 대비한 북방 방어에 중점을 두고 있었다. 명사 살해 사건에 대한 명의 의구심이 아직 해명되지 않은 상황에서 군사적 공격에 대한 소문이 잦아들지 않고 있었기 때문이다. 그래서 고려에서는 왜구보다는 요동에 있는 명의 군사기지인 정료위를 예의주시하며 서북면 쪽으로 군사를 대비하고 있었다.

이런 국방 전략은 우왕 대 왜구의 침략에 적절한 대처를 하지 못했던 배경으로 작용한다. 우왕 대뿐만 아니라 앞서 공민왕 대에도 왜구의 침략에 시기 적절히 대처하지 못한 측면이 있었다. 공민왕의 반원 정책으로 원의 군사적 압박을 받기도 했고, 이어지는 홍건적의 침략과 공민왕을 폐위시키기 위한 원의 군사적 공격이 계속되면서 서북면 방어에 중점을 두다보니 왜구에 정확히 대처할 만한 여유를 갖지 못했던 것이다. 이런 상황이 친명사대 외교에 위기가 닥치면서 우왕 대까지 이어진 것이다.

하지만 전라도 지역에서 왜구에 연패하면서 이곳의 왜구를 격퇴하는 것이 우선 급하게 되었다. 이인임이 이 문제를 거론하여 전라도 원수로 누구를 임명할 것인가를 논의하게 되었던 것이다. 지윤이 이인임을 지목하며 '애초에 거론한 당사자가 책임져야' 한다는 주장은 바로 그 말이었다.

지윤이 최고권력자 이인임을 전라도 원수로 지목했다는 것은 생각하기 어려운 일로서 좀 무모했다. 이에 지윤은 이왕 쏟은 말을 거둘 수 없다고 생각했는지 한술 더 뜬다. 명의 군사적 공격에 대비하여 요동의 정료위에 군사를 집중하는 것이 옳은 일이지, 하찮은 왜구에 신경 쓰는 것은 국가를 위한 좋은 계책이 아니라고 이인임의 국방 전략을 반박한 것이다. 이건 이인임에 대한 도전이 분명했다.

이인임은 격노하여, 전라도는 나라의 옷깃이고 전주는 목구멍이니 반드시 구원해야 한다고 소리 질러 말하며 문을 박차고 나가버렸다. 지윤의 반대로 자신은 이제 어쩔 수 없으니 알아서 하라는 태도였다. 경복흥이 뒤따르며 옷을 잡고 말렸지만 소용없었다. 지윤이 하는 수 없이 이인임에게 머리를 숙이며 사과했지만 이미 엎질러진 물이었다.

결국 전라도의 원수로 임명받은 사람은 지윤의 아들도 아니고 이인임은 더욱 아닌 나세羅世였다. 나세는 원나라에서 귀화한 인물이었는데, 그런 그에게 어려운 일을 떠넘긴 이유는 잘 모르겠다. 다행히 나세는 전라도 상원수 겸 도안무사로 임명받아 일단 전라도의 왜구를 격퇴시키는 데 성공한다. 1376년(우왕 2) 10월경의 일이었다.

이번 일로 이인임과 지윤의 사이가 틀어졌다는 소문이 돌기 시작한다. 몇몇 소수 인사를 중심으로 한 도당의 한계이기도 하고, 권력은 결코 나눌 수 없다는 집단지도체제의 한 단면이기도 했다.

2인자 지윤

우왕 즉위 초의 관직 서열은 시중(종1품, 수상)인 경복흥, 수시중(종1품, 부수상)인 이인임, 판삼사사(종1품)인 최영, 찬성사(정2품)인 지윤 순이었다. 하지만 실제 권력 서열은 이인임, 지윤, 경복흥, 최영 순이었다. 이인임 정권에서 지윤은 2인자였다는 얘기다.

지윤은 충주 출신으로 그 어미가 무녀로서 말단 군졸에서 시작하여 무공으로 출세한 자였다. 그는 공민왕 때에는 별다른 행적이 없다가 우왕이 즉위하면서 갑자기 두각을 나타내는데 이인임과 뜻을 함께하면서 얻은 성과였다. 지윤은 권력의 중심에 들어오면서 방자한 태도를 드러냈다. 무명에서 갑자기 권력에 진입한 자들이 항상 그렇듯이 권력을 누리는 데만 급급했던 것이다. 절제를 모르는 무모한 성격까지 더해졌으니 탐욕을 부리는 데 더욱 거칠고 폭력적이었으며 특히 인사권 남용을 통한 축재와 축첩을 드러내놓고 자행했다. 지윤의 후첩은 30명이나 되었다고 한다.

한번은 이런 일도 있었다. 우왕의 어린 시절 유모로 장씨가 있었는데 이 여성이 궐내에 거주했던 모양이다. 지윤이 이 유모와 간통한 것이다. 지윤의 처도 유모 장씨와 가까이 지내며 궐내를 무상으로 출입했다고 하니까 간통을 넘어 양자가 정치적으로 유착했다고 볼 수 있다.

지윤의 처는 궁궐을 무상으로 출입하면서 여러 사람의 비난을 받았는데, 비난에 앞장선 인물이 앞서 언급했던 김속명이었다. 지윤은 이 문제를 마음속에 품고 있다가 김속명이 우왕의 친모 문제를 들어 기롱하자, 그를 탄핵하고 유배시킨 주동자였다. 이인임으로서는 그런 어려운 일에 앞장서주는 지윤에게 힘을 실어주었던 것이다.

그런 지윤에게 수족 같은 측근이 있었다. 집의執義(종3품) 김승득金承得과 지신사知申事(정3품) 김윤승金允升이었다. 이 두 사람은 지윤의 문객으로 활동하면서 비로소 행적이 드러나서 그 이전에는 어떤 인물이었는지 잘 알 수 없다. 다만 이들이 당시 맡은 관직은 요직이었다.

김승득이 맡은 '집의'는 관리 감찰과 탄핵을 담당하는 사헌부의 장관인 대사헌(정3품) 바로 아래 관품이다. 사헌부의 중요한 기능으로 보아 장관인 대사헌은 이인임과 가까운 인물이 발탁되었지만 그 바로 아래 관직에는 지윤의 측근이 차지하고 있었음을 알 수 있다. 이들이 이인임 정권에 밉보인 자들을 탄핵하는 데 앞장섰던 것이다.

그리고 김윤승은 공민왕 말년에 헌납(정6품)으로 있었는데, 당시 자제위를 맡아 공민왕의 측근으로 힘을 쓰던 김흥경金興慶과 가까운 인물로 등장한다. 그때 김윤승이 맡았던 헌납은 대간에 해당하는 요직이었다. 지금 맡은 '지신사'는 왕명 출납을 담당하는 중추원의 관직인데 국왕을 가까이에서 모시는 관계로 이 역시 중요한 관직이었다. 아마 우왕의 나이가 어리다보니 국왕에 접근하는 자들을 감시하는 일을 맡았을 것이다. 권력자는 국왕의 신변을 항상 주목하면서 예의주시해야 했는데 김윤승이 그런 역할을 한 것으로 보인다.

김승득과 김윤승, 이 두 사람 외에도 오로지 지윤을 추종하는 자들이 몇 명 더 있었다. 그렇다 보니 지윤은 나름대로 독자적인 권력을 행사하고 이인임과 맞설 수 있는 최소한의 요건을 갖추었다고 자만했을 것 같다. 지윤과 가까운 심복들은 권력을 견제하는 대간의 관직에 주로 포진하고 있었다. 대간은 정적을 공격하면서 권력 행사의 첨병 같은 역할을 했는데 지윤은 실제로 대간을 그렇게 활용한다.

앞에서 북원에 보내는 문서에 서명하지 않았다는 이유로 임박이 고향 길안현(경북 안동)으로 귀향당했다는 얘기를 했다. 귀향 중인 임박을 다시 단죄하라고 김승득과 김윤승이 나섰다. 물론 그들 배후에는 지윤이 있었다. 임박이 이렇게 다시 걸려든 데는 엉뚱하게도 우왕의 태胎를 안장한 장소 문제가 관련되어 있었다.

발단은, 예안(경북 예천)의 어떤 사람이 지윤에게 아부하여 우왕의 태를 예안에 안치했는데, 그 덕에 예안을 현에서 군으로 승격한 일이 있었다. 이런 일이 벌어지면 인근 주현에서는 이를 부러워하면서도 질투하는 것이 보통이었다. 마침 예안과 토지 문제로 다투고 있던 이웃 안동에서 태의 안장처를 문제삼으면서 여기에 임박이 개입한 것이다. 예안은 국왕의 태를 안장하기에 좋지 않은 땅이라고 임박이 주장하고 나섰던 것이다.

예안에 우왕의 태를 안장시킨 지윤으로서는 그곳이 길지가 아니라니 낭패가 아닐 수 없었다. 이에 지윤의 측근인 김승득과 김윤승이 임박을 참수하라고 상소를 올렸다. 임박이 북원에 보내는 글에 서명하지 않은 것은 심왕을 옹립하려는 뜻이었다고 모함하고, 심지어 선왕 때 신돈 정권에 아부했다는 일까지 거론하여 목을 벨 것을 주장했다. 이때 왕명 출납을 담당하는 김윤승이 나서서 국왕의 명으로 임박을 압송하고 곤장 100대에 무안(전남)으로 유배시켰는데, 임박은 유배 가는 도중에 죽고 만다. 전라도 원수를 임명하는 문제로 이인임과 지윤이 맞선 직후인 1376년(우왕 2) 11월의 일이었다.

지윤의 권력 행사에서 이 사건이 중요한 이유는, 이인임이나 경복흥은 임박이 그렇게 죽었다는 사실을 전혀 몰랐다는 사실 때문이다. 이는 지윤이 도당의 논의도 거치지 않고 독자적으로 형벌을 행사했다는 뜻이다. 이인임이 앉혀 놓은 당시 대사헌 안종원安宗源은 그런 사건 진행을 알고도 지윤의 세력이 두려워 말을 꺼내지 못했다니 지윤과 그 주변 측근들의 위세가 한때 어떠했는지 짐작할 수 있을 것이다.

도당의 확대

1376년(우왕 2) 12월, 지윤의 문객인 김승득이 느닷없이 공민왕 시해 사건에 연루된 자들을 처벌할 것을 주장했다. 공민왕 시해 사건에 가담했던 환관 최만생과 자제위 소속의 홍륜·홍관洪寬·권진權瑨·한안韓安·노선盧瑄 등 6인은 사건 직후 이미 주살되었지만 남아 있는 그 친인척들을 따로 처벌해야 한다는 얘기였다. 김승득의 배후에는 지윤이 있을 터인데 이제 와서 왜 이런 주장을 했는지 궁금하다.

김승득은 먼저 익비益妃와 그 소생의 자식을 죽이자고 주장했다. 익비는 종실의 딸로서 공민왕의 후비로 들어왔다가 공민왕의 강압에 의해 홍륜과 간통으로 몰린 주인공이다. 홍륜과의 간통으로 익비의 임신 사실이 공민왕에게 알려지면서 국왕을 시해하는 단서가 되었던 사건인데, 그 익비가 낳은 자식을 죽이고 익비의 죄도 묻자는 것이었다.

익비가 낳은 자식은 딸이었는데 이때 죽임을 당한다. 하지만 익비의 죄를 묻는 것은 선왕의 과실을 드러낼 뿐이라는 우왕의 반대로 관철되지 못했다. 김승득은 이에 최만생과 홍륜 등 적신 6인의 부모·처자·형제를 죽이고 그 친숙질·종형제까지 삭직하여 유배 보낼 것을 다시 주장했다. 그리 되면 연루자가 수십 명으로 확대되는데, 김승득이 애초 익비 문제를 거론했던 이유는 바로 이 문제를 확대하려는 것이었다.

이에 이인임이 나서서 적신의 부모·처자·형제는 이미 유배했으니 사형만은 면해주기를 요청했다. 우왕이 이를 수용하지 않자, 왕안덕 등 이인임을 따르는 무장들이 다시 요청하여 그 아내만이라도 사형을 면해주기를 주장했다. 이것으로 적신의 아내들은 사형을 면했지만 적신의 아비와 아들, 그 형제들은 이때 와서 주살당하고 만다.

이때 새롭게 죽임을 당한 자가 홍륜 등 자제위 소속 6인의 아비와 형제 등 13명이나 되었다. 그중 홍륜의 아비 홍사우洪師禹와 형 홍이洪彝,

홍관의 아비 홍사보洪師普와 아우 홍헌洪憲 등이 포함되었다. 홍사우와 홍사보는 공민왕 시절 수상을 지냈던 홍언박洪彦博의 아들들인데, 이때 남양 홍씨의 같은 형제와 자식이 4명이나 희생되었던 것이다. 여기에 최만생과 홍륜은 적신의 우두머리라고 하여 그 친숙질과 종형제, 이모와 고모의 아들까지 유배당했다.

그런데 지윤 측에서 공민왕 시해 사건을 이렇게 뒤늦게 거론하여 확대시켰던 것은 정치적 의도가 있었다. 이인임과 경복흥이 홍륜과 먼 인척관계였다는 것을 노린 수였다. 이인임은 정확히 홍륜과 어떤 인척관계였는지 불확실하지만 경복흥은 홍륜의 남양 홍씨가 외가였다. 그래서 공민왕 시해 사건은 지윤이 이인임과 경복흥, 이 두 사람을 함께 견제하기 위한 안성맞춤의 호재였던 것이다.

이때 주살당한 남양 홍씨 인물들이 이인임과 어떤 인척관계였는지는 드러나지 않지만 우왕에게 그런 관계를 새삼 인식시키는 효과는 있었을 것이다. 우왕도 지윤 측의 주장을 수용하여 이를 따라주었으니 이인임을 위축시키는 효과도 있었을 것 같다. 그게 아니라도 최소한 이인임과 우왕 사이를 조금이라도 벌려 놓는 효과는 얻지 않았을까 싶다.

그런 효과 덕이었는지 이 사건 직후 인사가 단행되었는데 지윤에게 유리하게 이루어진다. 지윤이 문하찬성사(정2품)에 오르고, 그의 최측근 김승득은 우부대언(정3품)이라는 국왕의 비서관으로 자리를 옮겼다. 여기에 대사헌도 앞의 안종원에서 새로운 인물로 바뀌는데 이게 지윤의 영향력이 커진 탓으로 보인다.

그런데 이번 인사 단행에서 더 중요하게 볼 대목은 재추에 임명된 자가 59명이나 되었다는 사실이다. 도당에 참여하는 관리를 그렇게 많이 임명했다는 뜻이다. 이런 기현상이 나타나게 된 것은 지윤의 높아진 위상과 무관치 않다. 이인임 중심으로 운영되던 기존의 도당에, 지윤이 자신과 가까운 인물들을 새롭게 끼워 넣다보니 그렇게 되었다고 보기 때문이다.

이 무렵 지윤의 권력은 절정에 오르고 이인임에 버금가는 위상을 지니게 되었다. 갑자기 권력을 차지한 자가 흔히 저지르는 못된 짓이 여성 편력이다. 지윤도 그랬다. 인사 단행이 있던 직후, 지윤이 죽은 왕중귀王重貴의 처를 차지하려다 미수에 그친 사건이 있었다. 지윤은 자신의 패거리를 몰고 왕중귀의 처를 차지하러 방문했다가 그 여자로부터 따귀를 맞고 결국 물러나고 마는데, 여기에 흥미로운 부분이 있다.

왕중귀는 기철의 사위로서 공민왕이 기철 일당을 제거할 당시 유배를 당했다가 후에 북원의 사신으로 발탁되기도 했지만, 공민왕이 외교 단절을 위해 북원의 사신을 처단할 때 함께 죽임을 당했었다. 지윤이 차지하려고 한 그 왕중귀의 아내가 바로 기철의 딸인 것이다. 지윤은 왜 하필 기철의 딸을 차지하려고 했을까?

북원의 조정에는 아직 기철의 아들이나 친족들이 일부 살아 있었다고 추측되는데 별다른 영향력을 행사할 위치에 있지는 못했을 것 같다. 그럼에도 지윤이 혹시 북원과의 관계 회복을 기대하면서 기철의 딸을 차지하려 생각했다면 재미있는 일이 아닐 수 없다. 어쩌면 지윤은 이인임을 누르고 북원과의 새로운 관계에서도 주도권을 차지하고 싶었는지도 모른다.

북원의 연호를 채택하다

이인임과 지윤의 사이가 벌어지고 있는 동안, 1377년(우왕 3) 2월 북원에서 다시 사신을 보내온다. 사신은 한림승지 보루치孛剌赤였는데 우왕을 고려의 국왕으로 승인한다는 책봉 조서와 함께 선물을 보내온 것이었다.

조서의 내용 중에는 재미있는 대목이 있다. 공민왕에게 아들이 있다는 말을 하지 않아서 처음에는 심왕 톡토부카를 고려 국왕으로 삼으려고 했지만 아들 모니노가 있다니 이제 그를 고려 국왕으로 삼는다는 것이었다. 심왕을 고려 국왕으로 세우려다 사정이 여의치 않자 우왕의 왕위 계승을 뒤늦게 승인하면서 변명한 것이다.

북원에서 함께 온 또 다른 사신은 죽은 공민왕의 제사를 올리기도 했다. 반원 정책과 친명사대를 천명했던 공민왕의 제사를 북원의 사신이 올렸다는 것은 고려와 화해를 적극적으로 추진하겠다는 의사였다. 이제 이인임 정권으로서는 한숨 돌렸다고 볼 수 있다. 명으로부터는 아직 우왕에 대한 책봉 조서가 없는 상태에서 북원으로부터 왕위 책봉 조서를 먼저 받은 것이기 때문이다.

그리고 그해 2월 9일부터 즉각 북원의 '선광宣光' 연호를 채택한다. 연호의 채택은 가장 명백한 사대관계의 징표이다. 북원의 연호를 채택한다는 것은 명의 '홍무' 연호와 동시에 사용할 수 없으니 당연히 명의 연호는 폐기한다는 뜻이다. 공민왕 때 명의 '홍무' 연호를 채용한 지 10년도 안 된 때였으니 이런 외교적 전환도 우리 역사상 매우 특별한 일이 아닐 수 없다. 아울러 형옥刑獄을 처결할 때 '지정조격至正條格'에 의거하도록 중앙과 지방의 관부에 하달했다. '지정조격'은 대원 제국의 마지막 황제인 순제順帝 때 제정된 형률로서, 고려에서 이를 다시 채용한다는 것은 북원과의 관계 복원이 형식적인 것이 아니었음을 말해준다.

그해 3월에는 고려에서도 북원의 황제에게 올리는 감사 표문과 함께 삼사좌사(정3품) 이자송李子松을 답례 사신으로 파견했다. 우왕의 이름 으로 된 그 표문은 전성기 대원 제국 시절의 양국 관계를 연상시킬 정 도로 저자세였다. 게다가 여러 선물까지 진상하는데, 황제 외에도 황후 와 제2황후, 실권자인 쾌쾌테무르를 비롯한 대소 관인들에게 보내는 것이었다. 이런 선물 역시 대원 제국 시절의 관행을 그대로 따른 것이 었다.

이렇게 보면 이인임 정권의 북원을 향한 사대복속 외교는 형식상의 관계 개선으로 그치는 게 아니었다. 이인임 정권이 매우 실질적이고 결 속력이 강한 관계 회복을 희망했다는 것을 알 수 있다. 이런 북원과의 관계 회복은 공민왕 시해 사건과 명사 살해 사건이 연달아 터지면서 그 런 쪽으로 귀결될 수밖에 없는 일관된 노선이었다고 보인다.

그런데 고려에서 북원에 선물을 보낸 대상으로 황후와 제2황후가 언 급되고 있는데 여기에 기황후가 빠져 있다는 점이 궁금하다. 이때 북원 의 황제는 1370년(공민왕 19)에 죽은 순제 토곤테무르의 뒤를 이어 아유 시리다라가 계승하고 있었다. 아유시리다라는 소종昭宗이라는 묘호를 쓰는데, 중국 정사에는 순제를 끝으로 나타나지 않지만 그는 바로 기황 후와 순제 사이에 태어난 황제였다. 이때까지 기황후가 생존해 있었다 면 태후로서 권력을 유지하고 있었을 텐데, 그녀가 고려의 선물 대상에 서 빠졌다는 것은 이미 죽었을 가능성이 커 보인다. 대도(북경)가 주원장에게 함락되고 북원으로 도주한 이후 그녀의 행적이 아무것도 드러나지 않는다는 점도 그런 생각을 굳히게 한다.

어쨌든 이제 북원과의 관계는 과거의 사대복속관계를 형식상 완전 회복한 것이었다. 하지만 차후 명과의 사대관계를 어떻게 정리할 것인가의 문제는 남아 있었다. 북원과의 관계 회복으로 이제 친명사대관계는 마땅히 청산해야 할 것인지, 아니면 친명사대관계도 회복할 것인지 그게 이인임 정권 앞에 놓인 문제였다. 명과의 관계를 청산해야 한다면 당장 명의 위협에 어떻게 대처할 것인지도 큰 문제였다.

한 가지 이상한 점은 이렇게 북원과 다시 사대복속관계로 돌아가는 것에 대해 고려 내에서는 어떤 반발도 없었다는 사실이다. 앞서 북원의 사신을 맞아들이는 것만도 민감하게 저항했던 사대부들은 왜 조용했을까? 친명사대를 고집했던 사대부들이 유배를 당하여 그럴 처지가 못되어서 그랬는지, 아니면 북원과의 관계 회복을 막을 수 없는 대세로 판단해서 방관했는지 잘 알 수 없다.

지윤, 제거당하다

북원의 '선광' 연호를 채택한 직후인 1377년(우왕 3) 2월, 지윤이 이인임을 축출하고 자신이 정권을 장악하려는 모의를 한다. 이 일에 지윤의 측근들이 나서는데, 앞서 언급했던 김승득·김윤승 외에 판전교시사(정3품) 이열李悅과 좌상시(정3품) 화지원華之元 등이 포함된 지윤의 문객 4걸이라 불리는 자들이었다. 이들이 하나로 뭉쳐 이인임을 축출할 것을 모의한 것이다.

항상 그렇듯이 이런 모의에서는 배반자가 나타나기 일쑤다. 특히 성공 가능성이 낮거나 무모하다고 생각할 경우 배반자의 등장은 거의 필연이다. 지윤의 문객 4걸 중에서 이열이 그런 사람이었다. 그가 익명으로 이번 모의를 이인임에게 미리 알렸는데 내용은 이랬다. '김윤승 등 7, 8명이 간관을 사주하여 이인임을 탄핵하고 지윤을 시중으로 삼으려고 하는데 사태가 절박하니 빨리 도모하라. 내 관직은 판사이고 이씨이며 이름은 11획이다.'

이열은 익명서에서 자신의 신상을 우회적으로 드러내고 있는 것으로 보아 여차하면 이인임에게 붙을 여지를 남긴 것이다. 하지만 이인임은 이 익명서를 숨기고 모른 척하며 사태를 예의주시했다. 모의를 이미 알아챘으니 소란을 피워 지윤의 경계심을 자극할 필요가 없었을 것이다. 하지만 신상을 드러내지 않은 비슷한 내용의 또 다른 익명서가 이인임의 손에 들어왔다.

이인임은 나중의 그 익명서를 지윤에게 보이며, 이는 우리 사이를 이간질하려는 것이 분명하다면서 지윤의 반응을 살폈다. 익명서를 본 지윤은 이인임의 조카를 의심하여 그의 글씨체가 틀림없다고 말한다. 지윤은 자신을 모함하려는 것으로 그 익명서를 치부한 것이다. 그런 속에서 이인임이나 지윤, 양자 모두 섣불리 움직일 수가 없었다. 지윤 측에서는 애초 계획이 알려져버렸으니 행동으로 옮길 수 없었고, 이인임 역시 별다른 움직임이 없는 지윤 측을 무턱대고 겨냥할 수 없었다. 이인임은 사태를 계속 주시하는데 뜻밖의 이야기가 나돌기 시작했다.

지윤의 측근들이 이인임 정권의 북원 외교를 비판한 것이다. 이들은,

북원의 사신을 후대하면서 '홍무' 연호를 폐지하고 '선광' 연호를 채택한 것은 너무 조급한 일이었다는 말을 퍼뜨렸다. 이인임 정권이 밀어붙인 북원과의 관계 회복에 대해 신진사대부가 아닌 지윤의 무리가 비판했다는 점은 주목할 부분이다. 여기서 이인임 정권의 급속한 북원 외교가 여러 사람들의 의구심을 사고 있었다는 것을 유추해볼 수 있다.

지윤 일파는 북원 외교에 대한 이런 반대 여론을 등에 업고 이인임을 탄핵하려고 그랬을 것이다. 물론 이것은 이인임을 공격하기 위한 수단이었겠지만 외교노선을 비판했다는 것은 이제 이인임과 지윤의 틈이 되돌릴 수 없을 만큼 벌어졌다는 의미였다. 이런 현상은 이인임 정권의 파열로 볼 수 있는데 언제라도 닥칠 수밖에 없는 권력세계의 상투적인 일이었다.

지윤 측근들의 동태를 감시하던 이인임은 즉시 이들을 붙잡아 순군부에 하옥시키고 무슨 모의를 했느냐고 추궁하였다. 이들은 북원의 '선광' 연호를 채택한 것에 대해 함께 의논하였을 뿐이라고 변명하였다. 이에 이인임은 자신을 축출하려 했다는 모의에 대해서는 입 밖에 내지 않고, 지윤의 문객 4인과 몇몇에 대해 북원 외교를 비판했다는 이유로 곤장을 쳐서 유배 보냈다.

그런데 이인임은 지윤의 문객 4인 중에서 그 핵심 인물인 김윤승만을 유배에서 제외시킨다. 이는 이인임다운 책략으로서 지윤을 일단 안심시켜 놓고 결정적인 기회를 잡아 지윤을 잡겠다는 계산이었다. 이에 지윤은 이인임을 찾아가 "내가 만일 공을 해치려 한다면 하늘이 나를 벨 것이다"고 호언한다. 이인임은 모든 것을 알아채고 있었는데 말이다. 저돌적인 지윤은 노련한 이인임의 적수가 되지 못하는 듯했다. 하지만 지윤을 공격할 적기를 노리며 관망하던 이인임에게 얼른 기회가 오지 않았다. 지윤의 문객들이 김윤승만 남고 모두 유배당한 처지에서 쉽사리 움직이기 어려웠던 것이다.

1377년(우왕 3) 3월, 이인임이 먼저 선수를 친다. 이인임이 대간을 사주하여 홀로 남은 김윤승을 전격 탄핵했던 것이다. 김윤승이 당파를 만들고 주색에 빠졌다는 이유였다. 이에 김윤승은 지윤을 찾아가, 문객들이 모두 유배당한 마당에 이제 자신까지 탄핵한 것은 바야흐로 화가 지윤에게 미칠 것이 분명하다고 하면서 속히 일을 도모하자고 주장했다.

위기를 느낀 지윤은 자신의 아들 지익겸을 시켜 군사를 모으기 위해 목인길睦仁吉을 끌어들였다. 여기 목인길은 공민왕의 연저수종공신과 기철 제거 공신에 모두 포함되어 거침없이 잘 나가던 무장 출신 인물인데 신돈 정권에서는 배척되기도 했었다. 하지만 목인길은 지윤보다는 이인임 쪽을 선택했는데 지윤이 잘못 짚은 것이다. 거사를 위해서는 군사 동원이 필수였는데 지윤은 이게 다급하여 목인길을 끌어들인 것이었다.

지윤은 목인길에게 이 기회에 이인임과 그 측근뿐만 아니라 경복흥·최영까지 제거하겠다는 의사를 밝히고 준비에 들어간다. 이 정도면 쿠데타 수준의 정변을 생각한 것이다. 다음 날 군사를 대궐 문앞에 집합시켜 놓기로 약속했는데 목인길은 이 사실을 이인임에게 알리고 만다. 이런 사실을 모르는 지윤은 김윤승의 탄핵을 무효화시키기 위해 도당에서 이인임·경복흥·최영 등에게 김윤승을 관직에 다시 복귀시킬 것을 주장했다. 지윤의 거사를 이미 알아차린 이인임·경복흥·최영 등이 이 문제는 다음 날 입궐하여 우왕에게 요청하자고 했다. 이인임 측에서 지윤을 잡기 위한 준비가 필요했을 것이다.

이인임은 경복흥·최영·조민수·임견미·목인길 등 무장들과 함께 입궐하여 지윤이 불법적으로 군사를 동원하고 있음을 우왕에게 알렸다. 지윤도 바로 뒤이어 입궐하여 군사 동원 사실을 인정하고 김윤승에 대한 탄핵 철회를 요구했다. 이인임과 지윤, 양측이 함께 입궐하여 우왕 앞에서 자기 편에 유리하게 결단을 내리도록 촉구한 것이다.

이후 자세한 사건 전개 과정은 생략하지만 결국 지윤은 우왕의 외면으로 대궐에서 나오다 체포되어 하옥되었다. 이어서 그 아들 지익겸과 김윤승 등도 함께 붙잡혀 모두 참형당하고 말았다. 그리고 앞서 유배당했던 지윤의 문객들도 그해 4월 청주에서 참수되었다. 이때 이열은 그 익명서가 자신이 작성한 것이었다고 하면서 용서를 빌었다. 이인임은 그를 용서하려고 했지만 최영의 반대로 그도 참수를 피할 수 없었다. 그렇게 지윤과 그 측근 세력은 큰 문제 없이 제거되었다.

그런데 지윤을 제거하는 데 중요한 역할을 한 사람으로 임견미가 있었다. 지윤 측에서 끌어들인 목인길이 이인임에게 붙음으로써 정변은 이미 성공하기 어려웠지만 임견미가 마지막으로 결정적인 역할을 했던 것이다. 임견미는 앞에서도 이인임의 측근으로 언급했던 인물인데 이제 이인임 정권에서 지윤 대신 그를 주목할 필요가 있다.

그리고 이번 사태를 수습하는 과정에서 최영이 적극적으로 나섰다는 점도 주목할 필요가 있다. 최영은 지윤의 잔여 세력을 제거하는 데 이인임보다 더 강경하게 대처하였다. 그 이유가 궁금한데, 어쨌든 지윤 제거 이후 최영의 위상이 높아지리라는 것은 충분히 예측할 수 있었다.

또 하나 주목할 점은 이 사건에서 이인임은 경복흥이나 최영과 뜻을 함께하여 사태를 마무리했다는 점이다. 이는 지윤이 이들을 모두 제거하기로 계획하여 함께할 수밖에 없었지만, 그보다는 도당이 이인임을 중심으로 경복흥·최영 3인의 집단지도체제 형식을 띠었다는 것을 보여준다. 실권은 이인임이 장악하고 있었지만, 위기에는 함께 공동 대처하는 장치로써 도당을 활용했던 것이니 역시 노련한 이인임이었다.

3인체제

1377년(우왕 3) 3월, 왜구가 착량(강화도)을 침략하여 고려의 전함 50여 척을 불태우고 사망자가 1천여 명이나 나오는 큰 피해가 있었다. 지윤과 그 핵심 측근을 제거한 직후였다. 이때는 군사보다도 백성들이 많이 죽었는데, 이 일로 명덕태후는 사람을 보내 왜구를 설득할 생각까지 했다. 곡식이든지 토지든지 왜구의 요구를 들어주고 무고한 백성들의 죽음을 막아보겠다는 심정이었다.

　명덕태후는 이 문제를 도당에 회부하여 정식으로 논의하게 한다. 앞서 언급했던 일본 사신 나흥유가 환국할 때 함께 입국하여 당시 국내에 채류하고 있던 양유良柔라는 승려를 왜구에게 보내 회유해보겠다는 뜻이었다. 하지만 왜구에게 유약함만을 보인다는 경복흥의 반대로 이 일은 무산되었다. 왜구를 회유해보겠다는 이러한 생각은 왜구의 침략에 대처하는 고려 측의 군사 전략이 얼마나 답답했는지를 보여주는 단면이다.

　이후 강화 인근 해역에 있던 왜구는 섬에 상륙하여 강화부까지 침범하였고, 패전하고 도주한 장수들은 항상 그랬듯이 하옥당했다. 이에 새로운 장수들을 임명하여 강화에 파견하고, 최영을 보내 승천부(강화도 건너편 황해 개풍군)를 방어하게 하면서 왜구는 강화에서 일단 물러갔다. 왜구의 침략이 왕도 개경까지 위협하고 있었던 것이다.

그런데 이때 왜구 침략에 대응하기 위한 새로운 군사 진용이 세워진다. 최영이 6도 도통사, 경복흥이 수성 도통사, 이인임이 경기 도통사를 맡았다. 아울러 이희필李希泌을 동강(임진강) 도원수, 목인길과 임견미 등 11명의 장수를 그 부원수로 삼아 경복흥의 절제를 받게 하였으며, 황상黃裳을 서강(예성강) 도원수, 이성계·양백연楊伯淵·변안열邊安烈 등 10명의 장수를 그 부원수로 삼아 이인임의 절제를 받게 하였다. 고려의 장수들을 거의 망라하여 조직한 최대의 지휘부 구성이었다.

주목할 점은 이인임과 경복흥이 최고 지휘부 전면에 나선 것이었다. 최영은 진즉부터 왜구 방어의 전선에 나섰지만 이인임과 경복흥이 최고사령관을 직접 맡은 것은 우왕 즉위 이후 이것이 처음이었다. 왕도마저도 위협당하는 위기라서 그랬겠지만 여기에는 생각해볼 부분이 있다. 여태 왜구 방어에 나서지 않던 이 두 사람이 왜 이제야 최고지휘부를 맡게 되었는지, 이게 의미하는 바가 무엇인지 궁금한 것이다.

경복흥과 이인임은 수상과 아상으로서 무장 출신임에도 지금까지 왜구 방어에 직접 나서지 않았었다. 이들이 왜구 방어보다는 정권을 지키고 유지하는 일에 더 신경을 썼다는 것을 의미한다. 이 점은 제거당한 지윤도 마찬가지였다.

여기에 이인임과 경복흥 등은 그동안 왜구 퇴치에 소홀하다는 비판을 받아왔다. 최영이 주로 그런 비판을 했는데 그런 비난을 모면하기 위해서라도 이인임과 경복흥은 전면에 나설 수밖에 없었던 것이다. 하지만 이들이 왜구가 출몰한 지역에서 실제로 군대를 지휘하지 않았고 이후에도 한 번도 없었다. 도통사라는 감투만 쓰고 그냥 왜구 퇴치에 나서는 시늉만 낸 것으로 보인다.

아울러 이때 승도를 징집하여 전함을 건조하는데, 이 역시 임시방편의 책임회피용 대처였다. 개경을 위협하는 강화 해역의 왜구를 퇴치하려면 수군이 필수였다. 각 지방별로 인원을 할당하여 강제로 징집하고 전함을 건조하지만 무리한 대책으로 추진이 어려웠고 전함 건조도 원활할 수 없었던 것이다.

그런데 지윤과 그 일당은 정변을 기도하다가 제거당하고 말았다. 이 정변을 무리없이 성공적으로 진압할 수 있었던 것은 경복흥과 최영이 이인임과 함께 공동대처한 덕이었다. 3인이 지윤 제거에 뜻을 함께한 것인데 특히 최영의 도움이 컸다. 그래서 지윤과 그 일당이 제거된 직후에 3인이 함께 참여하는 공동 정권의 형식을 표방하였고, 그 결과가 왜구 방어를 위한 3인의 최고 지휘부 참여에 반영된 것으로 보인다. 또한 최영이 독점하고 있는 군사권을 견제하려는 뜻도 있었지 않았을까 싶다. 앞으로 당분간 3인 공동체제로 정권이 유지되는 기조가 이어질 것 같은데, 권력은 나눌 수 없으니 이런 불안한 체제가 얼마나 갈지는 모르겠지만.

최영은 이후 왜구 방어에서 주도권을 행사한다. 강화도의 전답을 세력가들이 점령하여 군량을 조달할 수 없다고 주장해 불법적인 사전을 혁파하게 만들었다. 아울러 각 지휘부 장수들에게 군사를 10명씩 차출하여 강화도에 수자리를 서게도 했다. 최영이 강화 해역에서 왜구에게 패전한 장수들을 엄벌하자고 주장한 것도 보면 그의 영향력이 점차 커지고 있다는 것을 엿볼 수 있다.

그렇게 최영은 지윤의 정변을 마무리하는 과정에서 영향력을 높여간 반면에 이인임은 최영에게 많은 것을 양보하는 모습을 보인다. 도당에서도 최영은 형벌과 논공행상이 바르지 못하다고 목소리를 높이기도 하였다. 그래서 지윤의 정변을 계기로 권력 행사의 측면에서 보면 최영은 이전보다 약간 상승하고, 이인임은 약간 위축되었다고 할 수 있으며, 경복흥은 현상유지였다고 할 수 있다. 이렇게 보면 3인의 권력이 이전에 비해 좀 더 균등해졌다고 볼 수 있을 것이다.

해도원수 정지 장군

왜구와의 전투에서 꼭 언급해야 할 한 사람이 있는데 정지鄭地 장군이다. 그는 나주(전남) 출신으로 용모가 괴위하고 성품이 관후했다고 한다. 항상 책을 가까이했다는데 과거에 급제하지는 못했던 것 같고 공민왕 때 중견 무장으로 관직을 시작했다. 그가 왜구 방어에서 중요한 이유는 수군 양성과 해전을 특별히 강조했기 때문이다.

왜구를 방어하려면 수군이 필요하다는 것은 상식 문제라고 할 수 있다. 이를 제일 먼저 착안한 사람은 공민왕 때 이색이었다. 이색은 상소를 통해 왜구를 막는 데 해전의 중요성을 언급하면서 삼면이 바다인 우리는 수군 양성에 매우 유리하다고 하였다. 육지만 지키고 바다에서 싸우지 않으면 왜구에게 허점을 드러낸다고 하면서, 육전은 우리를 지키는 것이고 해전은 적을 제압하는 것이라고 주장하였다. 너무나 타당하고 합리적인 제안이었다.

시간이 상당히 흐른 뒤 공민왕은 이색의 건의를 상기한 결과였는지 최영을 6도 순찰사로 삼고 전함 2천 척을 건조하여 왜구를 소탕할 작정을 하였다. 하지만 최영의 무리한 추진으로 각도 농민들이 이를 고역으로 여겨 집을 버리고 도주하는 자가 태반이었다. 수군의 중요성은 알았지만 무리한 추진으로 폐단이 커지면서 일도 진척시키지 못한 것이다. 이에 정지는 공민왕에게 이런 건의를 올린다. "내륙의 백성은 선박이나 노 젓는 일에 익숙하지 못하니 왜구를 막기가 어렵습니다. 해안이나 섬에서 성장했거나 수군에 스스로 자원하는 자를 등록하여 신에게 거느리게 해주시면 5년을 기한으로 선박을 건조하여 해도의 왜구를 숙청할 것입니다. 도순문사는 한갓 군량만 허비하고 민생만 힘들게 할 뿐이니 청컨대 이를 그만두게 하십시오."

백번 옳은 주장이다. 이에 최영의 선박 건조와 수군 양성 작업은 중단되었고 정지는 공민왕의 신임을 받아 전라도 안무사에 올랐다. 공민왕이 죽기 직전의 일이었다. 그런데 우왕이 즉위하고 이인임이 권력을 잡으면서 선박 건조와 수군 양성은 큰 진척이 없었다. 정권의 뒷받침이 없었기 때문이다. 아마 이 역시 무장의 성장을 꺼려 한 이인임 정권의 견제가 작용했다고 추측된다.

우왕 3, 4년 무렵 정지 장군이 주로 왜구를 물리친 지역이 전라도의 순천, 낙안, 옥과, 광주, 담양, 영광, 화순 등지였는데, 순천 병마사로서 수군이 아닌 육군으로 싸웠다. 그도 패전한 경우가 있었지만 다른 장수들에 비해 승전이 훨씬 많았다. 이는 물론 그의 용기와 죽음을 무릅쓴

전투 덕분이었다. 이런 정지 장군의 승전은 패전한 장수를 돌려막기 식으로 대처하는 이인임 정권에서 단연 돋보이는 존재였다. 이에 정지 장군은 1378년(우왕 4) 10월 전라도 순무사에 올랐다.

왜구 방어에 큰 효과가 없자 조정에서도 수군의 중요성을 다시 인식했던 것 같다. 1380년(우왕 6) 4월 최영을 해군 도통사를 겸하게 하고 수군 양성과 전함 축조를 생각했다. 하지만 최영은 무슨 이유인지 이 일에 소극적이었다. 당시 전함이 1백여 척에 수군 3천 명 정도였는데, 최영은 수군이 1만 명은 필요하다고 하면서 이를 위해서는 군량 공급이 어렵다는 핑계를 댔다. 우왕의 강권으로 최영이 해군 도통사를 맡긴 했지만 큰 진척은 없었던 것이다.

그런데 정지 장군이 1382년(우왕 8) 해도원수에 오른다. 이때 와서야 비로소 수군다운 모습을 갖추었다고 보인다. 정지 장군이 수군을 이용해 싸운 전투가 금강 하구의 진포와 군산, 영산강 하구의 나주와 목포 등이었고, 관음포(경남 남해)와 합포(마산)까지 출전하여 대승을 거두기도 했다. 서남해안을 종횡무진 누빈 것인데 임진왜란 때의 이순신 장군을 연상시키는 대활약이었다.

하지만 정지 장군의 앞길이 순탄치만은 않았다. 해도원수로서 여러 차례 승전했음에도 중앙 관직으로 전직하기도 하고, 다시 그가 필요하면 해도원수를 맡겨 수군을 거느리게 하는 돌려막기를 반복당했다. 이는 이인임 정권이 그가 신망받는 무장으로 성장하는 것을 꺼려 한 때문으로 볼 수밖에 없다. 정지 장군에게 해도원수와 때로는 해도 부원수를 번갈아 맡긴 것도 그런 이유 때문이었을 것이다.

정지 장군은 1387년(우왕 13) 왜구의 소굴인 대마도 정벌을 건의하기도 했다. 그의 주장은 이런 것이었다. "명에서 왜구를 정벌한다고 소리치며 우리 해안에 전함을 정박시키면 그 지원이 어렵고 우리의 허실이 드러날 것입니다. 일본 전역이 도적질하는 것이 아니니 일기도와 대마도의 왜구 소굴만 정벌하고 일본에 알리면 명의 군사도 들어올 필요가 없습니다. 지금 우리 수군은 요역이 힘들어 흩어지고 있으니 하루 속히 기회를 잡아 수군을 수습하여 대마도를 정벌하는 것이 좋습니다."

다시 수군을 정비하여 대마도 정벌에 나서야 한다는 주장이었다. 다음에 언급하겠지만, 이 무렵 명에서는 왜구 토벌을 위해 전함을 고려에 파견할 생각을 드러내고 있었다. 당시에 이런 전략가가 있었다니 감동이다. 왜구를 근본적으로 소탕하려면 당연히 건의할 수 있는 군사 전략이었지만 안타깝게도 정지의 주장은 받아들여지지 않았다. 이 역시 이인임 정권이 해외 원정을 통한 대규모 군사 동원을 꺼려 한 탓이라 보인다.

정지 장군은 후에 요동정벌에서 이성계의 휘하 장수로 참전했다가 위화도 회군에도 가담하는데, 이에 대해서는 후술할 것이다.

2. 명과 북원 사이에서

성과 없는 일본행 사신

1377년과 1378년은 우왕 즉위 3, 4년째로 왜구의 침략이 가장 극심한 해였다. 이 두 해 동안의 침략 횟수만도 백여 차례가 넘었으니 왜구는 보름 정도가 아니라 하루가 멀다 하고 침략하는 지경이었다. 왜구의 침략이 계속되는 상황에서 1377년(우왕 3) 6월 일본에 다시 사신을 파견했다. 왜구의 침략을 금지하라고 안길상安吉祥을 파견했는데, 그 서장 내용은 이런 것이었다.

① 경인년(1350, 충정왕 2)부터 왜구가 일어나 그 피해가 많았고, ② 병오년(1366, 공민왕 15)에는 김용金龍을 사신으로 파견하여 정이대장군征夷大將軍을 금지하겠다는 약속을 받아 좀 안도했었다. ③ 갑인년(1374, 우왕 즉위년) 이후 다시 왜구가 창궐하므로 나흥유를 보냈는데, 그 회답에서 규슈의 난신들이 저지르는 일이라 어쩔 수 없다는 사정을 들었지

만, 도적을 금지하는 것은 모든 나라의 법도이니 양국의 통호와 해로의 안정은 귀국의 조치에 달려있다.

서장 내용에서 ①은 왜구의 침략이 시작된 때를 언급한 것이다. ②는 공민왕 때 김용을 파견하여 왜구의 금지를 약속받았다는 얘기인데, 어쩐 일인지 관찬사서에는 이에 대한 언급이 전혀 없다. 아마 비공식적으로 파견한 사신이어서 그랬는지 모르겠다. ③은 앞 장에서 언급했던 일본 사신 나흥유에 대한 언급으로 이전 기록과 부합한다.

서장의 마지막 내용이 주목된다. 일본의 사정은 알겠지만 그래도 왜구는 일본의 책임이 크니 금지하라는 요구였다. 왜구 근절을 위해 여러 노력을 다하는 모습은 좋지만 이런 외교 교섭으로 왜구의 침략을 근절할지는 의문이다. 게다가 이때 안길상은 환국하지 못하고 일본에서 병사하는데, 안길상과 동반했던 무관이 일본에 파견된 지 3년 뒤에야 환국하면서 알려졌다.

그런데 안길상을 일본에 파견했던 그해 8월, 일본에서는 승려 신홍信弘을 통해 서신을 보내온다. 하지만 신홍이 가져온 서신 내용은 이전과 마찬가지로, 왜구는 도망친 초적들이라 쉽사리 금지하기 어렵다는 상투적인 것이었다. 고려에서 일본으로 사신을 보낼 때마다 매번 답례 사신을 보내준 것만도 다행한 일이었는지 모르겠지만 사신 파견으로 왜구를 근절하는 것은 가망 없는 일이었다.

그럼에도 고려에서는 1377년(우왕 3) 9월 또 일본으로 사신을 파견하는데, 이번 사신은 정몽주였다. 이때 정몽주는 북원의 사신을 맞아들이는 것에 반대하다가 1375년(우왕 1) 이후 언양(울산)에서 유배 중이었다. 그런 그를 일본행 사신으로 발탁하여 험지로 보낸 것인데, 모두 위태롭게 여겼지만 정몽주는 기꺼이 응했다. 일본행 사신 정몽주 역시 왜구 근절에는 별다른 약속을 받지 못했지만 색다른 성과를 냈다.

정몽주는 이듬해 1378년(우왕 4) 7월 환국하면서 규슈의 절도사(영주)가 보내는 주맹인周孟仁과 동반하여 고려인 포로 수백 명을 데리고 오는 데 성공한다. 이런 성과를 낸 데는 정몽주 개인의 노력이 크게 작용했다. 그는 교린의 이해관계로 왜구의 근절을 간절하게 호소하여 존경을 받았고, 시를 요청하는 일본인들에게는 이를 마다하지 않고 호응하여 환대를 받기도 했다. 후일 일본인들 중에는 오랫동안 정몽주를 칭찬하고 사모하는 사람들이 많았다고 하니까 포로 송환은 정몽주의 그런 덕행의 결과였을 것이다. 정몽주는 환국한 뒤에도 재상들에게 요청하여 사재를 모아 여러 차례 고려인 송환에 앞장섰으며, 그런 결과였는지 모르겠지만 이후 관직에도 복직했다.

이에 앞서 1378년(우왕 4) 6월, 일본에서는 규슈 절도사 원료준源了浚이 승려 신홍에게 군사 수십 명을 주어 파견했다. 승려 신홍은 그해 7월 조양포(전남 보성)에서 왜선 1척을 포획하여 모두 참수하고 붙잡힌 부녀자를 방환해준 일이 있었다. 신홍은 그해 11월에도 적전포(경남 고성)에서 왜구와 싸우다가 패하자 일본으로 돌아갔는데, 일본 승려 신홍이 왜 왜구 퇴치에 나섰는지 의문이다.

일본에서 들어온 승려의 이런 행동은 고려의 요구에 대한 나름의 대응방식이었는지도 모르겠다. 당시 일본은 남북조의 혼란기였기 때문에 국가 차원에서 고려의 요구를 수용할 수 없었다. 이로 인해 주로 지방의 영주들이 나서서 승려를 답례 사신으로 보냈고, 고려에 들어와서는 그런 식의 자유로운 행동을 할 수 있었다고 보인다. 원료준은 고려인 포로 230여 명을 송환해주기도 했는데 왜구의 침략을 근절할 수 없는 상황에서 그나마 다행이었다.

그런 생각 때문이었는지 1378년(우왕 4) 10월에는 또 왜구 근절을 위한 사신을 일본에 파견한다. 이번에는 규슈 절도사 원료준에게 특별히 금은과 인삼, 호피 등의 선물까지 보냈다. 왜구 침략에 그런 식으로 대처하는 것은 한계가 분명했지만 이후에도 고려에서는 왜구 퇴치를 위해 여러 차례 일본에 사신을 파견했다.

그런데 이인임 정권은 왜 그렇게 일본행 사신에 매달렸을까? 별 효과도 없었는데 말이다. 이는 군사력으로 왜구를 물리치는 데 한계를 느꼈기 때문이다. 당시 고려는 상비군체제를 충분히 갖추지 못하고 있었는데, 원 제국의 군사적 통제에서 벗어나면서 아직 그럴 만한 여력을 갖지 못했던 것이다. 게다가 부족한 상비군마저 왜구보다는 불안한 북방 방어에 치중하고 있었으니 왜구의 침략에 무력할 수밖에 없었다.

미비한 군사력을 보충하기 위한 노력이었는지 이 무렵 화통도감火㷁都監을 설치한다. 1377년(우왕 3) 10월의 일로 잘 알다시피 최무선崔茂宣의 건의를 받아들인 것이었다. 화통도감은 화약과 화기 제조를 담당하는 관청으로, 여기서 중요한 기술은 화약 제조 방법이었다.

화약은 당시 염초焰焇라고 불렸는데, 최무선은 이 염초 제조 기술을 원나라에서 염초 기술자로 활동하던 이원李元으로부터 배웠다고 한다. 이원이 마침 최무선과 한동네에 살아 그 제조 기술을 익히고 또 시험하여 조정에 건의해서 화통도감을 설치하게 되었다는 것이다. 최무선은 원의 염초 제조 기술을 습득하고 이를 다시 시험하여 나름대로 무기로서 실용화했다고 보인다. 그 당시로서는 신무기 개발에 성공한 셈이니 왜구의 침략에 대처하고 고려의 빈약한 군사력을 증강하는 데 큰 힘이 되었을 것이다.

또한 불안한 상비군체제를 다시 정비하기 위해 편성된 것이 1378년 (우왕 4) 12월, 5도의 호구를 점검하여 좌익과 우익으로 엮은 '익군翼軍'이었다. 익군은 공민왕 때 처음 설치된 적이 있었는데, 병농일치제兵農一致制에 의한 일종의 의무병제로서 전국 5도에서 농민을 징발하여 군역을 부과하는 상비군체제였다. 하지만 1379년(우왕 5) 5월 사헌부에서 익군의 폐단이 많다고 상소하여 곧 폐지되고 만다. 여기에는 전국적인 군사 동원을 기피했던 이인임 정권의 정치적 의도가 작용하고 있었다.

북원의 군사 요청

왜구 근절을 위해 일본에 연거푸 사신을 파견한 그 사이, 1377년(우왕 3) 7월 북원에서는 고려에 부담스러운 사신을 보내온다. 선휘원사 첼리테무르徹里帖木兒를 파견하여 명의 정료위를 협공하자고 제의한 것이다. 북원에서는 앞서 고려와 외교를 재개하기 위한 교섭 과정에서 군사 지원 문제를 이미 거론한 바 있었으니 전혀 엉뚱한 제안이 아니었다.

그해 2월 고려와 외교가 재개되자 북원에서는 고무되었던 것 같다. 그때 책봉에 대한 사은사로 북원에 파견되었던 이자송이 그해 6월 환국하는데 양국의 사대복속관계는 이제 확정되었다고 판단했던 모양이다. 이자송이 북원에 갔을 때 북원의 관료들은 눈물을 흘리면서 크게 환대했다고 하니까 얼마나 고려와의 관계 개선을 고대했는지 알 만하다.

그런데 정료위는 요동에 있던 명의 전략적 군사기지로서 이를 협공한다는 것은 고려의 처지에서는 명에 대한 정면 도전이었다. 당연히 수용할 수 없었다. 고려에서는 그해 8월 강인유姜仁裕를 계품사로 북원에 파견했다. 강인유는 공민왕 때 명에 사신으로 파견된 적이 있었던 인물인데, 계품사라는 직책으로 보아 정료위 협공에 대한 자세한 내막을 알아보고 고려의 어려운 사정을 알리기 위한 사신으로 보인다.

북원에 파견되었던 강인유는 그곳에 체류하면서 그해 9월 고려에 사람을 보내 북원의 동정을 알려왔다. 그 내용은, 북원에서는 나가추와 함께 정료위를 공략하기 위해 군사 조련을 시작했으며 고려군이 오기를 기다린다는 것이었다. 고려가 정료위 협공에 미온적이자 강인유를 통해 독촉한 것이었다. 이에 고려에서는 즉시 다시 문천식을 북원에 보내 군사를 보낼 수 없음을 알렸다.

북원에서 고려에 제의한 정료위 협공 요청은 애초부터 실현 가능성이 희박했다. 쇠퇴한 북원의 처지에서는 고려의 군사적 지원이 마지막 희망일 수 있으니 이에 목매고 있었는지 모르겠지만 고려로서는 이에 응할 처지가 전혀 아니었다. 왜구의 침략이 계속되는 속에서 그럴 여력도 없었지만 무엇보다도 명과 정면으로 맞서 완전한 적대관계로 치닫는 것은 누가 보더라도 현명한 계책이 아니었기 때문이다. 이에 대해서는 북원과 외교 재개를 주장했던 최영·경복흥 등 이인임 정권의 핵심 인물들도 그런 생각을 할 수밖에 없었다.

그러면서도 이인임 정권은 북원과의 외교관계를 지속하고자 했다. 그해 11월 북원의 황제와 황후 생일을 축하하기 위한 사절단을 파견했던 것에서 알 수 있다. 또한 12월에는 신년을 축하하기 위한 하정사도 파견하고 있으니 군사 지원을 사양하면서도 북원과의 외교관계가 훼손되는 것은 원치 않았다는 것을 보여준다.

북원에서도 고려가 정료위 협공 요청을 거절했다고 해서 다시 관계가 단절되는 것은 전혀 원치 않았다. 북원에서는 다음 해인 1378년(우왕 4) 7월 사신을 파견하여 기황후 소생의 소종昭宗, 아유시리다라가 죽고 새 황제 투구스테무르脫古思帖木兒가 즉위했음을 황제 조서로서 알려왔다. 새 황제는 아유시리다라의 이복동생이었다. 이는 북원에서도 고려와 관계를 지속하겠다는 뜻을 보여준 것이다.

그런데 이때 북원의 사신을 맞이하는 과정에서 조금 이상한 점이 있었다. 우왕이 병을 핑계로 이 북원의 사신을 맞이하기를 거절한 것이다. 결국 사신의 강요로 우왕이 정동행성에 출영하여 맞이하긴 했지만 좀 의외의 대응이었다. 이 사신은 입국한 지 일주일 만에 바로 돌아가는 것으로 보아 고려에서 큰 환대를 받지 못했던 것 같다. 우왕이나 고려 정부의 이런 태도에는 이인임 정권의 의지가 반영되었다고 보는데, 왜 그랬을까 하는 의문이 든다.

여기에는 그럴 만한 사정이 있었다. 이 북원의 사신이 들어오기 직전에 명으로부터 뜻밖의 우호적인 반응을 접했기 때문이다.

명의 홍무 연호를 다시 채용하다

명의 우호적인 반응이란 것은, 1377년(우왕 3) 12월에 명에서 고려인 358명을 방환해 보내준 일이었다. 이 많은 고려인이 언제 어떻게 명에 억류되었는지 정확히 모르겠지만, 아마 공민왕 시대 고려 군사로서 원에 파병되었다가 명의 포로가 된 자들이 아니었을까 추측된다. 아니면 원에 거주하던 고려인을 희망에 따라 송환했을 수도 있다.

이인임 정권은 명의 이런 태도에 다시 교섭할 수 있겠다는 기대를 했던 것 같다. 우왕 즉위 초에 공민왕의 죽음을 알리기 위해 명에 파견되었던 최원은 억류되어 아직도 환국하지 못한 상태였다. 게다가 우왕 즉위 이후 명의 황제로부터는 어떤 교섭이나 연락도 아직 없었던 마당이라 충분히 반길 만했다.

다음 해인 1378년(우왕 4) 3월, 고려에서는 이에 대한 감사의 사신을 파견했다. 유번柳藩을 보내 고려인 송환에 대해 사은하면서, 아울러 주의周誼를 동반시켜 승한한 공민왕의 시호와 우왕의 왕위 승인을 요청하게 하였다. 유번은 후에 이인임 정권에 비판적인 세력을 제거하는 데 나서는 것으로 보아 이인임과 가까운 인물로 보인다. 주의는 무장 출신으로 공민왕 말년에도 명에 다녀온 경력이 있었고 이후에도 여러 차례 사신으로 선발되는데, 그는 좀 특별한 인물이었다.

주의의 딸은 원에 공녀로 들어갔다가 원이 북으로 도주하면서 명의 군대에 포로로 붙잡혔었다. 이후 그녀는 어떤 경로를 거쳤는지 태조 주원장의 후첩으로 들어갈 수 있었다. 그러니까 주의는 주원장 후첩의 아비인 것이다. 이런 인물을 사신으로 발탁한 것은 이 기회에 우왕에 대한 명의 책봉을 받아 관계 회복을 시도하겠다는 뜻이었다.

명으로서도 고려와의 관계를 지금의 소원한 상태로 계속 방치하기 곤란하다고 판단했을 것이다. 고려를 이 상태로 방치한다면 고려가 북원에 접근하리라는 것은 충분히 예측할 수 있는 일이었기 때문이다. 어쩌면 명에서는 고려가 이미 북원과 외교관계를 재개했다는 것을 알아차렸을 수 있다. 그래서 갑자기 고려인을 방환한 것은 고려를 다시 끌어당기려는 화해의 손짓이라고 할 수 있는 것이다.

양국의 그런 외교적 계산이 서로 통했던 것일까. 그해 6월 명의 황제가 최원을 비롯한 고려 사신 일행을 방환해 보내주었다. 명에 억류된 지 3년 만의 환국이었다. 하지만 최원은 환국해서 이인임 정권에 의해 죽임을 당하는데, 여기에는 이인임 정권의 색다른 의도가 작용하고 있어 조금 뒤에 따로 살피려 한다.

고려인 방환과 이어진 최원의 환국은 명과 다시 관계를 회복할 수 있다는 좋은 신호였다. 그 직후 북원에서는 앞서 언급했던 새로운 황제 즉위를 알리는 사신을 보내왔던 것이니 고려에서는 그 사신을 탐탁지 않게 생각했던 것이다. 자칫 명의 신뢰를 얻을 수 있는 좋은 기회를 놓칠 수 있다고 판단했을 수 있다. 북원과의 관계는 현재 상태를 그럭저럭 유지하면서 새롭게 명과도 관계를 회복해보겠다는 뜻이니, 알기 쉽게 말해서 양다리를 걸치겠다는 것이었다.

그러던 중, 고려인 방환에 대해 사은하고 우왕의 책봉을 요청하기 위해 명에 파견되었던 사신 유번과 주의가 그해 1378년(우왕 4) 8월 돌아온다. 이들이 왕복한 시간을 감안하면 명의 남경에 그리 오래 머물지 않았다는 것을 알 수 있다. 3년 동안이나 억류되었던 최원에 비하면 이들의 신속한 환국은 오히려 명의 우호적인 조치라고 볼 수도 있다.

그런데 이때 명에서는 예부상서 주몽염朱夢炎을 고려 사신에 동반시켜 명 황제의 뜻을 고려에 전달하는데 그 내용이 심상치 않았다. 그대로 옮겨보겠다.

짐(명 태조 주원장)이 한미한 가문에서 일어나 천명을 받고 원을 대신하여 세상을 다스리면서 주변의 여러 나라에 새로운 군왕이 섰음을 알렸는데 이는 통호하자는 것에 불과했다. 그런데 뜻밖에 고려 국왕 왕전王顓(공민왕)이 신하를 칭하고 조공하니 이는 마음으로 기쁘게 승복하는 것이 아니었겠는가? 그 왕이 수 년 만에 신하에게 시해되고 또 수 년이 지나 이제 다시 시호를 요청하는데, 짐이 생각하건대 산과 바다가 막혀 믿는 구석이 있는 것 같으니 명작名爵(시호나 책봉)에 간섭하지 않을 것이다. 그 임금을 죽이고 우리 사신을 살해하였으니 어찌 법과 헌장을 준수할 수 있겠는가? 단지 예를 숭상하여 보낸 사신은 그냥 돌려보내는 것이다. 아울러 대신은 국정에 간여하지 말지어다《고려사》133, 열전. 신우 4년 8월).

우왕이 즉위한 이후 명으로부터 황제 자신의 뜻을 전달받은 것은 이게 처음이다. 공민왕 시해와 명사 살해 사건을 꺼내들고 고려를 은연중 압박하고 있는 것을 보면 명과 다시 관계를 회복하는 일이 녹록치 않겠다는 생각이 들지만, 일단 교섭의 물꼬는 텄다는 점에서 긍정적이기도 했다. '명작'에 간섭하지 않겠다는 것은 공민왕에 대한 시호나 우왕의 책봉을 당장은 승인하지 않겠다는 뜻이었다.

주목할 대목은 마지막 부분에, 대신은 국정에 간여하지 말 것을 경고한 점이다. 여기 대신은 이인임이나 이인임 정권의 핵심 인물들을 가리키는 것이 분명하다. 명에서는 국왕보다는 이인임을 중심으로 국정이 운영되고 있다는 것을 이미 알아채고 있었던 것이다. 이인임으로서는 신경 쓰이는 일이 아닐 수 없었다.

그런데 이런 황제의 뜻을 가지고 유번과 주의가 환국한 직후, 명에 억류되었다가 방환되었던 최원이 죽임을 당하고 만다. 최원은 사신으로 파견되어 공민왕 시해 사건과 명사 살해 사건을 숨기지 않고 황제에게 실상 그대로 보고했다고 하여, 그해 9월 사헌부의 탄핵을 받아 하옥되어 문초를 받던 중 죽임을 당했다. 최원이 환국하여 죽임을 당했던 것은, 그가 사신으로 가서 이인임 정권에 불리한 증언을 했다고 판단했기 때문이다. 그런 판단은 나중에 환국했던 유번과 주의를 통해 알려지면서 내려졌을 것이다.

하지만 최원을 제거한 데는 좀 더 깊은 정치적 의도가 작용했다고 보인다. 애초에 최원을 명에 파견할 당시에 이인임 정권은 대명외교에 매우 소극적이었다. 공민왕 시해와 명사 살해라는 엄청난 두 사건을 명에 해명할 길이 막연했기 때문이다. 하지만 맨 앞에서 언급했듯이 박상충·정도전 등 신진사대부의 적극적인 주선으로 최원을 발탁해서 보냈었다. 북원과의 외교 재개를 반대했던 박상충은 그 후 이인임 정권에 밉보여 국문을 받아 유배 도중에 죽었고, 정도전은 그때 회진에 유배되었다가 이 무렵 풀려나 삼각산에 은거하고 있었다.

이런 상황에서 억류되었던 최원이 무사히 방환된 것이다. 그리고 뒤이어 유번과 주의가 환국했는데, 이인임 정권에 대한 주원장의 경고가 따라왔다. 게다가 공민왕에 대한 시호와 우왕 책봉도 승인받지 못했으니 그 책임을 신진사대부 측에서 파견했던 최원에게 뒤집어씌우기 딱 좋았다. 즉 최원을 제거한 것은 그 배후의 신진사대부를 의식한 이인임 정권의 정치적 계산이 작용했을 것이라는 뜻이다. 이는 이어지는 조치에서도 짐작할 수 있다.

최원을 제거한 직후인 그해 1378년(우왕 4) 9월, 고려에서는 북원의

'선광' 연호를 폐지하고 다시 명의 '홍무' 연호를 채용한다. 선광 연호를 채용한 지 1년 반밖에 지나지 않아 다시 이를 폐지했으니 좀 갑작스런 일이었다. 공민왕에 대한 시호와 우왕 책봉을 명에서 승인하지 않았는데도 홍무 연호를 다시 채용했던 것이다. 이는 이인임 정권이 명과 관계 회복을 원한다는 강력한 메시지를 대내외에 선언한 것으로 볼 수 있다.

이인임 정권이 명과 관계 회복을 원했다면 처음부터 이를 주장했던 신진사대부의 노선을 결국 따르는 셈이다. 그렇다면 신진사대부가 다시 부상하리라는 것은 쉽게 예상할 수 있다. 그래서 최원을 제거한 것은 이인임 정권의 신진사대부에 대한 견제 의도가 작용했다고 생각하는 것이다. 신진사대부가 추진했던 초기의 대명외교를 실패로 규정하면서 이후에는 자신들이 대명외교를 주도하겠다는, 그런 정치적 계산이 작용했다고 보는 것이다.

그럼, 이인임 정권은 왜 지금에 와서 갑자기 명과 관계 회복을 원했을까? 북원과 이미 달성한 관계 개선으로 만족하지 않고 말이다. 이 문제는 어렵게 생각할 것 없이, 뜨는 해와 지는 해 사이에서 너무나 당연하고 필연적인 귀결이었다고 본다. 오히려 잠시 북원을 선택했던 외교 노선이 특별하고 이상한 일이었다. 또한 북원을 선택한 것이 외교 전략적인 차원에서 결정한 것이 아니라 정권 유지용이었다는 것을 증명하는 것이다.

강경해진 명의 태도

1378년(우왕 4) 10월, 고려에서는 명에 다시 사신을 파견한다. 판밀직사사(종2품) 심덕부沈德符를 새해를 축하하는 하정사로, 판도판서(정3품) 김보생을 최원 등을 방환해준 것에 대한 사은사로 보냈다. 방환된 최원을 죽이고 홍무 연호를 다시 채택한 지 한 달도 지나지 않은 때였다. 왜 그랬는지 모르지만 뭔가 좀 서두르고 있다는 느낌이 든다.

심덕부는 왜구 퇴치에 여러 차례 나섰고 사신에서 돌아온 이후에도 왜구와의 전투에 자주 투입된 인물이다. 김보생은 앞서 언급했던 인물인데, 1375년 12월 하정사로서 명으로 출발하려다 풍랑으로 되돌아와서, 한 달 후 다시 명으로 출발했다고 나온다. 하지만 그가 언제 환국했는지 기록이 없어 실제 하정사로서 명에 파견되었는지 의문이 든다.

명에 파견된 심덕부와 김보생은 이듬해 1379년(우왕 5) 3월 명의 관리를 동반해서 환국한다. 그런데 환국 도중에 명의 관리 두 명이 요양에서 고려 입국을 거부하고 되돌아가버렸다. 이유는 고려에서 북원에 사신을 파견했다는 소식을 접했기 때문이었다. 고려에서 북원에 파견한 그 사신을 특별한 목적을 띤 사행으로 의심했던 것이다.

이즈음 명에서는 북원에서 고려에 군사 지원을 요청했다는 첩보를 입수한 상태였다. 앞서 고려에서는 군사 지원이 어렵다는 사정을 말하기 위해 문천식을 북원에 파견했었는데 이것을 오해한 것으로 보인다. 심덕부 등이 입국하기 전인 그해 1월에는 명의 요동도지휘사에서 고려에 사람을 보내 북원에 대한 군사 지원 동향을 탐지하기도 했었다. 그러니까 명의 관리가 고려 입국을 거부하고 되돌아간 것은 고려에서 북원에 군사를 지원한다고 판단하여 간첩행위로 규정했기 때문이다. 고려에서는 명의 사신을 살해한 전력도 있어 되돌아간 그 관리는 신변의 위협을 느낄 정도였다고 한다.

되돌아간 명의 관리를 놔두고 심덕부와 김보생은 환국하면서 명 황제 주원장이 직접 쓴 조서를 가지고 왔다. 조서는 간략했지만 매우 강경한 내용으로 간추리면 이런 것이었다.

첫째, 사신이 온 것은 간신의 속임으로 부득이 왔을 터이니 돌아가 화를 지은 괴수에게 내 뜻을 전하라고 돌려보내는 것이다. 둘째, 죄 없는 사신을 죽였으니 집정대신이 직접 와서 조회하고 해마다 바치는 세공을 약속대로 시행하라. 셋째, 그렇지 않으면 사신을 찾는 군사를 보내 응징할 것이다. 강경한 내용에다 황제가 직접 쓴 조서이다보니 그 무게감이 더했다. 여기에 구체적인 황제의 요구 사항을 따로 기록한 전지가 있었다. 이를 알기 쉽게 요약해서 열거해보겠다.

① 왕전(공민왕)이 표문을 올려 조공하고 신하되기를 원했었는데 간신에게 시해당할 줄 어찌 알았으랴. 다섯 차례나 사신을 보내 왕전의 후계 국왕 사신이라고 일컫는데 짐은 정확한 사정을 알지 못하니 이를 어떻게 믿을 수 있겠는가? ② 너희는 한·당·송·원나라 이래로 임금과 신하의 은혜를 생각하지 않고 거짓으로 사귀어 스스로 화를 자초하곤 했는데, 다시 우리와 원수를 맺으려 하니 받아들일 수 없다. ③ 동반해서 파견한 명의 관리에게는 후계 국왕이 어떠한지, 정령政令은 누구에게서 나오는지 잘 살펴보도록 하라. ④ 후계 국왕이 잡혀 있지 않다면 전왕(공민왕)이 약속한 대로 금년에 말 1천 필을 바치고, 명년부터는 금 1백 근, 은 1만 냥, 좋은 말 1백 필, 세포 1만 필을 조공하여 해마다 정

례로 하고, 잡아간 요동 백성을 모두 송환하라. ⑤ 이를 이행한다면 후계 국왕의 정령을 의심하지 않을 것이고, 그렇지 못하면 전왕을 죽인 괴수가 하는 짓이니 군사를 보내 응징할 것이다. 우리에게는 한·당나라와 다르게 강한 수군이 있어 바다도 문제없다.

①과 ③항을 보면 명에서는 고려 국왕의 상태를 의심하고 있다는 것을 알 수 있다. 전왕인 공민왕을 시해한 자들이 현 국왕을 허수아비로 만들고 국정을 농단하고 있다고 생각한 것이다. 그래서 국왕이 정상이라는 것을 ④의 막대한 조공을 통해 증명하라는 것이었다. 황제가 직접 쓴 조서에서 집정대신의 조회를 요구한 것도 그 때문이었다. 집정대신이라면 이인임이 나설 수밖에 없는데 여기에 응할 바보가 아닐 것이다. 또한 막대한 조공은 어떻게 조달할지 문제였다.

그런데 주목할 점은 ⑤에서 군사적 응징 문제를 거론했다는 사실이다. 명의 주원장이 왜 이렇게 갑자기 강경하게 나오게 되었을까? 앞서 유번과 주의가 환국하면서 전달했던 주원장의 뜻은 이와 비교하면 온건하여 조금 달랐다. 공민왕에 대한 시호와 우왕의 책봉을 승인하지는 않았지만 그때는 막대한 조공이나 군사적 응징은 전혀 거론하지 않았기 때문이다.

주원장의 태도가 이렇게 갑자기 강경해진 데는 고려가 북원에 군사를 지원한다고 의심했기 때문이다. 북원과의 사신 교류가 자주 있었으니 이를 알아차린 명으로서는 충분히 그럴 만했다. ②항에서 보듯이 자신들과 원수를 맺으려 한다고 언급한 것은 북원에 대한 군사 지원 문제를 기정사실로 판단하여 한 말이었다.

북원에 대한 군사 지원 문제 외에도 명에서 의혹을 갖는 것이 또 하나 있었다. 우왕이 공민왕의 진짜 아들인가 하는 의심이었다. 심덕부·김보생 등이 환국한 직후인 그해 1379년(우왕 5) 4월, 고려 무장 주겸周謙이란 자가 명에서 돌아왔다. 주겸은 앞서 언급했던 주의의 아들이니 자신의 누이가 바로 태조 주원장의 후첩이었다. 그런 이유로 주원장의 비위를 맞추기 위해 파견되었던 것 같다.

환국한 그 주겸의 보고에 의하면, 현 국왕이 공민왕의 아들이냐고 주원장이 그 누이를 통해 묻자, 이에 정비인 노국공주에게는 소생이 없고 지금 국왕은 궁인 소생이라고 대답했다는 것이었다. 주원장의 이런 의구심은 우왕의 출생에 대한 비밀과 함께, 공민왕이 시해당한 후 즉위한 우왕의 배후에 대한 의혹이 겹쳐진 것으로 보인다. 우왕 즉위 직후 귀국 도중의 명의 사신이 살해당하고 뒤이어 북원과의 외교가 재개되는 대반전이 일어났기 때문에 주원장은 우왕을 진정한 공민왕의 후계자가 아니라고 의심했던 것이다.

어쨌든 명으로부터 뜻밖의 강경한 황제 조서를 받은 고려에서는 선택의 기로에 섰다. 주원장의 요구를 수용하여 관계 회복에 나서든지, 아니면 그 요구를 부당하게 여겨 거절하든지, 두 가지 중의 하나였다. 수용하려면 집정대신의 입조와 그 막대한 조공품 조달이 문제였고, 거절하면 군사적 응징에 대처해야 했으니 진퇴양난이었다.

태후까지 나선 대명외교

고려를 향한 명 태조 주원장의 강경한 태도가 있은 후에도 북원에서는 계속 고려에 사신을 보내온다. 1379년(우왕 5) 6월 연호를 '천원天元'으로 바꾸었음을 통보해왔다. 고려에서는 북원의 '선광' 연호를 폐지하고 명의 '홍무' 연호를 다시 채택했는데, 이를 아는지 모르는지 관계를 유지하겠다는 의지를 드러낸 것이었다. 고려에서도 바로 그해 7월 개원을 축하하는 답례 사신을 북원에 보냈다. 명의 강경한 태도를 확인했지만 고려에서도 북원과의 관계를 완전히 끊지는 않겠다는 뜻이었다.

하지만 명에서는 이런 정황을 모르지 않았다. 그해 8월 명의 요동도지휘사사遼東都指揮使司에서 고려의 도당에 문서를 보내와 이 문제를 힐난한 것이다. 그 내용은, 북원이나 나가추와 교섭하지 말 것을 압박하면서 그들의 사신이 들어오면 붙잡아 압송하라는 것이었다. 명에서는 고려가 북원과 계속 교류하고 있음을 모두 알고 있었다는 얘기였다.

요동도지휘사사는 명·고려·북원 3국이 인접한 전략 지역을 관할하는 지방관청으로 몽골 제국 시절의 요양행성에 해당한다. 명에서는 몽골 제국이 쇠퇴한 후 처음에 요양에 정료위를 설치하여 군사 전략적인 기지로 삼았다. 이후 1375년(우왕 1) 이 정료위를 확대 개편하여 요동도지휘사사를 설치하는데 그 관할 범위가 동쪽으로 압록강, 서쪽으로 산해관, 남쪽으로 요동반도의 끝 여순, 북쪽으로 개원(심양 위쪽)까지였으니 현재 중국의 랴오닝성 범위와 대강 일치한다.

요동도지휘사는 본래 정료위가 지니고 있던 군사 전략적인 기능에 지방 행정 관청의 기능을 겸한 것으로 볼 수 있다. 그 중심 치소는 정료위와 일치했을 것이다. 고려에서 명과의 관계를 회복하고 교섭하기 위해서는 반드시 이곳을 거쳐야 했고, 명의 조정과는 별개로 요동도지휘사의 책임자에게 사신을 파견하기도 했지만 먹혀들지 않고 있었다. 그러니까 요동도지휘사에서 고려의 도당에 문서를 보내온 것은 명의 지방 관청이 고려 정부를 상대로 힐난한 것이었다.

요동도지휘사의 힐난에 대해 고려에서 어떤 반응을 보였는지는 나타나 있지 않다. 하지만 북원과의 교섭이 조심스러웠을 것이다. 그런 염려 때문이었는지 힐난을 받은 지 두 달이 지난 그해 1379년(우왕 5) 10월 명에 문하평리(정2품) 이무방李茂方과 판밀직사사(종2품) 배언裵彦을 사신으로 파견한다. 공민왕에 대한 시호와 우왕의 왕위 승인을 다시 요청하는 진정표를 올리는 것이었다.

이때 명에서 요구했던 조공품도 갖추어 보냈는데, 금 31근 4냥兩, 은 1천 냥, 백세포와 흑세포 각 5백 필匹, 잡색마 5백 필이었다. 명에서 요구했던 세공에는 턱없이 부족한 양이었다. 그래서 앞으로 세공을 축소해줄 것도 아울러 진정표를 통해 요청했다. 명의 요구에 최선을 다해 부응한다는 뜻을 보이면서 강경한 명의 태도를 누그러뜨리는 것으로 보인다.

그런데 이때의 진정표는 우왕과 명덕태후의 이름으로 올리는 두 가지가 있었는데 특이하게도 우왕의 진정표보다는 태후의 이름으로 올리는 진정표가 중심이었다. 두 진정표는 이색이 작성한 것으로 우왕의 진정표는 간략한 것이었지만 태후의 그것은 장문의 간절한 내용이었다. 우왕의 진정표에는 태후의 명을 받들어 국사를 임시 처리하게 되었다고 언급했는데, 이는 명에서 집정대신의 조회를 요구하자 이인임 정권이 이를 회피하기 위해 태후를 앞세운 것이었다.

명덕태후의 진정표에서는 주원장에게 여러 현안 문제를 자세하게 해명하고 또 현실적인 어려움을 요청하였다. 문장은 저자세로 간곡한 내용이었지만 요점만 간추려서 제시하면 이런 것이었다.

① 공민왕은 천명을 알고 일찍이 명에 귀부했는데 그가 죽은 것은 특별한 변고 때문이 아니라 갑작스럽게 죽은 것뿐이다. ② 명사 살해 사건은 공민왕의 죽음을 듣고 심왕을 세우기 위해 김의가 저질렀던 일로 본국이 결코 간여하지 않았다. ③ 공민왕에 대한 시호와 우왕의 왕위 계승에 대한 승인은 요청한 지 여러 해가 되었는데 아직도 답이 없어 기다리고 있다. ④ 집정대신의 조회는 왜구 등 국난이 많아 자리를 비울 수 없으니 가기가 힘들다. ⑤ 요구한 조공 물품은 생산되지 않거나 생산량이 적어 양을 채우기 어렵고, 말 같은 경우는 호마胡馬는 적고 대부분 조랑말 같은 향마鄕馬여서 그 수를 맞추기가 어렵다.

①과 ②는 명에서 의심하고 있는 두 사건을 해명하는 것이었지만 어쩌면 이는 논리적인 설명으로 설득될 일이 아니었다. 두 사건이 연달아 일어나면서 명으로서는 개인적인 일탈이나 우연한 사건으로 보기 어려웠기 때문이다. 게다가 그 두 사건 직후 고려에서는 북원과 관계 개선을 이루었기 때문에 더욱 의혹을 증폭시켰다고 보인다.

③은 고려에서 명에 요청하는 외교의 궁극적인 목표였다. 이것만 이루어진다면 명과의 관계는 예전대로 회복되는 것이다. 태후는 진정표의 말미에서 죽음을 눈앞에 둔 노구의 82세라는 자신의 나이까지 거론하여 안심하고 죽기를 기다린다면서 주원장에게 간절하게 호소하고 있었다. 외교에 이런 감정 어린 호소가 통할지 모르겠지만 읽기가 민망할 정도다.

명에서는 ③의 문제를 손에 쥐고서 집정대신의 조회와 과도한 조공을 요구하며 압박하고 있었다. 명의 이러한 압박은 이인임 정권에 가장 큰 부담이었다. 하지만 고려에서는 ④에서 집정대신의 조회는 왜구 등 국난을 핑계로, ⑤에서 과도한 조공은 현실 여건을 들어 이에 부응하지 못한다고 한 것이다. 명에서 이를 어떻게 받아들일지 문제였다.

위와 같은 내용의 진정표와 조공품을 갖추고 들어간 사신 이무방 등은 등주(산동성)까지 갔다가 이듬해인 1380년(우왕 6) 2월 되돌아오고 만다. 사신 일행이 요동도지휘사에서 퇴짜를 맞은 것이다. 조공이 약속과 같지 않고 집정대신이 직접 오지 않았다는 이유였다. 명덕태후는 이들 사신이 환국하기 전인 그해 1월 죽어 자신의 진정표가 무위로 끝났음을 알지도 못했다.

그 직후 북원에서는 사신을 보내와 우왕을 태위太尉로 임명하는 선명宣命을 내리는데 우왕은 교외까지 나가 사신을 맞이했다. 이에 고려에서는 그해 3월에는 문천식을 답례 사신으로 북원에 보내 하례하고 책명에 사은한다. 북원의 처지에서는 고려를 끝까지 붙잡고 싶어 그랬을 것이다. 하지만 고려의 처지에서도 명과 관계 회복에 진전이 없는 상태에서 북원과 관계를 쉽게 단절하기는 어려웠던 것이다.

고려 사신을 거부한 명

명덕태후의 진정표를 들고 간 사신이 퇴짜 맞고 되돌아온 직후인 1380년(우왕 6) 4월, 다시 명에 사신을 파견했다. 이번 사신은 황제 주원장에게 보내는 것이 아니라 요동도지휘사에 보내는 사신이었다. 앞선 사신이 요동에서 거절당하고 되돌아왔기 때문에 그게 우선 필요하다고 판단했던 것 같다.

사신으로 파견된 자는 주의였다. 주의는 앞서 언급했듯이 자신의 딸이 태조 주원장의 비첩으로 들어간 자로서 이보다 2년 전에도 명에 사신으로 다녀온 경력이 있었다. 명의 강경한 태도로 막힌 교섭을 뚫기 위해 그를 특별히 선발했을 것이다. 주의가 요동도지휘사에 전달하는 서첩의 내용은 이런 것이었다.

① 명에서는 3년에 한 번씩 조빙하도록 이미 허락했는데 근래에 통하지 못하고 있다. ② 이는 손내시孫內侍 살해와 김의의 반역 사건을 본국에서 저지른 것으로 판단해서 그런 것 같은데, 손내시 살해는 본국의 소행이 결코 아니며, 김의는 북원으로 도망하여 환국하지 못하고 있으니 본국이 간여하지 않은 것은 확실하다. ③ 이전에 환국하는 심덕부와 함께 동반했던 명의 관리가 입경하여 우리 내정을 살폈다면 곡직이 밝혀졌을 것인데 들어오지 못했고, 이후 파견된 이무방도 중도에 되돌아와서 사정을 전달하지도 못했으니, 이러한 억울한 사정을 자세히 살펴 황제께 설명해주고 입조를 허락해주면 영구히 사대할 것이다.

①의 3년 1회 조공은 공민왕 때 태조 주원장이 결정하여 고려에 통보한 사항이었다. ②의 손내시는 공민왕 때 명의 사신을 따라 고려에 들어와 체류하던 중 의문의 죽음을 당한 자인데 명에서 다시 문제삼았는지 변명한 것이다. 이어서 김의에 의한 명사 살해 사건은 명과의 관계가 회복되지 못하는 근본 원인이라 판단하여 다시 언급한 것이었다. ③은 이전에 사신으로 파견되었던 심덕부와 이무방, 두 차례의 사행이 고려의 노력에도 불구하고 효과가 없었다고 안타까움을 표시한 것이다.

그런데 이런 내용의 서첩을 들고 간 사신 주의는 요동에서 체포 압송되어 그해 7월 남경의 어느 사찰에 유폐되고 만다. 유폐된 주의는 고려인 출신으로서 당시 명의 환관으로 있던 최안崔安을 통해 심문을 받으면서 주원장과도 직접 대면하여 고려의 간사함을 추궁당하기도 했다.

주원장의 추궁은 사대를 원하면서 왜 공물을 액수대로 보내지 않느냐는 것이었다. 이에 주의는 고려가 물산이 적고 백성이 가난하여 공물을 액수에 맞추지 못한 것뿐이라고 하였다. 이때 태조 주원장은 요동도지휘사에 명령을 내려, 고려에서 사신을 입경시켜 정탐하고 있으니 방비를 철저히 하고, 이후 약속을 이행하지 않는 고려 사신의 입경을 허락하지 못하게 하였다. 아울러 주의와 동반했던 고려 통역관을 환국시켜주는데, 그 통역관이 그해 8월 환국하면서 고려에 주원장의 뜻이 전달되었다.

주원장의 요구는 이랬다. 세공마는 이전에 이미 보낸 액수를 합쳐 1천 필을 마저 채워 보내고, 명년부터는 금 1백 근, 은 5천 냥, 포 5천 필, 말 1백 필을 매년 상례로 조공하라는 것이었다. 그리하면 명의 사신을 죽인 죄를 용서하겠다는 것이었다. 고려의 사신은 유폐되었지만 일단 고려의 뜻이 전달되었고 주원장의 구체적인 요구도 전달받았다는 점에서 조금은 의미를 찾을 수 있었다.

주원장이 사신을 죽인 죄를 용서하겠다는 것은 고려의 요구 사항인 친명사대관계를 회복시켜주겠다는 뜻으로 읽힌다. 앞서 요구했던 집정 대신의 조회에 대해서 다시 언급하지 않은 것은 한발 양보한 셈이었다. 여기서 주원장도 고려를 소원한 상태로 계속 방치하려는 뜻은 아니었다고 유추해볼 수 있다. 명의 처지에서도 북원이 아직 건재하고 있는 한 고려와 관계 회복이 필요했기 때문이다. 고려가 믿는 구석은 바로 그 점이었다.

주의가 남경에 억류되어 있는 동안 북원에서는 또 사신을 보내온다. 이때 나가추도 역시 사신을 보내오는데, 어쩌면 북원에서는 고려가 명에 접근하고 있다는 사실을 알고서 이를 견제하기 위해 그랬을 것이다. 고려 역시 이런 북원과의 교류를 계속하면서 명을 좀 더 적극적으로 끌어당길 수 있다고 판단하지 않았을까?

억류되었던 주의는 의외로 빨리 풀려나 그해 10월 환국했다. 이것도 긍정적인 신호였다. 문제는 매년 정기적으로 보내야 할 과다한 조공의 액수였다. 명이 요구한 과다한 조공이 고려의 진정성을 시험해보려는 막연한 목표인지, 아니면 관계 회복을 위해 반드시 지켜야 할 필수조건인지는 좀 더 두고 볼 일이다.

그런데 명에서는 왜 그렇게 말을 끈질기게 요구했을까. 말에 대한 명의 요구는 친명사대를 시작한 공민왕 때부터 과다한 액수였고 끈질기게 계속되었는데, 명의 사신이 귀국 도중 살해당한 직접적인 계기도 실은 그 말에 대한 과도한 요구 때문이었다. 그런 사건을 뻔히 알면서도 명에서는 왜 그런 요구를 계속했을까? 이는 전쟁 수행에 필요한 전마戰馬의 필요 때문이라고 보인다. 아직 북원이 건재하고 있으니 전쟁은 끝나지 않았던 것이다. 고려로부터 필요한 전마를 계속 조공받으며, 또한 고려를 그런 군수품의 배후기지로 묶어둔다면 일석이조의 효과를 얻을 수 있었을 것이다.

고려에서는 또다시 그해 1380년(우왕 6) 12월 문하찬성사(정2품) 권중화權仲和와 예의판서(정3품) 이해李海를 명에 파견한다. 권중화는 일찍이 공민왕 때 장사성에게 사신으로 파견된 적이 있었고 우왕이 즉위한 후에는 국왕의 사부를 맡기도 했던 인물이다. 이때 조공품으로 금 3백 냥, 은 1천 냥, 말 4백 5십 필, 포 4천 5백 필을 가지고 가는데 포를 제외하고 역시 주원장이 요구한 액수에는 부족했다. 어쨌든 공민왕 시호와 우왕에 대한 왕위 승인을 계속 요청하려는 것이었다. 하지만 안타깝게도 이번 사신도 요동도지휘사에서 조공품이 액수에 차지 않는다고 물리쳐 이듬해인 1381년(우왕 7) 3월 돌아오고 만다.

사신단 구성의 문제

고려에서는 사태가 심상치 않다고 판단했는지 1381년(우왕 7) 5월과 7월 서북면에 사람을 보내 정료위를 정탐하게 한다. 명에서 고려 사신을 연거푸 거절한 터라 적대적인 관계로 치달아 혹시 모를 군사적인 공격을 염려한 것이었다. 그러면서 다시 명에 사신을 파견하였다.

1381년(우왕 7) 10월 문하평리(정2품) 김유金庾를 신년을 축하하는 하정사로 파견했다. 이어서 11월에는 또 밀직사(정3품) 이해를 사신으로 보내 말 933필을 바치게 하였다. 하지만 이들 사신 모두 그해 12월 요동에서 또다시 입국을 거절당하고 되돌아오고 말았다.

김유는 공민왕 때 명에 사신으로 다녀온 경력이 있었다. 이보다 2년 전에는 최영을 비판하다가 유배당했던 인물인데 복귀하여 사신으로 발탁된 것이었다. 다음 장에서 살펴보겠지만, 이 무렵 경복흥이 제거되고 최영은 이인임과 협력체제를 이루며 최고권력자로 부상하고 있었다. 그리고 사신 이해는 바로 앞서 권중화와 함께 사신으로 갔다가 입국을 거절당하고 되돌아온 적이 있었다.

그렇게 세 차례의 사신이 연거푸 입국을 거절당하고 있었다. 《명태조 실록》에 의하면, 이때 태조 주원장은 요동도지휘사에 칙령을 내려 고려 집권자 이인임의 행위에 신중히 대처하고 조공이 약속대로 이루어지지 않으면 접수하지 말 것을 주문하고 있다. 주원장이 이인임의 이름까지 거론하며 신중한 대처를 주문한 것을 보면 이인임 정권을 신뢰하지 못했다는 생각이 든다.

태조 주원장은 고려가 북원과 관계를 계속 유지하고 있다는 것을 확실하게 인식하고 있었다. 그런 상황에서 특히 북원의 군사 요청에 대한 고려의 대응을 의심한 것이 결정적이었다고 보인다. 고려에서는 명과의 관계 회복에 진전이 없으니 북원과의 관계를 끊지 못하고, 명에서는 고려가 북원과 교류를 계속하고 있으니 관계 회복을 못해주고, 그런 애매한 상태가 계속되고 있는 것이다.

그런 상황에서 1382년(우왕 8) 2월 고려에서는 정료위의 공격에 대비하여 서북면에 군대를 파견했다. 요동도지휘사에서 계속 사신을 거절했으니 무력 공격에 대비하지 않을 수 없었던 것이다. 이어서 조공품 조달을 위한 임시 관청으로 반전도감盤纏都監을 설치하여 문무관리들에게 말과 저포를 징수하게 하였다. 명에서 요구하는 조공품의 액수를 채우기 위한 조치였다.

그리고 이해 4월 또다시 명에 사신을 파견하는데 이번에는 그 사신의 진용이 조금 특별했다. 사신단은 문하찬성사 김유, 문하평리 홍상재洪尚載, 지밀직(종2품) 김보생, 동지밀직(종2품) 정몽주, 밀직부사(정3품) 이해 등이었다. 이들은 홍상재를 제외하고 앞에서 사신으로 언급된 인물들이다. 홍상재도 공민왕 때 사신으로 명에 다녀온 경력이 있으니 이번 사신단은 모두 한 차례 이상 명에 다녀온 경력이 있었다.

그런데 이번 사신의 진용에서 눈여겨볼 점은 다른 데 있다. 사신 선발 과정에서 권력자에게 뇌물을 주고 사신을 기피하는 자가 있었다는 사실이다. 이 무렵 사신의 입국이 연거푸 거절되는 터라 누구도 사신으로 선발되는 것을 기꺼워하지 않았던 것이다. 자칫 잘못하면 억류될 수도 있었으니 충분히 그럴 만했다. 홍상재는 그렇게 뇌물을 바치고 기피한 어떤 자 대신 사신단에 포함된 것이었다.

이러한 사정을 감안하면 이번 사신단의 구성은 권력에 밉보였거나 최소한 권력에서 소외된 자들로 구성되었다는 것을 짐작할 수 있다. 이번뿐만이 아니라 명에 보내는 사신 선발은 이전에도 그런 경우가 많았다. 그 점을 보여주는 인물이 김유이다. 그는 권력자에 밉보여 유배 중에 있다가 명의 사신으로 선발되면서 관직에 복귀했는데, 이번에는 사신단의 대표로 다시 선발된 것이다. 유배 중에 처음 일본 사신으로 선발되었다가 이번에 명의 사신으로 선발된 정몽주도 비슷한 경우이다.

이인임 정권이 사신 선발을 그런 식으로 했다는 것은 분명 문제가 있었다. 이들이 사신으로서 능력이 부족해서가 아니라 명과의 관계 회복에 진정성이 부족했다고 볼 수 있기 때문이다. 사신으로 들어가 목적을 달성하면 좋고 실패하면 그 책임을 손쉽게 물어 다시 사신으로 보내는 일을 되풀이하였던 것이다. 이번 사신단의 대표인 김유는 이후에 또 사신으로 선발되어 그런 식으로 동원된 대표적인 인물이었다.

그렇게 구성된 이번 사신단은 조공품도 충분히 갖추어 가는데, 금 1백 근, 은 1만 냥, 포 1만 필, 말 1천 필이었다. 이 정도면 명에서 요구하는 액수에 대강 맞춘 것이었다. 하지만 이번 사행에서는 공민왕에 대한 시호나 우왕의 왕위 승인을 요청하는 표문이 없었다. 그러니까 이번 사행은 순전히 조공품의 액수를 맞추는 것에 목적이 있었던 것이다.

그런데 어쩌랴, 이번 사신도 요동에서 입국을 거부당해 그해 6월 되돌아오고 만다. 이쯤 되면 태조 주원장의 의도가 무엇인지 다시 생각할 필요가 있다. 조공품이 액수에 미치지 못해 계속 사신의 입국을 거절한 것은 핑계에 불과한 것이었다고 볼 수 있기 때문이다.

태조 주원장은 그해 5월 요동도지휘사에 다시 칙령을 내려 고려를 예의주시하라는 명령을 내리고 있다. 조공의 액수 문제를 거론하지 않은 것을 보면 명과의 관계 회복에 진전이 없는 이유가 조공 문제만은 아니라는 점은 확실하다. 관계 회복을 원하는 고려의 진정성에 근본적인 의문을 갖지 않았나 싶다. 하지만 고려의 처지에서는 여기서 명과의 관계 회복을 위한 노력을 포기할 수도 없는 노릇이니 외교적 난국이었다.

주원장의 고려 길들이기

그런데 이렇게 연거푸 고려 사신이 입경을 거부당하는 동안에 이인임 정권 내부에도 모종의 변화가 나타난다. 이인임과 최영이 1381년(우왕 7) 2월 문하시중과 수문하시중을 맡아 정치의 전면에 나섰다가 이듬해 5월 각각 수상과 아상을 갑자기 그만두고 물러난 것이다. 이인임 정권 내부에서 그럴 만한 배경이 있었지만 이런 외교적 난국에 대한 정치적 부담도 한 요인으로 작용했다고 보인다. 이인임 정권의 향방에 대해서는 장을 달리하여 뒤에 자세히 살펴보고자 한다.

그래도 명과의 관계 회복을 위한 노력을 계속해야 하는 것이 고려의 숙명이었고 이인임 정권의 숙제였다. 공민왕 시해와 명사 살해 사건이 두려워 한때 북원과 관계를 맺은 것이 이렇게 괴롭힐 줄은 이인임 정권의 누구도 몰랐을 것이다.

김유를 대표로 한 사신단이 요동에서 입국을 거절당하고 되돌아온 직후인 1382년(우왕 8) 7월, 다시 명에 유번을 사신으로 보냈다. 유번은 4년 전에도 사신으로 파견된 적이 있었던 인물인데, 이번 사행은 쉬운 편이었다. 그 목적이 주원장의 운남 평정에 대한 축하 사절이었기 때문이다. 축하 표문만 전달하면 그만으로 우왕에 대한 왕위 승인과 같은 특별한 요청이 없었고 그래서 조공도 필요가 없었던 것이다. 어려움이 없는 이런 사신에는 이인임 정권과 가까운 인물이 선발된 점도 재미있는 일이다.

하지만 문제는 여전히 남아 있었다. 가장 중요한 공민왕의 시호와 우왕의 왕위 승인을 아직도 받아내지 못했기 때문이다. 이를 위해 다시 그해 11월 정몽주와 판도판서(정3품) 조반趙胖을 파견한다. 이번 사행은 시호와 승인을 받기내기 위한 진정표를 주원장에게 올리려는 것이었다. 이게 몇 번째의 사신인지 헤아리기도 어렵다.

그런데 여기서 다시 의문이 하나 든다. 이인임 정권은 왜 그렇게 명으로부터 공민왕에 대한 시호와 우왕의 왕위 승인을 받아내려고 했을까? 한두 번도 아니고 번번이 사신을 퇴짜 맞으면서까지 말이다. 이미 북원으로부터 시호와 승인을 받았으니 자존심이 상해서라도 명에 대해서는 그렇게 목맬 필요가 없었을 것 같은데 말이다.

여기에는 분명한 두 가지 이유가 있었다고 본다. 하나는 이인임 정권이 지는 해인 북원을 붙잡고 정권을 유지하기 어렵다고 판단했을 수 있다. 즉 정권을 계속 유지하기 위해서는 뜨는 해인 명의 승인이 필수였던 것이다. 그럼 다시, 우왕 즉위 초에는 왜 북원과 관계를 맺었을까 하는 의문이 따라온다. 이 역시 그때는 그게 정권을 지키는 최선의 길이었기 때문이다.

또 하나의 이유는 명과의 관계 회복에 이인임 정권에 비판적인 인물들을 앞세워 책임을 지우기 위한 것이었다고 보인다. 그래서 성공하면 좋은 일이고 실패하더라도 그들에게 책임을 물을 수 있으니 크게 나쁠 것이 없었다. 이는 앞서 언급한 사신 선발과 관련된 문제인데 김유와 정몽주를 그런 사례로 볼 수 있다. 하지만 이런 이유는 본질적인 문제가 아니고 명과 관계 회복을 추진하는 과정에서 사신 선발을 그런 식으로 정치에 이용했다고 보는 것이 옳겠다.

명으로 들어간 사신 정몽주 일행은 다음 해인 1382년(우왕 8) 12월 요동에 도착했지만 역시 받아주지 않아 다음 해 1월 되돌아오고 만다. 가지고 간 예물만 받아들이면서 결국 입국을 거절당한 것인데, 한 가지 얻은 게 있었다. 태조 주원장이 요동도지휘사에 내리는 칙서를 직접 열람했던 것이다. 그 칙서에는 주원장의 속셈이 그대로 드러나 있었다. 재미있는 내용으로 요점은 이런 것이었다.

① 고려 국왕이 시해된 후 칭신 조공을 하겠다고 해서 여러 차례 사신을 물리쳤는데 멈추지 않고 있다. ② 이에 수년간 밀린 조공을 합산하여 바치라고 한 것은 그들을 우롱하고 모욕을 주려는 것이었다. ③ 고려는 은혜를 모르고 화를 지어내기 좋아하여 신복한다 해도 이익이 없을 것

이니 요동의 장수들은 그들과 교류하지 마라. ④ 수년간 밀린 조공 액수를 합쳐 하나로 만들어 칙명과 같이 시행하되 그 뜻이 성실치 못하면 들이지 말고 입경도 허락하지 말 것이며 스스로 깨우치도록 하라.

자기편끼리 하는 얘기여서 그랬는지 주원장은 ①과 ②에서 조공을 통해 고려를 통제하고 있다는 것을 솔직하게 드러내놓고 있다. 언뜻 보면 조공을 중요하게 여긴 것이 아닌 것처럼 읽히지만, ④에서 보듯이 밀린 조공을 모두 받아내는 것은 필수였고, 여기에 ③에서 언급한 고려에 대한 근본적인 불신을 바탕으로 고려의 성실한 태도까지 살피라는 것이었다. 조공의 액수야 숫자로 확인할 수 있겠지만 고려의 성실한 태도는 주원장의 자의적인 판단에 맡길 수밖에 없으니 이게 문제였다.

명에서는 수차례 입경을 불허하면서도 고려에서 보낸 조공 액수는 파악했던 것으로 보인다. 그래서 이제는 조공 액수를 채우는 것은 당연한 것이고 고려를 신뢰할 수 없다고 입국을 거부하고 있으니 그 횡포가 이만저만한 것이 아니었다. 이는 결국 고려를 고분고분하게 말 잘 듣는 변방으로 길들이겠다는 주원장의 심보를 그대로 드러낸 것이었다.

그런데 정몽주가 요동에서 입국을 거절당한 직후인 1383년(우왕 9) 1월에 요동도지휘사에서 고려에 통첩을 보내왔다. 통첩의 내용은, 고려가 나가추와 화친을 계속하는 것을 문제삼으면서 나가추가 보낸 그 사신을 사로잡아 보내라는 것이었다. 명의 요동도지휘사에서는 어떻게 알았는지 나가추가 고려에 사신을 파견했던 사실을 알고 있었던 것이다.

명의 주원장이 고려에 대한 불신을 떨치지 못한 것은 바로 이런 문제 때문으로 보인다. 고려에서는 나가추와 멀리하려고 했지만 그 나가추가 일방적으로 사신을 보내온다면 고려의 처지에서는 어쩔 수 없었다.

그 사신을 처단하거나 사로잡아 명에 보내는 극단적인 처방을 내리기에는 또 다른 부담이 따랐을 것이다. 이런 속에서 주원장의 불신은 해소될 수 없었다. 어쩌면 나가추는 명과 고려 사이의 그런 틈새를 노리고 관계 회복을 훼방하기 위해 사신을 보내왔을 것이다.

이성계의 '안변책'

그런데 명에 파견했던 사신들이 연거푸 거절당하는 속에서 동북면의 정세가 심상치 않게 변하고 있었다. 1382년(우왕 8) 1월 요동의 호발도胡拔都가 군사 1천을 거느리고 압록강을 넘어 침략한 것이다. 여기 호발도는 여진족 출신 무장으로서 이전에도 변경을 자주 어지럽히던 자였다.

왜구의 침략이 끊임없이 계속되는 속에서 이런 변경의 침략은 정치 불안을 가중시키고 있었다. 명과의 관계 회복이 벽에 부딪힌 상황이라 그랬는지 호발도의 침략을 고려에서는 정료위의 공격으로 여겨 바로 서북면에 군대를 파견했다. 호발도의 침략은 명과는 상관없는 일이었지만 요동에서 사신 입국을 거부당하면서 이를 대비한 것이었다.

그리고 그해 7월 이성계를 동북면 도지휘사에 발탁하여 호발도의 침략에 대비하게 했다. 함경도 지역의 동북면은 이성계의 군사적 기반이 탄탄한 지역으로 이성계의 군대를 활용하기 위한 것이었다. 아울러 이는 고려 정부에서 동북면 지역에 근거하고 있는 이성계의 군사적 기반을 공식적으로 인정한 셈이었다. 그 군사적 기반은 이성계의 선대부터 동북면에서 인연을 쌓아 사병적인 성향이 강한 군대로 아버지 이자춘

李子春으로부터 물려받은 것이었다.

이성계의 아버지 이자춘은 몽골 제국 관할인 쌍성(함경 영흥)에서 천호千戸로 있던 중 1355년(공민왕 4) 고려왕조에 귀부하여 공민왕의 큰 환대를 받았는데, 이때 이성계는 21세였다. 아버지 이자춘은 고려에 귀부한 후 쌍성총관부를 수복하는 데 협조한 공로로 고려의 중앙 관직을 받았지만 생애 대부분을 동북면에서 보냈다. 공민왕 시대 이성계 역시 아버지의 군진에 소속되어 주로 동북면에 머문 탓인지 변방의 장수로서 크게 두드러지진 않았다.

이자춘이 1361년(공민왕 10) 죽으면서 이성계의 군사 활동이 시작되는데 아버지로부터 물려받은 군사적 기반이 중요한 근거였다. 이성계의 서형庶兄으로 이원계李元桂가 있었지만 별다른 군사 활동이 없는 것으로 보아 아버지의 군사적 기반은 온전히 이성계에게 넘어간 것으로 보인다. 이성계가 사병 같은 군대를 기반으로 크게 승첩을 올린 전투가 왜구와 맞서 싸운 1380년(우왕 6) 9월의 운봉(전북 남원)전투였다.

이 운봉전투에 대해서는 뒤에 자세히 살필 예정이지만, 한 가지만 강조하자면 이 운봉전투에서 승리하면서 이성계는 고려 중앙 정계에 무장으로서 깊게 각인되었다. 하지만 운봉전투 이후에도 이성계는 크게 주목할 만한 활동이 없었다. 장수로서 이미 명망을 세웠지만 중앙 정계에는 아직 충분한 기반을 마련하지 못했기 때문이다. 그런 이성계를 동북면 도지휘사에 임명한 것이니 그 의미가 컸다.

1383년(우왕 9) 7월에는 요양과 심양의 초적들이 단주(함남 단천)를 침략하자 그해 8월 조인벽趙仁璧을 동북면 체찰사로, 한방언韓邦彦을 동북면 상원수로 삼아 다시 변경을 방비하게 하였다. 여기 조인벽은 이성계의 매부가 되는 인물이고 한방언은 여러 차례 왜구 방어에 나섰던 인물이다. 한방언을 동북면 상원수로 삼은 것은 변경의 불안에 대한 대비를 보강하려는 뜻도 있었지만 동북면 도지휘사에 임명된 이성계를 견제하려는 목적도 있었다고 보인다.

호발도가 길주(함북) 지역을 침략하자 이성계는 모친 상중에 있던 이두란李豆蘭을 불러들여 전투에 나섰다. 이 전투에서 이성계는 이두란과 함께 힘을 합쳐 호발도가 겨우 몸만 빠져 도망칠 정도로 큰 승첩을 올렸다. 이두란은 여진인으로 그의 아버지는 이자춘과 마찬가지로 몽골의 변방 장수 출신이었다. 이두란은 이자춘이 죽은 후 이성계를 섬겨 그 마하에 소속되었는데 운봉전투에서도 이성계와 힘을 합쳐 승첩을 올린 적이 있었다.

주목할 점은 길주에서 호발도를 물리친 직후인 1383년(우왕 9) 8월에 이성계가 '안변책', 즉 변방을 안정시키는 계책을 중앙에 올렸다는 사실이다. 그 계책은 이런 내용이었다.

① 동북면은 여진과 몽골, 요동과 심양의 지역과 연결된 지역으로 국가의 중요한 요해지이다. ② 평상시에 군사를 훈련시켜 유사시에 대비해야 한다. ③ 군사의 생명은 양식인데 이 지역의 무뢰배들이 중앙의 권세가와 연결되어 백성을 착취하니 이를 금지해야 한다. ④ 이 지역은 땅이 좁고 척박하지만 오직 화녕(영흥) 지역이 넓고 풍요한데 권세가와 연결된 아전들이 탈점하여 지세를 거두지 못하니, 토지의 많고 적음에 따라 과세를 공평히 하여 백성들을 안정시켜야 한다. ⑤ 3가家를 1호戶, 1백 호를 1통統으로 정해서 통주統主는 동북면 도지휘사의 군영에 소속시키고, 3가는 돌아가며 차례로 군역에 복무하도록 하자. ⑥ 권세가에

의탁한 수령을 발탁하지 말고 공정하게 선발해야 한다.

이 안변책은 동북면 도지휘사로서 이성계가 자신이 관할하던 동북면 지역에 한정해서 올린 계책이었다. 하지만 전국 5도 어디에나 확대 적용할 수도 있는 방책이었다. 지방의 한 장수로서 전국을 대상으로 한 방책을 올리기에는 자신의 위치가 적절하지 않았지만 충분히 주목을 받을 만한 내용이었다.

특히 ⑤와 같은 군호軍戶의 개편은 왜구의 침략이 끊임없이 계속되는 상황에서 동북면뿐만 아니라 당장 전국에 실시할 필요가 있는 계책이었다. 또한 이런 군호 편제는 병농일치兵農一致를 기반으로 한 의무병제로서 상비군체제를 편성하자는 것이니 꼭 필요한 제안이었다. 다만 이는 이성계 자신의 군사적 기반을 크게 확대하려는 계책으로 볼 수도 있다. 이성계 자신의 사병적 집단에 이런 군호 편제가 더해진다면 이성계로서는 날개를 다는 격이었다.

안변책에서 또 하나 눈에 띄는 부분은 ③과 ④와 ⑥에서 지방 세력가와 중앙의 권세가를 관련시켜 중앙의 정치를 은근히 비판하고 있다는 점이다. 이는 이성계가 변방의 한 장수였지만 중앙의 정치를 주목하고 있었다는 사실을 말해준다. 이 안변책에 대해 중앙에서 어떤 반응을 보였는지는 확인되지 않지만 동북면 도지휘사로서 이성계가 중앙 정치 무대에 정식으로 이름을 올린 것이었다.

이성계와 정도전, 정몽주

그런데 이 안변책을 올리기 직전에 정도전이 이성계의 동북면 군영으로 찾아갔다는 사실을 놓칠 수 없다. 이 무렵 이성계와 정도전은 아직 만난 적이 없는 사이였다. 정도전의 처지에서는 신흥 무장으로서 이름을 날린 이성계의 이름 정도는 알고 있었을 것 같지만 이성계로서는 정도전의 이름도 몰랐을 것이다. 궁금한 문제는 그런 정도전이 어떻게, 그리고 왜 이 시기에 이성계를 찾아갔는가 하는 점이다.

정도전은 북원의 사신을 맞이하는 것에 반대하다가 1375년(우왕 1)에 나주로 유배당했다는 언급을 앞에서 했었다. 3년 정도 나주에서 유배 생활 후 영주(경북)로 낙향하여 다시 4년을 보내고, 이 무렵에는 삼각산에 은거하며 학문과 후학 양성에 힘쓰고 있었다. 그런 그가 갑자기 함경도의 이성계를 찾아간 것이다.

그런데 정도전이 이성계를 찾아간 그 무렵, 거의 같은 시기에 정몽주가 동북면 도지휘사 이성계의 조전원수로 참전한다는 사실도 주목할 필요가 있다. 호발도의 침략을 막는 조전원수 자격이었으니 정도전이 이성계를 찾아가기 직전이었을 것으로 짐작된다. 어쩌면 정몽주가 동북면의 이성계 군영에 아직 머물고 있던 때에 정도전도 그곳을 찾았을지도 모른다.

정몽주는 이전에 이성계의 운봉전투에서도 조전원수로 참전한 적이 있었다. 조전원수는 말 그대로 전투를 지원하는 장수인데, 정몽주가 두 차례나 이성계의 조전원수로 참전했던 것은 우연이 아니라 이성계의 추천과 발탁 때문이었다. 이는 이성계와 정몽주가 이전부터 상당히 우호적인 관계를 맺고 있었음을 말해주는 것이다.

그리고 정몽주와 정도전은 공민왕 때부터 잘 아는 사이였다. 이색이 성균관의 장관으로 있을 때 이 두 사람은 김구용·박상충·이숭인 등과 함께 교관으로 참여했기 때문이다. 더 중요한 사실은 이인임이 집권한 후 이 두 사람이 성균관 교관으로 참여했던 다른 이들과 함께 북원과의 관계 개선에 강력하게 반대했고, 그 일로 유배까지 당했다는 점이다. 이는 정도전과 정몽주가 정치노선에서도 정확히 일치했다는 것을 뜻한다. 말하자면 정도전이 이성계를 찾아간 것은 정몽주의 소개나 주선이 있었기에 가능했다는 얘기다.

그럼 정몽주는 왜 하필 이성계와 정도전을 연결시켜주었을까? 수많은 무장들이 있었는데 말이다. 이성계는 무장이었지만 중앙 정계에서 소외되어 있었다. 이는 이인임 정권이 이성계의 동북면 군사력을 경계한 탓이 크지만 꼭 그런 이유만은 아니었다. 더 중요한 이유는 이성계의 정치적 성향 때문이었다. 다른 무장들과 달리 이성계는 이인임 정권에 동참할 수 없는 분명한 배경이 있었다.

당시 정치 상황에서 가장 중요한 문제는 외교노선이었다. 이인임 정권이 여러 반대를 무릅쓰고 북원과 관계 개선을 시도하면서 등장한 외교노선은 뜨거운 정치적 이슈였다. 북원과의 관계 개선 문제인데 이게 정치적 성향을 가늠하는 가장 중요한 잣대였다. 이와 관련해서 이성계의 정치적 성향은 이때까지 분명하게 드러나지 않았지만 그의 출신을 참고하면 충분히 짐작할 수 있다.

이성계는 도저히 북원과 관계 개선을 지지할 수 없는 처지였다. 왜냐하면 그의 선대는 몽골 제국의 변방 장수들이었지만 그의 아버지 이자춘은 제국의 쇠퇴를 틈타 고려에 귀부했기 때문이다. 고려왕조의 관점에서 좋게 표현해서 귀부이지 몽골 제국으로서는 분명한 배신이었다. 그런 이성계가 다시 친원적인 외교노선을 따른다는 것은 자신의 기반을 부정하는 일이었던 것이다. 이성계는 불가피하게 반원노선으로 갈 수밖에 없는 처지였다고 할 수 있다.

따라서 이성계가 북원과의 관계 개선을 지향하는 이인임 정권에 참여할 수 없었던 것은 너무나 당연한 일이었다. 무장들 거의 대부분이 이인임 정권을 추종했으니 이성계는 소외될 수밖에 없었다. 이인임 정권에 맞서 친명사대를 주장하다가 유배까지 당했던 정도전과 정몽주는 그런 이성계를 주목했던 것이다. 이성계를 먼저 주목한 것은 정몽주였고 이후 정도전을 이성계에 연결시켜준 것이 아닌가 한다. 이성계의 처지에서도 이를 마다할 이유가 없었다.

이성계가 동북면에서 안변책을 올린 무렵 정도전이 그 군영에 있었다면 이 안변책에는 정도전의 생각이 반영되었을 개연성도 있다. 그렇다면 이 안변책은 가벼이 볼 수 없다. 그 내용은 차치하고 이런 글을 중앙에 올릴 때 이성계의 곁에 정도전이 존재했다는 그 자체가 중대한 의미를 지니는 것이다.

정도전은 동북면 함주의 군영에서 잘 조련된 군사를 보고 이성계와 이런 대화를 나눈다. 이성계로서는 이름도 몰랐던 재야의 선비인 정도전을 경계한 기미도 어렴풋이 느껴진다.

정도전: 훌륭합니다. 이런 군사를 가지고 무슨 일인들 못하겠습니까?
이성계: 무슨 말입니까?

정도전: 동남쪽의 왜구를 충분히 격퇴할 수 있다는 말입니다.

이성계의 군영에서 정도전에게 제일 먼저 눈에 들어온 것은 그의 군사였다. 최영을 비롯한 대부분의 무장들이 이인임 정권을 추종하는 속에서 독불장군 같은 이성계의 군사력은 정도전의 처지에서 특별한 정치적 상상력을 불러일으켰을 법하다. 이성계가 그 말을 의미심장하게 듣고 정도전의 속마음을 탐색했다면 이성계로서도 새로운 길을 모색하는 계기가 되지 않았을까?

그게 10년도 지나지 않아 현실이 되었으니 이는 역사적인 만남이었다고 할 수 있다. 이성계는 이때 49세였고, 정도전은 42세였다.

이인임을 폭로한 사신 김유

길주에서 이성계가 호발도의 침략을 물리친 직후인 1383년(우왕 9) 8월, 고려에서는 다시 명에 사신을 파견한다. 문하찬성사 김유에게 태조 주원장의 생일을 축하하는 성절사로 삼아 공민왕의 시호와 우왕의 왕위 계승 승인을 요청하게 하였다. 아울러 밀직부사 이자용李子庸에게는 태후의 생일을 축하는 천추사로 삼아 파견했다.

이번 사신단의 대표인 김유는 벌써 세 번이나 명에 파견되고 있었다. 또한 이번 사신단은 요동에서 연거푸 입국을 거절당하자 육로를 피하고 해로를 통해 들어갔다. 해로를 통해 들어가서 그랬는지 이번 사신단은 명의 수도 남경에 도착하는 데는 성공한다. 하지만 사신 김유와 이자용 등은 대리(운남성)에 유배되고 말았다.

사신단을 수행했던 통역관이 그해 11월 먼저 환국하면서 사정이 알려지게 되었는데, 사신단이 기일을 맞추지 못했다고 하여 명에서 법사의 치죄를 받고 유배당한 것이었다. 해로가 험난하여 지연된 것인데 명에서는 이런 사정을 전혀 고려하지 않았다. 그 통역관은 환국하면서 주원장의 뜻을 받아 적은 자문咨文을 가지고 왔는데 이런 것이었다.

① 축하하는 사절로서 정성은 있다고 여기지만 기일이 지나서 도착했으니 심한 모욕이다. ② 이제 군신관계를 원했으니 사대의 정성을 다해야 할 것이다. ③ 보낸 조공은 받지 않을 것이며 지난 5년 동안 다 하지 못한 조공으로 말 5천 필, 금 5백 근, 은 5만 냥, 베 5만 필을 한꺼번에 바친다면 성의를 인정하고 군대의 파견을 멈출 것이다.

이 자문 내용에 의하면 태조 주원장은 다시 조공을 중점으로 문제삼고 있다. 앞서 정몽주가 요동에서 입국을 거절당하고 돌아왔을 때의 주원장의 칙서와는 느낌이 좀 다르다. 그 칙서에 의하면 조공 액수를 채우는 것은 당연한 것이고 고려에 대한 불신을 중점으로 문제삼았는데, 이번에는 느닷없이 5년간 다하지 못한 조공 액수를 한꺼번에 바치면 성의를 인정하겠다는 것이다. 주원장의 고려에 대한 판단 기준이 일관성이 없어 보인다.

사정은 이러했던 것 같다. 그동안 수차례 명에 파견했던 사신은 모두 요동에서 입국을 거절당하여 주원장을 대면하지 못했었다. 그러니까 이번 사신은 1378년(우왕 4) 10월에 파견했던 심덕부와 김보생 이후 5년 만에 태조 주원장을 직접 대면한 사신이었다. ③에서 지난 5년 동안의 조공을 한꺼번에 보내라는 말은 바로 그 때문이었다. 그러니까 주원장은 요동에서 입국을 거절당했던 수차례의 고려 사신에 대해서 그 정성을 조금은 수용한 것으로 보인다. 그래서 5년간 밀린 조공을 바치면 정성을 인정하겠다고 한 것이다.

사신 김유 일행은 유배되고 그 통역관이 환국한 직후인 1383년(우왕 9) 11월, 고려에서는 다시 명에 사신을 파견한다. 홍상재와 주겸에게 신년을 축하하는 하정사로 보낸 것이다. 명과의 관계 회복이 난감한 상태였지만 친명사대의 예는 소홀히 할 수 없었던 것이다. 홍상재와 주겸은 앞서도 사신으로 파견된 적이 있었던 인물인데, 역시 육로가 아닌 해로를 통해서였다.

그런데 사신 김유 일행이 명에서 유배당하기 전에 태조 주원장의 심문을 받는 과정에서 이인임에게 민감한 문제가 발생한다. 김유는 주원장으로부터 두 가지 문제의 심문과 힐난을 받았다. 하나는, "너희 나라가 짐의 사신을 죽이고 또 너희 임금을 죽였는데 그 권신이 누구냐?"라는 것인데, 이에 김유는 이인임이라고 대답해버린다. 또 하나는, "전왕에게 아들이 없다는 것을 짐이 아는데 지금 왕은 누구의 아들이냐?"라는 질문이었다. 김유는 여기에 대해서는 아무 답변도 하지 않았다.

태조 주원장은 고려의 국정을 장악한 인물이 이인임이라는 사실은 이미 알고 있었지만, 이인임이 명의 사신을 죽였다는 사실을 고려 사신 김유의 입을 통해 확인한 것은 이게 처음이었다. 그런 김유가 우왕의 출생에 대해서는 입을 다물었다. 긍정도 부정도 하지 않은 것으로 보인다. 이는 김유가 이인임에 대해서는 반감을 드러냈지만 우왕에 대해서는 말을 아낀 것이다.

문제는 이런 김유의 언행이 고려에 알려지게 되었다는 점이다. 사신단의 일행 속에는 통역관도 있고 잡일을 담당하는 노비도 있었는데, 그 노비 중에는 이인임의 가노가 있었다. 그 가노가 환국하여 이인임에게 그 사실을 알린 것이다. 이인임은 자신의 가노를 사신단에 포함시켜 그런 식으로 사신들의 언행을 감시케 했던 모양이다.

사신 김유 일행은 주원장의 심문과 법사의 엄한 추궁을 받은 후 대리로 유배되었다. 국문 과정에서 사신단의 일원이었던 손용진孫用珍은 끝까지 자복하지 않아 죽음을 당하기도 했다. 이를 보면 사신 김유 일행에 대한 명에서의 국문이 매우 가혹했고, 더불어 태조 주원장이 고려를 대하는 태도가 결코 녹록치 않았다는 사실을 알 수 있다.

사신 김유 일행은 유배에서 풀려나 1385년(우왕 11) 4월에야 돌아왔다. 김유 일행이 돌아오면서 한 가지 소득은 있었다. 태조 주원장이 앞으로 고려의 조빙을 허락하겠다고 한 것이다. 여기에는 그 뒤에 명의 사신으로 파견된 정몽주의 기여가 컸는데 이에 대해서는 뒤에 살필 것이다. 김유 일행이 돌아오면서 사신의 일원이었던 이자용은 환국 도중에 죽었고, 김유의 뒤를 이어 하정사로 파견되었던 홍상재와 주겸도 이때 함께 환국하는데, 홍상재는 해적을 만나 소지품을 약탈당하기도 했다. 바닷길을 통한 사신은 그런 위험도 동반하고 있었으니 대명외교는 이래저래 험난한 과정이었다.

김유는 환국한 후 이인임을 거론한 그 답변이 알려지면서 국문을 당한 후 그해 5월 청주로 유배되었다. 죽임을 당하지 않은 게 다행인데, 어쩌면 우왕의 비호가 작용하지 않았나 싶다. 김유가 이인임 정권에는 밉보였을지 모르겠지만 우왕으로부터는 멀고 험한 사행과 유배에 대한 노고를 칭찬받고 포상까지 받았던 것에서 그런 짐작을 하게 한다.

하지만 김유는 1386년(우왕 12) 1월 결국 죽임을 당했다. 가산을 적몰 당하고 다시 순천으로 유배되는 도중에 죽었는데 이인임의 사주를 받은 압송관에 의한 짓이었다.

행례사 김구용

사신단 김유 일행이 바닷길을 통해 명으로 들어간 두 달 뒤인, 1383년(우왕 9) 10월 이성泥城(평북 창성)의 한 장수가 요동도지휘사 책임자의 말을 받아 특별한 보고를 했다. 몽골이 고려에 사신을 보내 함께 요동을 치려 했다고 하면서, 요동도지휘사의 수군과 몽골의 군대가 전투를 벌였다는 것이었다. 이어서 요동의 수군 수천 척이 고려를 공격하려고 출동했으나 먼저 몽골 군사의 공격을 받고 그만두었다는 것이었다.

명과의 관계 회복이 벽에 부딪히면서 고려에서는 정료위의 무력 공격을 염려하여 요동 지역을 주시하고 있었다. 그 임무를 맡은 장수의 보고인데 미심쩍은 부분이 많다. 특히 고려와 몽골이 연합하여 요동을 공격하려 했다는 것은 사실이 아닌 의심 수준의 일로 보인다. 명의 수군이 몽골 군대의 공격을 받고 물러났다는 것도 이상하다.

여기에, 1384년(우왕 10) 1월에는 요동의 군사 1백여 기가 강계(평북)를 침략하는데, 요동의 군사라면 요동도지휘사에 소속되어 있던 명의 군대가 분명하다. 이들의 무력 공격을 염려하여 고려에서는 항상 주시하고 있었지만 지금까지 침공을 감행하지는 않았었다. 비록 소수의 군사지만 이때 처음 침략을 한 것인데, 요동도지휘사의 동태가 심상치 않은 것이다.

요동도지휘사에서는 고려를 만만하게 보고 있었다. 요동도지휘사를 책임지는 자는 총병관總兵官과 지휘사指揮使가 있었는데, 총병관은 군사를 책임지는 것 같고 지휘사는 행정을 책임지는 자로 보인다.《명태조실록》에는 요동도지휘사의 책임자로서 이 무렵 반경潘敬과 엽왕葉旺의 이름이 언급되고 있는데 누가 지휘사이고 누가 총병관인지 잘 구분이 안 되지만, 이들 책임자들이 태조 주원장의 명을 받아 요동에서 고려의 입경을 통제하고 있었던 것이다.

그런데 고려는 명과의 교섭을 위해서 요동도지휘사를 거치지 않으면 안 되었다. 요동도지휘사의 책임자나 관리들은 이런 기회를 이용하여 고려 사신에게 위세를 부리고 때로는 사적인 인사치례를 은근히 요구했다. 주원장은 요동도지휘사를 통해 고려 사신들의 입경을 통제하고 있었기 때문에 고려에서는 이들의 사적인 요구를 마냥 묵살하기도 곤란했다.

요동의 군대가 강계를 침략한 직후인 그해 1월에 판전교시사(정3품) 김구용金九容을 요동에 파견하는데, 이는 요동의 그런 은밀한 요구에 부응하려는 것이었다. 김구용을 행례사行禮使로 삼아 백금 1백 냥과 저마포 50필을 주어 요동에 보낸 것이다. 가지고 간 물품은 조공품이 아니고 순전히 요동도지휘사의 관리들에게 바치는 로비용 뇌물이었다.

행례사로 선발된 김구용은, 여몽연합군에 의한 제주도 삼별초 진압과 일본원정 당시 고려 측 원수로서 동아시아 전장을 누비고 이후 수상을 역임했던 유명한 김방경金方慶의 4대손이다. 김구용은 공민왕 때 16세의 나이로 진사에 합격하고 시문을 잘 지어 왕의 사랑을 받았는데,

우왕 초에는 북원의 사신을 맞는 것에 반대하다가 정몽주·이숭인 등과 함께 유배당했던 인물이기도 하다. 7년 만에 유배에서 풀려나 관직에 복귀했는데 이번에 로비 임무를 띤 이상한 사신으로 선발된 것이다.

그런데 요동으로 들어갔던 김구용은 체포되어 남경으로 압송되고 만다. 이유는 타국의 신하로서 사적인 교제를 했다는 것이었다. 쉽게 말해서 요동의 책임자들에게 뇌물을 공여했다는 것이다. 김구용이 뇌물을 공여한 것은 사실로 보이지만 이는 뇌물 수수가 여의치 않자 요동도지휘사의 책임자나 관리들이 자신들의 죄를 모면하려고 김구용에게 덮어씌운 것이었다.

요동도지휘사의 관리들 중에는 고려 관리들에게 대놓고 뇌물을 요구한 경우가 많았다. 매의梅義란 인물이 그런 자인데 반경이나 엽왕의 휘하 관리로 보인다. 주원장은 요동의 관리들에게 고려 사신들로부터 뇌물을 받지 말라는 칙령을 내리기도 했다. 뇌물 수수가 여의치 않았던 것은 이들 사이에 손발이 맞지 않았기 때문이다. 뇌물 같은 불법적인 거래는 은밀하게 진행되어야 하는데 수수 과정에서 문제가 생겼던 것 같다.

문제는 요동도지휘사의 고려에 대한 억압과 행패였다. 앞서 요동의 책임자가 고려와 몽골이 연합하여 요동을 공격하려 한다는 것도 고려를 음해하여 영향력을 키워보려는 거짓 정보로 보인다. 요동의 군사들이 고려의 국경을 침략한 것도 괜한 행패였다. 육로를 통한 입경이 어려워지고 고려 사신들이 해로를 이용하면서 요동도지휘사의 위세가 약화되자 이를 만회하기 위한 공작으로 판단할 수 있는 것이다.

행례사 김구용은 그렇게 요동도지휘사의 농간으로 억울하게 유배당

했다. 그는 남경으로 압송되어 대리(운남성)로 유배되어 가던 중 불행히
도 죽고 말았다. 정도전의 〈약재유고서若齋遺藁序〉에 의하면 대리로 가
던 중 1384년(우왕 10) 7월 사천의 어느 여관에서 병을 얻어 죽었다는
기록이 전하고 있다.

공교롭게도 김구용이 사천에서 병사한 바로 그 무렵에 정몽주가 명
에 사신으로 파견되는데, 이때 정몽주가 남경에 도착하여 김구용을 애
도하며 지은 시가 그의 문집에 남아 있다. 인용해보겠다.

양자강 건너 북고산을 바라보며 김약재를 애도하다楊子渡望北固山悼金若齋

선생의 호기는 남쪽 땅을 덮는데先生豪氣盖南州
지난날 함께 다경루에 오르던 일이 생각나네憶昔同登多慶樓
오늘 다시 어울리고 싶지만 볼 수 없으니今日重遊君不見
촉강 어느 곳에 외로운 영혼이 노닐까蜀江何處獨魂遊
－《고려명현집高麗名賢集》4, 〈포은집圃隱集〉 권1

약재若齋 김구용은 정몽주와 함께 공민왕 때 서장관으로 명의 사신단
에 포함되어 다녀온 적이 있었다. 1372년(공민왕 21) 3월에 고려를 출발
하여 다음 해 7월 돌아오는데, 남경에서 출발한 직후 해난 사고를 당하
여 구사일생으로 살아남아 다시 명으로 들어갔다가 돌아왔다. 위 시
둘째 연의 '지난날 함께 다경루에 오르던 일'은 1373년 남경 부근에서
김구용과 정몽주가 함께한 추억이었다.

조공 문제, 타결을 보다

5년 동안 밀린 조공을 한꺼번에 바치라는 주원장의 요구를 받은 고려
에서는 당장 조공품 액수를 채우는 것이 급했다. 1383년(우왕 9) 12월
우왕은 문무백관으로 하여금 이 문제를 논의하게 하는데 모두들 황제
의 뜻을 따라야 한다고 하였다. 이런 귀찮은 문제에 대해서는 이인임
정권이 우왕을 앞세웠다. 바로 진헌반전색進獻盤纏色을 설치하여 조공
품을 채우기 위한 징수에 들어갔다.

이어서 1384년(우왕 10) 5월 사신을 요동에 보내어 세공마 1천 필을
바친다. 아울러 금과 은은 본국에서 산출되지 않는 것이라 하여 감액을
요청하였다. 이때 고려에서는 명에 중요한 제안을 하는데, 금과 은을
말로 환산하여 대신 바치겠다고 한 것이다. 그러면 나머지 조공에 대해
서는 반드시 약속대로 이행하겠다고 하였다.

이런 제안을 접수한 요동도지휘사는 자신들이 결정할 문제가 아니었
고 태조 주원장의 결재가 반드시 필요한 일이었다. 요동에서는 주원장
에게 두 가지 문제를 중점으로 문의했다. 하나는 말 1천 필을 바쳤지만
5천 필에는 부족한데 받아들여야 하는가, 또 하나는 부족한 금과 은을
마필로 대신 바치겠다고 제안하는데 어떻게 할 것인가, 등이었다.

주원장의 판단을 기다리는 동안 그해 6월 다시 세공마 2천 필을 요동
에 보냈다. 매우 신속한 대응으로 고려의 제안을 수용하게 하려는 의도
였을 것이다. 이어서 앞서 세공마 1천 필을 가지고 들어갔던 사신이 그
해 7월 돌아오면서 고려의 제안에 대한 주원장의 답변을 가지고 왔다.

태조 주원장의 답변은 두 가지 문제를 모두 수용하는 것이었다. 아울

러 은 3백 냥과 금 50냥을 각각 말 1필로 환산하라는 구체적인 수치까지 알려왔다. 고려의 제안을 수용했다는 점에서 매우 긍정적인 조치였지만 금과 은을 말로 대신 바치는 문제도 그 액수가 만만치 않았다. 고려에서 왜 그런 제안을 했는지 궁금한데, 쉽게 생각하면 생산이 부족하고 징수가 어려운 금이나 은보다는 말을 바치는 것이 부담이 적다고 판단해서 그랬을 것이다. 어쩌면 명에서 요구하는 가장 중요한 품목이 말이라고 생각해서 그랬을지도 모른다.

이어서 그해 8월 또 세공마 1천 필을 바친다. 그리고 그 두 달 뒤인 10월에 다시 1천 필을 바쳤다. 불과 몇 개월 사이에 명에서 요구한 액수인 말 5천 필을 모두 채워서 요동에 보낸 것이다. 어떻게 이 많은 액수를 짧은 기간 안에 마련할 수 있었는지 궁금한데, 아마 진즉부터 준비해왔던 것으로 보인다. 명에서 조공의 액수를 문제삼은 것은 이미 수년이 지났고, 게다가 말에 대해서는 특별한 관심을 기울이고 있었기 때문이다.

마지막 1천 필을 보내고 5천 필을 마저 채웠던 그해 10월의 사신에게는 조공과 관련된 문건을 작성하여 명 조정에 올리도록 하였다. 지금까지 고려에서 바친 세공의 각 품목과 액수, 5년 동안 액수에서 아직 부족한 액수, 그리고 이를 다시 말의 숫자로 환산한 것이었다. 이를 간추려 일람표 형식으로 제시해 보겠다.

① 금: 5년 세공 5백 근, 기 세공 96근 14냥, 미 세공 403근 2냥, 말 129
　　필에 해당
② 은: 5년 세공 5만 냥, 기 세공 1만 9천 냥, 미 세공 3만 1천 냥, 말 104

필에 해당

③ 베: 5년 세공 5만 필, 기 세공 5만 필

④ 말: 5년 세공 5천 필, 기 세공 5천 필

이전부터 조공으로 바쳤던 ③베와 ④말에 대한 세공은 이것으로 마친 셈이었다. 이제 금과 은을 말로 환산한 액수만 바치면 끝이었다. 고려에서 이렇게 완납한 것과 미납한 세공을 숫자까지 제시하여 보냈던 것은 태조 주원장의 요구에 적극 부응하려는 것으로 생각된다. 그럼으로써 조공 문제를 풀기도 쉬웠을 것이다.

태조 주원장은 매우 끈질긴 인물로 보이는데 고려에서 늦게나마 그의 속마음을 알아차렸다고나 할까. 어차피 피할 수 없는 조공이라면 진정성을 보이는 것이 유리하다고 판단했을 것이다. 진정성을 보이면 시혜를 받아 감면받을 수도 있고, 조공에 대한 압박에서 벗어나기도 그편이 쉬웠기 때문이다.

주원장이 반긴 사신 정몽주

조공은 그 액수만의 문제가 아니었다. 그동안 주원장의 태도가 의심과 강경 일변도에서 벗어나지 않자 사신의 선발에도 어려움이 많았다. 명에 들어간 사신들은 엄중한 심문을 피하기 어려웠고 자칫 잘못하면 유배까지 당하는 처지였기 때문에 모두가 사신 선발을 회피했다. 이런 회피 현상은 명과의 관계 회복이 풀리지 않는 한 언제까지나 계속될 문제였다.

세공마를 다급하게 보내는 동안, 1384년(우왕 10) 7월 정몽주를 명에 다시 사신으로 파견했다. 주원장의 생일을 축하하는 성절사 겸 공민왕의 시호와 우왕의 왕위 승인을 요청하려는 것이었다. 어려운 문제에 다시 정몽주를 사신으로 투입한 것이다.

정몽주가 명으로 파견된 시기는, 앞서 얘기한 금과 은을 말로 대신 바치겠다는 고려의 제안에 대해 명에서 아직 답변이 돌아오지 않은 때였으니 조공 문제가 어떻게 될지 알 수 없었다. 게다가 이보다 1년 전에 파견되었던 사신 김유 일행은 명에서 유배되어 돌아오지 못하고 있었고, 김구용은 요동에 들어가 사적인 교제를 트려다 꼬투리 잡혀 역시 유배 중이었다. 사신으로 들어가는 것을 모두가 회피하고 두려워하던 때에 정몽주가 선발된 것이다.

처음 사신의 물망에 오른 자는 정몽주가 아닌 다른 사람이었다. 그 자가 사신을 꺼리어 임견미에게 노비 10구를 뇌물로 바치고 병을 핑계로 사퇴했던 것이다. 그리고 임견미는 그 사람 대신 정몽주를 사신으로 추천하여 이루어진 것이었다. 이때 정몽주를 추천한 자가 임견미였다는 사실을 주목할 필요가 있다.

임견미는 이 무렵 이인임 정권의 2인자를 넘어 임견미 정권이라 부를 정도로 위세가 막강했다. 웬일인지 이인임은 정치의 전면에 나서는 것을 조심스러워하고 있었다. 권력의 추이에 따른 것이었는지, 아니면 명과의 관계 회복이 쉽지 않으면서 정치적 부담을 느껴 그랬는지 이인임은 나서지 않고 임견미가 확실히 부상하고 있었다. 그런 속에서 임견미는 이 몇 달 뒤에 문하시중에 오르니 임견미 정권이라 봐도 상관없을 것이다.

그런 임견미가 모두 기피하는 대명 사신으로 정몽주를 낙점한 것이었다. 이때 우왕은 정몽주를 불러 그 진심을 물었다. 어려운 사행이니 그 의지를 살펴본 것이다. 정몽주는 국왕의 명령이라면 물불을 가릴 수 없고 더구나 천조(명)의 사신이라고 하면서 이를 흔쾌히 수락했다. 다만 기일이 촉박하다는 걱정을 하였다.

태조 주원장의 생일은 9월이니 두 달 안에 도착해야 했다. 당시 바닷길로 남경까지 가는 데 보통 3개월 정도가 소요되었다. 공민왕 대에는 남방항로를 주로 이용하였는데, 개경에서 육로나 서해 연안을 따라 남하하여 흑산도에서 동지나해를 건너 양자강 하구의 남경에 도착하는 길이었다. 이 남방항로는 원양대해를 지나는 길이어서 해난 사고가 잦아 위험했다.

이에 우왕 대에는 주로 요동을 경유하는 육로를 이용하는데, 이 길은 요동도지휘사의 위압적인 태도로 통과가 쉽지 않았다. 그래서 등장한 경로가 북방항로였다. 개경에서 황해를 횡단하여 산동반도나 발해만에 이르고 여기서 중국 동해 연안을 따라 남하하여 남경에 이르는 길이다. 정몽주가 말한 것은 북방항로였다. 이 북방항로는 연안 해로여서 상대적으로 위험이 적었던 모양이다.

이때 우왕을 대면한 정몽주는 정도전을 서장관으로 추천하여 함께 동행하게 된다. 정도전이 정몽주의 소개로 이성계의 군영을 다녀온 직후로 두 사람의 유대관계가 평범하지 않았음을 보여준다. 이인임 정권에 저항하는 정치적 동지로서 친명사대를 향한 외교에서 두 사람이 결속하는 모습은 이상할 것이 전혀 없었다.

지체 없이 출발한 정몽주는 밤낮을 가리지 않고 바닷길을 재촉하여 주원장의 생일에 맞춰 도착할 수 있었다. 그해 9월 18일, 주원장의 생일에 정몽주는 세계 각국의 사신들과 더불어 봉천전奉天殿에서 주원장에게 축하 표문과 함께 하례를 올리는 데 성공한다. 하례 후, 촉박한 기일에도 늦지 않게 당도한 정몽주를 대면한 주원장은 반색했다. 주원장은 이미 보고를 받았는지, 고려에서 대명 사신으로 선발되는 것을 기피하는데도 자진해서 왔다는 점에 흡족해했다.

　그런데 정몽주는 이번 남경 사행이 처음이 아니었다. 앞서 언급했듯이 김구용과 함께 공민왕 때 서장관으로 파견된 적이 있었던 것이다. 그때 돌아오면서 해난 사고를 당하여 여러 사람이 죽고 구사일생으로 살아남아 남경으로 되돌아가 잠시 체류했었는데, 주원장은 그때의 일도 언급하며 정몽주에게 더없는 친근함을 표시했다. 외교관으로서 이보다 더 좋을 수 없었다.

　앞서 사신으로 들어갔다가 대리로 유배되었던 김유 일행이 돌아올 수 있었던 것은 이런 정몽주에 대한 주원장의 호감과 외교력 때문이었다. 김유 일행은 유배에서 풀려 1385년(우왕 11) 4월 돌아오는데, 정몽주도 이때 김유 일행과 함께 환국했던 것 같다. 더욱 좋았던 것은 주원장으로부터 앞으로 고려의 조빙을 허락하겠다는 응낙을 받았다는 점이다. 이 역시 정몽주의 외교력 덕분이었다.

　정몽주가 이룩한 외교적 성과는 결코 작은 것이 아니었다. 순전히 그 개인적 성품에 기인한 것으로 고려에 대한 주원장의 신뢰를 높이는 데 크게 기여했다고 보기 때문이다. 이런 정몽주의 외교적 성과에는 서장관으로 함께 참여했던 정도전의 노력도 일조를 하고 있었다. 주원장에게 올리는 표문은 정도전이 작성한 것이었기 때문이다. 호흡이 잘 맞는 두 사람이 대명외교에 나서면서 관계 회복의 전기를 마련한 셈이었다.

서장관으로 동행했던 정도전은 환국하여 성균제주 지제교成均祭酒 知製敎(종3품)를 제수받았다. 대명외교의 공로를 인정받은 것이었다. 이어서 바로 남양(경기 화성) 부사라는 외직을 받는데 이는 정도전이 희망하는 바였다. 그가 이 무렵 우왕한테 올린 글 〈도남양사상전到南陽謝上箋〉에 의하면 식솔이 많고 생활이 어려워 외임을 원했다는 것이다. 이게 혹시 어지러운 정국에서 벗어나 정도전으로서는 새로운 구상을 가다듬을 필요에서 그러지 않았을까 하는 생각도 든다.

이번 대명외교에서 한 가지 아쉬운 것은 공민왕에 대한 시호와 우왕의 왕위 승인을 받아오지 못했다는 점이다. 주원장은 정몽주에 대해 호감과 최선의 호의를 보이면서도 그 문제는 승인하지 않았다. 아직 조공문제가 충분히 매듭지어지지 않은 탓으로 보인다. 이를 보면 주원장은 상당히 냉철하고 현실적인 인물이라는 생각이 든다.

또 하나 중요한 사실은, 명과의 관계 회복에 호전의 기미가 보이면서 애초에 북원을 배척하고 친명사대를 주장했던 정몽주·정도전 등의 사대부들이 다시 부상할 수 있는 계기가 마련되었다는 점이다. 아울러 북원을 추종한 이인임 정권이 상대적으로 어려움에 직면할 수 있다는 것도 충분히 예상해볼 수 있을 것이다.

3. 이인임 정권과 최영

천도를 반대한 최영

지금까지 대외관계를 중심으로 얘기를 전개했는데, 여기서 이야기를 조금 앞으로 돌려 이인임 정권의 향방과 관련된 고려 내정의 문제를 살펴보고자 한다.

계속되는 왜구의 침략에 대해서 고려에서는 여전히 임시방편적인 대응을 벗어나지 못하고 있었다. 최영·경복흥·이인임 3인이 왜구 방어의 최고지휘부를 구성하여 나섰지만 별 성과가 없었다. 이 무렵 고려 정부는 천도를 생각하고 있었다. 누구로부터 이런 생각이 나왔는지 모르겠지만, 개경이 바다에 인접하여 왜구의 침략에 위험하다고 판단하고 내지로 옮길 것을 고려한 것이다. 우왕도 천도에 적극적이었다.

이에 1377년(우왕 3) 5월, 윤환尹桓을 중심으로 한 원로대신들이 도당에서 회합하여 천도 문제를 논의한다. 윤환은 충혜왕의 측근으로 성장한 후 공민왕 때 수상을 두 번이나 역임한 자였다. 그의 이력에서 특이한 점은, 이인임 정권이 북원과 외교를 재개하면서 북원으로부터 평장사라는 직책을 받았다는 사실이다. 그가 친원적인 성향의 인물이라는 점을 알 수 있는데 원로대신의 중심에 선 그를 천도 논의에 앞세웠던 것이다.

도당의 천도 논의에서 찬성하는 자는 '동動', 반대하는 자는 '지止' 자를 선택하게 하여 가부를 물었다. 이때 모두가 천도를 꺼려 하면서도 후일의 책임을 회피하기 위해 '동' 자를 선택하고 서명했다. 오직 최영 홀로 반대하는데, 그는 천도보다는 군사를 징집해서 방어해야 한다고 주장했다. 여기에 이인임은 군사를 징집하는 것은 농사를 망친다는 이유로 최영의 생각을 비판하였다. 이인임의 주장은 천도를 찬성한다는 것인지, 아니면 최영의 군사 징집을 반대한다는 것인지 좀 모호하지만, 중요한 것은 최영의 생각을 비판했다는 점에서 그도 천도 찬성론자로 일단 볼 수 있다.

이에 최영은 경복흥과 함께 태조 왕건의 영정을 모신 진전에 나아가 '동'과 '지' 두 자를 가지고 점을 쳐서 '지' 자를 얻었다. 국가의 중대사를 결정할 때마다 태조의 진전에서 이런 복술을 정치에 활용했던 것인데 최영은 경복흥과 함께 천도 반대의 명분을 얻은 것이다. 하지만 우왕은 왜구의 위협이 지척인데 복술만을 좇을 수 없다고 하면서 천도의 뜻을 굽히지 않았고, 마침내 철원(강원)에 관리를 보내 궁궐터를 살펴보게 하였다. 새로운 도읍지로 내륙의 철원을 생각했던 것이다.

새로운 궁궐터를 살핀 후 우왕은 철원에 궁성을 축조하라는 명령을 내리는데 기어이 천도를 단행하겠다는 생각인 것 같았다. 아마 우왕의 이런 행동의 배경에는 왜구의 침략에 대한 위기의식이 반영되었을 것이다. 하지만 최영은 다시 천도 반대의 뜻을 굽히지 않았다. 여름철에 도읍을 옮기면 농사에 방해가 되고 백성을 소란케 할 것이며 왜구에게 엿보는 마음을 열어줄 뿐이라고 천도를 강하게 비판하였다.

그러면서 최영은 대안을 제시하기도 했다. 철원에는 명덕태후를 거처하게 하고 국왕은 개경에 머물러 왕경을 수호하라는 것이었다. 우왕의 천도 의지가 강경하여 일종의 타협책을 제시한 것이다. 하지만 우왕은 태후를 홀로 거처하게 할 수 없다고 하면서 최영의 제안을 거절하였다. 이에 최영은 연로하신 태후께서 왜구의 위험에 노출되면 갑자기 움직이기 어렵다고 하여 역시 고집을 꺾지 않았다. 천도 문제에 대해 이렇게 최영은 끈질기게 반대했는데 몇 가지 짚어볼 대목이 있다.

먼저, 우왕의 천도에 대한 생각이다. 우왕이 그렇게 천도에 집착한 것은 왜구의 침략으로 왕도인 개경도 안전하지 못하다는 불안한 의식이 반영되었다고 볼 수 있다. 이 무렵 왜구는 강화도 인근 해역에 머물면서 개경을 계속 위협하고 있었으니 충분히 그럴 만했다. 하지만 이때 우왕의 나이 14세로 아직 충분한 성인이라 볼 수 없으니 천도와 같은 중대한 문제에 대해 홀로 확고한 판단을 내리기 어려웠을 것이다. 우왕의 천도 생각은 누군가로부터 영향을 받았을 것이라고 추측해볼 수 있다.

그래서 다음으로 생각할 문제가 이인임의 판단이다. 이인임은 천도를 반대한 최영의 생각을 비판했고, 도당에서도 천도할 것을 논의했으니 천도론자로 볼 수 있다. 그래서 우왕의 천도에 대한 판단은 이인임의 영향을 받은 것이 아니었을까 하는 생각이 드는데, 좀 이상한 점은 이후의 천도 논의에서는 이인임이 천도를 반대한다는 사실이다. 이를 참고하면 우왕의 천도에 대한 생각은 이인임의 영향을 받은 것은 아닌 것으로 보인다. 이인임이 직접 천도 문제에 나서지 않고 윤환을 앞세웠던 것도 이런 생각을 강하게 한다.

이인임이 천도 문제에서 윤환을 앞세운 것은 책임 회피였다. 최영은 천도를 강력하게 반대하면서 군사 징집으로 맞섰는데, 이를 이인임이 비판했던 것은 천도를 적극 찬성해서가 아니었다. 그래서 적극적인 천도 찬성론자가 아닌 이인임이 앞장설 수 없었던 것이다. 이인임의 천도에 대한 입장은 찬성론자처럼 보였지만 실은 아주 애매한 것이었다.

여기서 다시 짚어볼 중요한 문제가 최영은 왜 천도를 반대했고, 이인임은 왜 최영의 반대론을 비판했는가 하는 점이다. 이인임은 천도를 반대한 최영의 생각을 비판하면서 자신의 생각을 드러냈다. 이인임은 천도보다는 군사를 새로이 징집하여 왜구를 방어하자는 최영의 생각을 정면으로 지적하여 비판했는데, 이는 최영에 대한 이인임의 견제가 분명해 보인다.

왜구 방어를 위한 군사 지휘권은 진즉부터 전선에 참여했던 최영이 장악하고 있었다. 이 문제만큼은 이인임이 최영에게 양보하고 있었다. 이런 마당에 새로이 군사를 징집하여 군대를 조직한다면 이는 최영의 군사권을 더욱 확대시킬 것이 뻔했다. 지윤 일당을 제거한 이후 최영의 정치적 위상은 점차 제고되었던 터라 이는 이인임으로서는 방관할 수 없었을 것이다. 그러니까 정확히 말하자면 이인임이 최영의 천도 반대론을 비판한 진정한 이유는 천도를 찬성해서 그런 것이 아니었고 최영의 군사권을 견제하려는 것이었다.

천도 논의는 1378년(우왕 4) 11월 다시 등장한다. 이에 대해서는 잠시 뒤에 자세히 언급하겠지만, 흥미로운 점은 이때 다시 전국적인 군사 징집 문제가 등장한다는 사실이다. 그 결과, 앞 장에서 언급했지만 그해 12월 5도의 호구를 점검하여 상비군체제로서 '익군'을 설치한 것이다.

이인임 정권이 천도를 회피하자면 전국적인 군사 징집은 수용할 수밖에 없었다. 천도는 왜구 방어 전략에서 나왔기 때문이다. 하지만 이인임 정권은 대규모의 상비군체제가 출현하는 것도 꺼려 했다. 이는 최영의 군사권을 확대시켜줄 뿐만 아니라 무장들의 득세를 피할 수 없기 때문이다.

이인임 정권이 워낙 내키지 않은 일이라서 그랬는지 여기 익군은 1년도 못 되어 폐지되고 말았다. 농민의 불만과 피해가 많다는 것을 명분으로 내세운 도당의 결정이었다.

끈질긴 천도론, 왕조의 위기

천도 문제는 군사 징집이 우선이라는 최영의 반대로 여기서 일단 중지되었다. 천도가 국가의 워낙 중대한 문제인데다 정치 세력 간의 이해득실까지 엇갈려 쉽게 실천으로 옮겨지지 못했던 것이다. 하지만 천도 문제는 완전히 수그러들지 않고 이후에도 여러 차례 등장한다. 특히 도선道詵의 밀기密記에 근거한 천도 논의는 주목할 필요가 있다.

1378년(우왕 4) 11월, 우왕은 홍중선洪仲宣과 권중화에게 명하여 다시 천도할 뜻을 드러냈다. 이 두 사람은 과거를 통해 출사한 정통 문관으로서 당시 우왕의 사부였다. 여기서 우왕의 천도에 대한 의지는 그 사부의 영향을 받은 것이었다고 짐작할 수 있는데, 우왕 자신도 천도에 대한 강한 의지를 드러내고 있었다. 특히 홍중선은 이 몇 개월 후 이인임의 견제를 받아 제거된 것을 감안하면, 천도는 이인임이 원하는 바가 결코 아니었다고 보인다.

우왕은 두 사부에게 특별히 도선의 밀기를 살펴 새 도읍지로 적당한 곳을 보고하라고 지시했다. 이에 두 사부와 함께 이색 등이 참여하여 천문지리를 담당하는 서운관書雲觀에서 논의에 들어간다. 그 결과 새 도읍지로 보고한 지역이 협계(황해도 신계군)의 기달산箕達山이었다. 협계는 강원도와 황해도의 경계 부근으로 여기에 기달산이 있었다. 이 기달산 기슭이 새 도읍지로 적절하다는 것이었다.

도선의 밀기에 의하면 북소北蘇·좌소左蘇·우소右蘇의 3곳에 궁궐을 창건했다는 기록이 있다는 것이었다. 3소는 왕도 개경의 지세를 보완하기 위한 3곳의 길지를 말하는데 고려시대 서경(평양)·동경(경주)·남경(한양)의 3경제도와도 통한다. 북소는 기달산, 좌소는 백악산(경기 장단), 우소는 백마산(경기 개풍)인데, 이 세 곳이 길지로서 도읍을 옮길 만한 곳이라는 근거를 도선의 밀기에서 찾은 것이다.

이 세 곳 중에서 왜 북소인 기달산을 새 도읍지로 보고했는지는 모르겠지만 아마 가장 내륙으로 왜구의 피해를 막아보겠다는 뜻이 반영되었던 것 같다. 우왕은 즉시 권중화와 서운관의 장관을 기달산에 파견하여 지세를 살피게 했는데, 여기서 옛 궁궐터 180칸을 발견한다. 이 궁궐터는 19대 국왕인 명종明宗 시대에 조성된 것이었다. 《고려사》에 의하면 1174년(명종 4) 5월, 3소에 연기궁延基宮을 조성했다는 기록이 나오니까 권중화는 기달산에서 2백 년 전의 궁궐터를 실제로 확인했던 것이다.

천도하려는 우왕에게는 반가운 소식이었다. 바로 북소조성도감北蘇
造成都監을 설치하여 준비에 들어간다. 협계의 기달산에 새로운 궁궐을
조성하기 위한 임시 특별관청이었다. 그런데 준비 단계에서 문제가 생
기고 만다. 조정의 논의에서 기달산은 너무 내륙의 산곡에 치우쳐 조운
선이 통할 수 없다는 것이었다. 그건 분명히 문제였다. 이에 천도 문제
를 여기서 일단 중지하는데 완전히 포기하지는 않았다. 다시 천도 문제
가 등장하기 때문이다.

그해 1378년(우왕 4) 12월 천도를 위해 좌소조성도감左蘇造成都監으로
바꾸어 다시 설치했다. 기달산이 지정학상 곤란하다고 판단하여 새 도
읍지를 좌소, 즉 경기도 장단의 백악산으로 다시 지목하여 준비에 들어
간 것이다. 하지만 한 달 후인 다음 해 1월 백성들의 기근과 농사 피해
를 이유로 간관들이 반대하여 그해 2월, 이 좌소의 백악산 안 역시 파
기되고 말았다.

이러한 천도 논의에서 흥미로운 점은 도선의 밀기가 그 근거로 활용
되었다는 사실이다. 잘 알려져 있듯이 도선국사는 풍수도참설의 원조
이고 도선의 밀기는 그 교본이라 할 수 있는데, 고려시대는 풍수도참설
이 정치 사회적으로 유력하게 작용하고 있었다. 인종 때의 묘청에 의한
서경천도운동이 그 대표적인 예이다. 이밖에도 고려 시대에는 수많은
이궁離宮이 조성되고 천도론도 여러 차례 일어났는데, 그 근거로 항상
거론되는 것이 도선의 밀기였던 것이다.

도선의 밀기에 의한 이궁 조성이나 천도론은 정치 사회적 위기와 밀
접하게 관련되어 있었다. 앞서 북소의 기달산에 파견된 권중화가 옛 궁

궐터를 발견했다고 했는데, 이는 무인집권기인 명종 때 여러 정치 사회적 변란 속에서 '국가의 기업을 연장하는' 수단으로 조성된 것이었다. 그래서 이를 '연기궁'이라 불렀던 것이다.

지금 우왕 대에 들어와 다시 3소에 궁궐을 조성하려 했던 것이 이궁 조성인지 아니면 완전한 천도를 위한 것인지는 불분명하지만 우왕 대의 정치 사회적 불안이나 위기의식이 반영되었던 것이다. 그런 위기 형성의 직접적인 계기는 끊임없이 계속되는 왜구 침략이었다.

그런데 놓칠 수 없는 사실은 이후에도 천도론이 끈질기게 계속되면서 그 후보지가 계속 바뀐다는 점이다. 1379년(우왕 5) 11월에는 좌소의 위치가 경기도 장단의 백악산이 아니라 회암檜嵓(경기도 양주)이라는 이설이 나오며 이곳을 또 천도의 후보지로 고려하였다. 회암 역시 천도 후보지로서 지세만 살피고 실행에 옮겨지지는 않았지만, 천도론이 등장할 때마다 이렇게 새로운 후보지가 바뀌어 거론되었던 것은 무엇 때문일까?

이 문제는, 천도의 필요성에 대해서는 어느 정도 인식하고 있었지만 적절한 후보지를 찾지 못한 탓이었다고 쉽게 이해할 수 있다. 그럼 다시, 왜 그렇게 적절한 후보지를 찾지 못했을까 하는 의문이 든다. 이런 의문에 대해서는, 천도를 단행할 명분이나 천도를 단행할 주체 세력이 약해서 그러지 않았을까 한다. 역사상 천도라는 것이 왕조교체나 아주 특별한 경우가 아니라면 실행하기 어렵기 때문이다. 하지만 이런 요인들은 본질이 아니고 진정한 이유는 이인임 정권이 천도를 달갑지 않게 여긴 탓으로 보인다.

천도라는 것이 그렇게 실행에 옮기기 어려움에도 불구하고 끈질기게 계속 등장했다는 사실이 오히려 중요하다. 사실, 천도론이 자주 등장하기 시작한 것은 공민왕 때부터였다. 우왕 대에 들어와 이게 더욱 빈번해졌는데, 이는 고려왕조가 처한 위기의식의 반영임이 분명해 보인다. 그런 위기의식의 저변에 몽골 제국의 쇠망과 대명 제국의 등장이라는 세계사적인 전환이 배경으로 작용하고 있었다는 것을 간과할 수 없을 것이다.

　재미있게도, 몇 년 후에는 천도의 후보지로 한양(서울)이 등장하기 시작한다. 이후 천도 후보지는 한양 한 곳으로 수렴되어갔고 마지막으로 귀착된 지역이 한양이었다. 조선왕조 개창 후 결국 한양이 새로운 왕도로 결정되었으니, 그렇다면 고려 말 천도론의 끈질긴 등장은 고려왕조의 해체 과정이 아니었을까? 한양이 천도 후보지로 등장하는 과정에 대해서는 뒤에 다시 살필 것이다.

정권의 친위대, 임견미·염흥방·도길부

지윤을 제거한 후 최영의 영향력이 조금 커졌다는 얘기를 했지만 그래도 여전히 권력의 중심에는 이인임이 건재하고 있었다. 특히 인사권은 뇌물과 사적인 인연에 따라 그의 손안에서 마음대로 자행되었다. 게다가 대간의 탄핵이나 법사의 처결도 사전에 비밀히 이인임에게 보고한 후 진행되었으니 국정 전반을 이인임이 여전히 장악했다고 볼 수 있다.

　이인임 정권에 크게 기여한 세 사람으로 임견미와 염흥방廉興邦·도길부都吉敷가 있었다. 임견미는 앞에서 언급했던 인물로 처음부터 이인임 정권에 밀착되어 있었으며 지윤이 제거된 후에는 거의 2인자 역할을 하고 있었다. 임견미는 시기심이 많고 음흉하면서 말 재주가 좋았다니까 협잡꾼 기질이 다분한 인물로 보인다. 그런 성향을 십분 발휘하여 이인임 정권에 방해되는 인물들을 제거하는 친위대장 같은 역할을 하면서 이인임의 복심으로 통했다.

임견미가 이인임 정권의 중심에 들어서게 된 것은 우왕 즉위 초부터 내재추內宰樞에 참여하면서였다. 내재추는 공민왕 때도 설치된 적이 있었는데 도당에 참여하는 재추(재상)의 숫자가 많아지면서 만들어진 일종의 도당 안의 도당이라고 볼 수 있고 그 기능도 왕권 강화가 목적이었다. 하지만 우왕 때의 내재추는 공민왕 때와는 성격이 전혀 달랐다. 항상 궁중에 상주하면서 왕명 출납을 맡았다고 하는데, 이게 왕권 강화를 위한 것이라기보다는 이인임 정권이 국왕을 통제하려는 목적으로 설치한 것이었다고 보인다. 다음에 나오지만, 이는 우왕이 내재추의 인물들과 갈등을 일으키고 이들을 제거하려는 거사까지 있었던 것에서 짐작할 수 있다.

그러니까 내재추는 이인임 정권이 우왕의 신변을 통제하면서 왕명 출납을 관장하기 위해 만든 것으로 볼 수 있는데 여기에 임견미가 참여했던 것이다. 내재추가 맡은 일이 그렇다보니 임견미는 얼마든지 국정에 대해 농간을 부릴 수 있었다. 국왕의 명령을 거짓으로 꾸며 정적 한 둘쯤은 마음대로 제거할 수도 있었다. 그의 못된 성향까지 더해진다면 그야말로 못할 짓이 없었던 것이다.

여기에 임견미의 아들 임치林緻도 궁중에서 상주했다. 그는 우왕이 거둥할 때마다 지근에서 따르며 유희와 기행으로 이끌었다. 그 덕택으로 나중에 그는 국왕 비서관인 밀직부사에 오르는데 항상 궁중에서 당직했다. 임견미의 아들이 내재추에 참여한 것 같지는 않지만 그 역시 아비와 하는 일에 큰 차이가 없었다고 볼 수 있다. 즉 임견미는 부자가 모두 궁중에서 상주하다시피 하면서 우왕의 신변을 지켰던 것이다.

임견미에 비하면 염흥방은 후발주자였다. 염흥방의 아버지 염제신廉悌臣은 원 제국에서 성장했으면서도 친원적인 성향을 별로 드러내지 않았고, 공민왕 때는 여러 차례 수상을 역임했던 정치적 비중이 매우 큰 인물이었다. 아들 염흥방은 공민왕 때 과거에 수석 합격하여 국왕의 비서관으로 관직을 시작하는데, 국학 진흥과 성균관의 중영에 큰 힘을 보태기도 했었다. 이를 보면 염흥방은 임견미와는 딴판으로 유교적 성향이 강한 정통 사대부였던 것이다.

그런 성향 때문이었는지 우왕이 즉위한 직후 염흥방은 오히려 이인임 정권의 반대 편에 섰다. 이는 북원과의 교류에 반대했던 김구용·이숭인·정몽주 등을 유배시킬 때 염흥방도 함께 유배당한 것에서 알 수 있다. 이들을 연루시켜 축출했던 주도자가 바로 임견미였는데 염흥방도 여기에 포함된 것이다. 이때 그의 동생 염정수廉廷秀도 함께 유배당한다. 여기까지만 보면 그는 신진사대부에 가까운 성향의 인물이라고 볼 수 있다.

그런 염흥방이 이인임 정권의 중심에 들어선 것이다. 그 인연은 재미있게도 임견미가 마련하는데, 임견미가 염흥방에게 혼인을 요청한 것이 계기였다. 임견미는 중하급 무장 출신이니 가문이 볼 것 없었지만, 염흥방은 대대로 세신대족으로서 임견미가 그 가문을 부러워했던 모양이다. 그래서 임견미의 아들 임치는 염흥방의 사위가 된다. 염흥방의 처지에서는 이인임 정권에 핍박을 당했던 처지라 그 유혹을 뿌리치기 어려웠을 테고, 임견미로서는 염흥방과 같은 가문의 배경이 필요했던 것이다.

이인임 정권에 뒤늦게 뛰어든 염흥방이 내재추에 참여했는지는 명확하지 않다. 하지만 그 역시 우왕의 지근에서 국정에 수많은 농간을 부렸는데, 국정을 자기 입으로 결정하거나 국왕에게 품달하지 않고도 실행했으며, 뇌물을 받고 명에 파견되는 사신을 바꿔버리는 일도 저질렀다. 그런 정황으로 보면 맡은 일이 내재추의 임견미와 유사했던 것이다. 염흥방은 그래서 임견미와 마찬가지로 국왕을 가까이에서 모시면서 통제하는 역할을 하지 않았을까 생각한다.

임견미처럼 내재추에 참여한 또 한 사람이 있다. 도길부란 자인데 그의 출신이나 과거 행적에 대해서는 드러난 것이 없지만 내재추에 참여했다는 사실만 가지고도 이인임 정권에 밀착된 인물이라는 것을 알 수 있다. 그는 이인임과 인척으로서 염흥방보다 먼저 이인임 정권에 안착한 것으로 보인다. 지윤이 이인임을 제거하기 위해 변란을 도모했던 우왕 3년 무렵에 도길부도 지윤의 제거 대상에 올랐던 것에서 알 수 있다. 도길부는 나중에 임견미와 함께 인사권을 행사하는 정방에도 참여했다. 이를 보면 그는 이인임 정권에서 임견미 염흥방에 버금가는 위상으로서 이인임 정권의 중요한 일원이었다고 할 수 있다.

임견미·염흥방·도길부, 이들 3인이 이인임 정권의 이너서클로 권력 서열의 맨 앞자리에 드는 인물들이다. 이들의 주 임무가 이인임 정권을 지키는 친위대 같은 것이었는데 그중 친위대장 같은 존재가 임견미였다. 이들은 자신들이 임명받은 관직이 따로 있었지만 그런 공식적인 직책은 별로 중요하지 않았고 국정의 모든 분야에 걸쳐 영향력을 행사했다. 특히 부정한 일이나 나쁜 쪽으로 더 막강한 힘을 발휘했다.

내재추에 참여한 자로 또 홍영통洪永通과 조민수도 있었다. 조민수는 이인임과 가까운 인물로 앞에서 언급했던 인물이다. 홍영통은 충렬왕·충선왕 때 수상으로 유명한 홍자번洪子藩의 증손인데 공민왕 때 신돈에게 아부한 인물로 나온다. 그가 어떻게 내재추에 참여했는지는 드러나지 않지만 이인임 정권에 밀착되지 않고서는 그 자리를 차지할 수 없다는 것은 확실하다. 하지만 홍영통과 조민수는 줄곧 내재추에 참여한 것 같지 않고 권력 행사에서도 앞의 친위대 3인방에게는 좀 밀리는 위치였다.

이밖에도 이인임 정권에 밀착되어 권력을 농간한 자들은 많다. 이들 대부분은 이인임이나 임견미·염흥방·도길부의 3인과 사적인 인연이나 친인척으로 얽혀 있었다. 임견미의 아들과 동생, 장인과 사위, 그리고 염흥방의 동생, 그 매부와 사위, 도길부의 아들 등 일일이 그 이름을 거론하기 힘들 정도이다. 이들이 국가의 중요한 요직이나 기구를 독차지하면서 국정 운영이 사당私黨에 의해 이루어졌고, 권력 행사는 그러한 사적인 인연 속에서 사유화되어 멋대로 자행되었던 것이다. 그 핵심 권력이 인사권이었다.

그런데 한 가지 이상한 점은, 이러한 이인임 정권의 국정 농단이나 사당화에 대해 최영이 별다른 반응을 보이지 않았다는 사실이다. 최영은 이전보다 영향력이 커졌음에도 웬일인지 그런 권력 농단에 대해 어떤 견제나 비판도 드러내지 않았다. 오히려 이인임 정권을 적극 보호하는 모습을 보였다. 참 궁금한 부분인데 이제 이 문제를 따라가보자.

성년에 들어선 우왕

우왕은 1379년(우왕 5) 4월, 15세의 나이로 결혼하는데 판개성부사 이림 李琳의 딸을 왕비로 삼아 근비謹妃로 책봉했다. 우왕의 장인인 이림은 진 즉부터 이인임 정권에 봉사한 인물이었고 이인임의 인척이기도 했다.

그런데 우왕이 결혼한 직후 이인임 정권을 비판하는 인물들이 전격 적으로 제거당하는 일이 벌어진다. 제거당한 비판 세력의 중심에 홍중 선이 있었다. 홍중선은 앞에서 살폈듯이 우왕의 사부로서 천도 논의를 수행했던 인물이다. 그가 이인임 정권의 반대편에 서게 된 것은 바로 그 국왕의 사부라는 위상 때문이었다. 홍중선은 우왕의 사부를 맡기 전 에 이인임과 오히려 가까웠던 인물인데, 이인임과 지윤이 맞설 당시에 이인임 편에 섰던 것에서 알 수 있다.

홍중선은 이인임·임견미 등과 함께 인사권을 행사하는 정방에도 참 여하는데 이 역시 이인임 정권과 밀착했기 때문에 가능했다. 사건의 발 단은 여기서부터 시작된다. 홍중선이 정방에 참여하면서 이인임은 권 력이 나뉘는 것을 싫어했다고 한다. 홍중선이 정방에서 이인임의 뜻을 고분고분 따르지 않으면서 벌어진 일이었다. 홍중선의 이런 모습은 그 이전에는 드러나지 않던 행동으로 우왕의 사부라는 위상을 떠나서는 생각할 수 없고, 어쩌면 우왕의 의지가 반영되어 그러지 않았을까 추측 해볼 수 있다.

사실, 우왕은 결혼 직전부터 자신의 의지를 드러내기 시작했다. 그 좋은 사례가 앞서 언급했던 권중화·홍중선 등 사부를 앞세운 천도 계 획이었다. 천도는 무산되었지만 그것은 우왕이 처음으로 사부를 통해 자신의 정치적 의지를 강하게 드러낸 것이었다. 그래서 정방에 참여한 홍중선이 이인임·임견미 등 정권의 핵심 인물들의 뜻을 순순히 따르지 않은 것도 우왕의 의지가 반영되었다고 판단할 수 있는 것이다.

당연히 이인임으로서는 그런 홍중선이 못마땅했다. 이에 이인임은 홍중선을 명의 사신으로 발탁하여 파견하려는데, 홍중선이 여기에 소극적인데다 나가추에 의해 요동의 길이 막혀 갈 수 없게 되었다. 이 무렵 명에서는 강경한 태도를 보이며 고려 사신을 거부하고 있었으니까 임무 수행이 쉽지 않은 사신이었다. 그래서 요동의 길이 막혔다는 이유로 가지 못한 것은 홍중선이 사행을 일부러 회피했다고 비난받을 수 있었다.

이인임 일파는 이를 꼬투리 잡아 홍중선의 죄를 거론한다. 측근의 간관을 동원하여 사신의 임무를 포기하고 불충을 저질렀다는 이유로 그를 탄핵하여 향리로 유배시켰다. 바로 뒤이어 홍중선 대신 이색을 사부로 삼았으니 홍중선을 사부에서 축출하려는 의도가 분명했다. 우왕이 왕비를 맞이한 직후인 그해 5월의 일이었다. 재미있게도 이보다 1년쯤 뒤에 홍중선과 함께 사부로 있던 권중화를 명에 사신으로 파견하는데, 이 역시 그를 우왕의 사부에서 배제하려는 의도였다고 보인다.

그런데 문제는 여기서 그치지 않는다. 홍중선이 유배된 지 한 달도 못 되어 김도金濤가 홍중선과 연루되었다고 하여 탄핵 파면당했다. 김도 역시 홍중선과 마찬가지로 과거에 급제한 정통 문관으로 그는 명의 과거에도 합격하여 공민왕의 칭송을 받기도 했었다. 우왕이 즉위한 후에는 이인임과 지윤의 사주를 받아 김속명을 탄핵하는 데 앞장서기도 했으니, 이런 부분도 홍중선과 마찬가지로 그 역시 한때 이인임 정권에 봉사했다는 것을 보여준다.

사건 당시에 김도는 밀직제학(정3품)이라는 국왕의 비서관으로 있었는데 사부로서 정방에 참여하는 홍중선과 가까이 지냈던 모양이다. 둘이서 여러 관리들에 대한 인물평을 나누었다니까 이는 이인임 정권의 인사 문제를 비판한 것이었다. 이인임이 김도의 이런 처신을 곱게 볼 수 없었고 이를 마음에 품고 있다가 사소한 일로 꼬투리 잡아서 탄핵 파면시킨 것이다. 그를 탄핵한 사헌부에서는 유배까지 보내려고 했으나 우왕의 간여로 그 정도에서 그쳤다.

홍중선을 유배 보내고 김도를 파면한 후, 그해 1379년(우왕 5) 7월에는 이 사건에 또 다른 인물이 더해지면서 일이 더욱 증폭된다. 양백연 楊伯淵이 왜구와의 전투에서 승첩한 것을 믿고 교만을 부리다가 간통을 저질렀다는 이유로 탄핵 유배당하는데, 여기에 이미 축출된 홍중선과 김도를 다시 연루시킨 것이다. 양백연은 무장으로 성장한 인물로 우왕이 즉위한 후에는 심왕을 옹립하려는 군대에 맞서 서북면 방어에 나서기도 했고 여러 차례 왜구 방어에 나선 장수였다. 이 사건 몇 개월 전에는 진주에서 왜구를 물리쳐 승첩을 올리고 국왕으로부터 큰 포상을 받기도 했었다. 양백연이 승첩으로 교만했다는 것은 이를 말하는 것이다.

양백연과 홍중선·김도를 연루시키고 여기에 주변 인물까지 망라하여 사건을 크게 확대시킨 것은 최영이었다. 최영은 우왕에게 어느 무장의 말을 빌려, 양백연이 일찍이 변란을 도모하여 두 시중을 죽이고 자신이 수상에 오르려 했다고 주장했다. 이에 우왕의 명을 받은 최영이 나서서 양백연과 그 주변 인물들을 국문하는데 여기에 국왕을 모시는 환관들까지 관련된 것이 드러난다. 양백연을 유배 보내자 환관들이 국왕의 명령이라 사칭하고 양백연을 소환하려다 발각되었기 때문이다. 여기에 이미 탄핵된 홍중선과 김도까지 연루시켜서 이들은 가혹한 국문 끝에 모두 죽임을 당하고 말았다.

이때 죽임을 당한 자가 홍중선·김도·양백연 등 10여 명이고 몇몇은 참수되어 거리에 효시되었다. 이들 주변 인물로 유배 축출된 자가 또한 10여 명에 이르렀다. 국문 과정에서 우왕은 망령된 말로 재상들을 억울하게 죽이지 말 것을 당부했지만 통하지 않았다. 최영은 사건 후 형옥이 너무 과중했다는 비난을 받았고, 이 사건을 원통하게 여기는 사람들이 많았다고 한다.

우왕의 저항, 주변의 문신

이 사건에서 몇 가지 좀 색다른 의미를 찾아볼 수 있다. 우선, 제거당한 홍중선이나 김도가 한때 이인임과 가까운 인물이었다는 점이다. 그래서 국왕의 사부나 비서관에 올랐을 것이다. 양백연도 이인임의 수하 부장을 한 적이 있으니 그도 이들과 비슷한 경로를 거친 인물이었다. 그런 그들이 이인임 정권과 엇나가다가 제거당했다는 것은 이인임 정권의 구심력이 떨어지면서 비판적인 세력이 부상하는 조짐으로 볼 수 있지 않을까?

또 하나 강조하고 싶은 것은, 홍중선이나 김도의 배후에는 성년에 접어든 우왕이 존재한다는 점이다. 두 사람은 이인임 정권의 인사권을 견제하거나 비판하다가 죽임을 당했는데, 이는 분명 우왕의 사부이거나 비서관으로서 그랬다. 그래서 이 사건은 성년에 접어든 우왕이 두 사람을 통해 이인임 정권을 견제하려다가 오히려 제동이 걸린 사건이라고 볼 수 있는 것이다.

그런데 우왕의 움직임은 여기서 그치지 않는다. 앞서 사건 두 달 후인 1379년(우왕 5) 9월에는 우왕의 유모 장씨를 유배 보내고 장씨와 연결된 정당문학(종2품) 허완許完 등 문관 대여섯 명을 주살하는 사건이 터진다. 이 사건의 배경은 유모 장씨와 몇몇 문관이 결탁하여 우왕의 힘을 빌려 내재추에 소속된 임견미와 도길부를 제거하려는 것이었다. 이 사건의 배후에는 우왕의 입김이 확실하게 작용하고 있었다.

우왕은 이때 임견미와 도길부에게 사저로 돌아가 궁중에 출입하지 말 것을 명령하였다. 이는 궁중에서 상주하다시피 하는 내재추로서 이들의 활동을 저지하려는 것으로 내재추가 어떤 기능을 했는지 짐작케 하는 일이었다. 하지만 이때도 최영이 사건에 적극 개입하면서 오히려 우왕의 주변 인물들과 유모 장씨가 공격을 받아 죽거나 유배당했던 것이다.

이때 우왕은 최영을 견제하고 유모 장씨와 연결된 문관들을 구원하려고 애썼다. 우왕은 최영의 입궐을 계속 요구했지만 최영은 이를 거부하는데, 우왕은 최영을 체포할 생각까지 했던 것 같다. 우왕은 특히 유모 장씨를 구하기 위해 경복흥과 목인길에게 눈물로 호소하며 도움을 요청했지만 군사를 동원한 최영이 왕명까지 거스르면서 반격하여 사태를 뒤집은 것이었다. 우왕은 명덕태후에게도 도움을 요청했지만 소용없었다. 경복흥이나 목인길, 태후 모두 우왕의 편을 들어줄 것 같았지만 대세를 거스를 수 없었던 것이다.

마침내 허완 등 다섯 명은 주살당했으며, 유모 장씨는 우왕의 부탁으로 죽임을 면하고 작위만 삭탈하여 이인임의 집으로 보내졌다. 또한 최영은 자신의 왕명 거역을 비난했다는 이유로 김유金庾를 곤장을 쳐서 유배 보내기까지 하였다. 여기 김유는 앞 장에서 언급했듯이 이후에 임무 수행이 어려운 명의 사신으로 연거푸 선발되었고, 환국한 후에는 이인임 정권을 폭로하는 발언을 했다 하여 유배 후 죽임을 당한 인물이다.

이 사건에서 최영은 왕명 거역이라는 비난을 무릅쓰고 무리하게 뛰어들었다. 우왕 주변의 인물들을 제거한 이 사건에서 이인임은 오히려 한발 물러나 있었고 모든 일은 최영이 주도하였다. 최영의 영향력이 갈수록 커지는 양상으로 볼 수 있는데 이는 말할 필요도 없이 그가 거느린 군사력 때문이었다.

유모 장씨는 사헌부에서 죽여야 한다는 상소를 올려 다음 해 1월 참수되고 그 머리가 개경으로 보내졌다. 이때 사헌부에서 장씨를 반드시 죽여야 한다고 주장한 이유는 앞서 죽임을 당했던 홍중선·김도·양백연과도 연루되었기 때문이라고 하였다. 그게 사실인지는 의문인데 유모 장씨가 이인임 정권에 저항하는 세력과 우왕과의 연결고리 역할을 했던 위험한 인물이라고 판단했던 것 같다. 물론 이런 일의 배후에는 우왕의 의지가 분명하게 작용하고 있었던 것이다.

말하고자 하는 바는 이런 것이다. 우왕이 성년에 접어들고 자신의 생각을 드러내면서 이인임 정권에 등을 돌리거나 반발하는 일들이 벌어졌고 우왕은 이런 사건에서 배후 인물로 작용했다는 점이다. 이는 성년에 접어든 우왕이 이인임 정권에 저항하는 구심점 역할을 할 수 있다는 뜻이기도 하다. 혹은 국왕으로서의 친정 의지를 드러낸 것이었다고 볼 수도 있을 것이다.

우왕은 한때 이인임을 아버지라 부르고 이인임의 부인 박씨를 어머니라 부르기도 했다. 자신을 국왕으로 앉힌 공로를 생각해서 그랬겠지만 권력의 중심이 누구에게 있는지, 국정을 장악한 세력이 누구인지 정확히 알아차린 때문이었다. 이를 보면 처음에 우왕은 현실 권력과 타협하려는 생각이었다고 볼 수 있다. 하지만 성년에 접어들면서 우왕은 이인임 정권에 저항하며 자신의 의지를 드러내기 시작한 것이다.

그러한 우왕의 의지를 뒷받침한 인물들이 국왕의 사부나 비서관에 있던 문신이었다. 이들은 과거에 합격한 정통 문관들이라는 사실을 주목할 필요가 있다. 이인임과 최영 등 권력을 장악하고 있는 무장들과 문신들의 대결 양상을 드러낸 것이다. 이들 문신들과 우왕이 결합한 저항은 모두 제압되어 일단 무위로 끝났지만, 앞으로 이인임 정권에서 성년에 접어든 우왕이 어떤 행보를 취할지 중요한 권력의 변수였다.

이인임과 최영 그리고 경복흥

그런데 위 사건에서 더욱 주목할 점은, 최영이 이인임 정권을 위해 매번 적극적으로 나섰다는 사실이다. 최영은 앞서 지윤 일당을 제거할 때도 이인임보다 더 적극적이었고 이번 사건에서도 그랬다. 최영은 이인임 정권을 유지하고 지탱하는 데 중요한 기여를 했다고 볼 수 있는데 왜 그랬을까 하는 의문이 든다.

지금까지 이야기를 전개하면서 한 가지 이상하게 생각한 점이 있었다. 최영은 분명 이인임 정권의 한 축을 담당하고 있었지만 웬일인지 인사권에는 별로 간여하지 않았다는 사실이다. 이 대목에서 이를 다시 생각해보니, 최영은 이인임 정권으로부터 군사권을 보장받는 대신 이인임의 인사권에는 부러 간섭하지 않았다는 생각이 든다.

이인임과 최영 사이에는 서로의 권력을 인정하고 침해하지 않는다는 정치적 묵인이 있었던 것 같다. 이는 양자가 협상이나 거래를 통해 이룩한 것이라기보다는 권력의 향방이나 추이에 따라 자연스럽게 그런 쪽으로 귀착되었다고 본다. 양자가 권력 다툼을 하는 것보다는 상대의 권력을 인정해주는 것이 서로에게 유리하다는 판단을 내렸던 것이다.

최영이 앞서 홍중선과 김도를 탄핵할 때 한발 물러나 있었던 것은 그게 인사권과 관련된 문제였기 때문이다. 최영이 이 사건에 개입하여 사건이 확대된 것은 왜구 격퇴에 공을 세운 양백연이 거론되면서였다. 양백연은 무공을 세우고 교만했다는 이유로 탄핵을 받았는데 이는 군사권과 관련된 문제이다. 즉 최영은 양백연의 무공과 포상이 자신의 군사권에 영향을 미칠 수 있다고 판단하여 나중에야 적극적으로 나선 것이었다.

앞 장에서 언급했었지만, 이인임 정권이 왜구의 침략에 효과적으로 대응하지 못한 것은 군사적 공로를 세운 무장의 등장을 꺼려 하여 장수들을 임시방편적인 돌려막기로 대응했기 때문이라는 점을 언급했었다. 군사력을 갖춘 무장의 등장은 집권자가 가장 경계해야 할 문제였기에 당연한 일이었다.

그런데도 최영은 군사권에서만큼은 이인임보다 우위에 있었다. 이는 이인임의 인사권을 인정해주는 대가였던 것이고, 최영은 이인임으로부터 자신의 군사권을 보장받을 수 있었던 것이다. 유모 장씨와 결탁한 몇몇 문신들이 임견미·도길부 등을 제거하려고 했을 때 최영의 군사력은 결정적인 힘을 발휘했다. 그들 배후에 우왕이 존재한다는 것을 알면서도 최영은 왕명을 거역하고 이인임 정권을 보호했던 것이다.

인사권은 권력을 행사하는 핵심 요소이다. 그리고 군사권은 권력을 지탱하는 물리적 기반이다. 최영이 이인임의 인사권을 인정했다는 것은 이인임 정권의 유지를 보장한 셈이고, 이인임이 최영의 군사권을 인정했다는 것은 그의 군사적 기반을 용인하겠다는 뜻이었다. 결국 양자는 서로의 권력을 보장하고 지탱해주는 상호 보완관계였다고 할 수 있다.

이인임 정권의 친위대장 역할을 했던 임견미와 염흥방은 최영의 막중한 군사권을 경계하여 제거해야 한다는 뜻을 여러 차례 이인임에게 비친 적이 있었다. 하지만 이인임이 이를 말렸다고 한다. 이는 이인임과 최영의 권력관계를 여실하게 보여주는 것이다. 최영은 이인임 정권의 유지에 반드시 필요했던 것이고, 이인임은 최영을 정권 유지의 중요한 파트너로 삼았다고 볼 수 있다.

여담이지만, 최영의 부친이 유언으로 남겼다는 '황금 보기를 돌같이 하라'는 말은 그래서 재미있게 들린다. 이인임 정권에서 인사 행정은 그 측근들에 의해 뇌물로 점철되던 시절이었다. 최영은 부친의 금언에 따라 청렴한 삶을 위해 인사권을 멀리한 것인지는 모르겠지만, 그게 오히려 군사권을 보장받는 수단이었으니 재미있는 일이 아닐 수 없다.

이인임과 최영, 양자의 이런 권력관계 속에서 경복흥은 시간이 흐를수록 소외되었다. 그에게는 인사권도 군사권도 없었다. 처음에 경복흥은 여러 차례 이인임의 인사권을 문제삼고 비판했었지만 통하지 않았다. 이는 인사권에 개입하여 자신의 영향력을 키워보려는 노력이었지만 관철시키지 못했던 것이다. 자신의 주장을 뒷받침할 실질적인 힘이 없었기 때문이다.

1380년(우왕 6) 3월 경복흥은 결국 이인임과 임견미에 의해 향리인 청주로 유배당한다. 경복흥에게 술만 마시고 정사를 살피지 않는다는 트집을 잡아 우왕에게 참소하여 축출한 것이다. 경복흥은 수상이었지만 이 무렵 술에 취해 도당 회의에도 참석하지 않는 경우가 허다했다. 이는 그가 태만해서라기보다는 무기력함을 보여주는 것으로, 그가 술만 마셨다는 얘기에서 얼마나 울분에 찼을까 하는 생각이 스친다. 별다른 저항도 못하고 당한 일이었다. 경복흥의 외가 쪽으로 인척이 되는 명덕태후도 바로 앞서 죽고 없었으니 때를 잘 맞춰 제거한 것이었다.

경복흥이 이인임 정권의 인사권을 문제삼고 비판했다는 것은 인사권에 대한 견제였다. 여기에 최영이 동조했다면 그리 쉽게 축출되지는 않았을 텐데 그런 기색은 전혀 보이지 않고 최영에게는 그럴 의사도 없었다. 경복흥이 유배된 후 그가 차지하고 있던 문하시중 자리는 윤환이 임명받았지만 그가 수상으로서 실질적인 힘을 발휘할 수는 없었다.

경복흥을 축출하고 이어서 그와 가까운 인물들도 곤장을 맞고 유배당했으며 몇몇은 가혹한 국문으로 유배 가는 도중에 죽었다. 그렇게 경복흥은 손발까지 잘리면서 이제 다시 재기하기는 불가능했다. 유배된 지 반년 만에 향리에서 죽어 그럴 기회도 다시 오지 않았지만.

1381년(우왕 7) 2월 마침내 이인임은 문하시중(수상), 최영은 수시중(아상)을 차지하면서 실질적인 양두체제가 들어선다. 이인임과 최영이 아슬아슬하게 권력을 분점한 것이다. 앞으로 이런 양두체제가 얼마나 갈지, 인사권이 강한지 군사권이 강한지, 그래서 누가 먼저 쓰러질지 궁금해진다. 여기에 성년에 접어든 우왕도 중요한 변수로 작용하고 있으니 그 귀추를 더욱 주목할 필요가 있다.

이성계의 등장, 운봉전투

이인임 정권에서 경복흥이 축출되고 최영이 크게 부상하는 동안 또 한 사람의 강력한 무장이 등장하는 계기가 있었다. 1380년(우왕 6) 9월 운봉(전북 남원)에서 이성계가 왜구를 크게 물리치고 승첩을 올린 것이다. 이성계에 대해서는 앞 장에서 언급했듯이 자신만의 사병적인 군사기반이 있었는데 운봉전투에서 승리한 것도 그에 힘입은 바 컸다.

공민왕 대 이성계의 군사 활동은 북방의 반란 진압이나 홍건적 격퇴, 나가추의 변경 침범에 대한 방어, 공민왕 폐위 공작에 맞선 방어, 북원의 공격에 대한 대비 등에 나서는 것이었다. 하지만 특별히 주목할 만한 무공은 없었다. 그런 중에도 이성계는 홍건적이 점령한 개경을 수복하는 전투에 참전하여 55명의 1등 공신에 포함되면서 그나마 무공으로 내세울 만한 것이 되었다.

우왕 대에 들어와서도 이성계의 군사 활동은 크게 드러낼 만한 것이 없었다. 왜구의 격퇴에 몇 차례 나서긴 했지만 최영의 부장이든지 전투를 지원하는 조전원수 정도였다. 관찬사서에는 이 무렵 이성계의 군사 활동이 장황하게 서술되어 있지만 이는 조선왕조 개창으로 미화 분식된 것에 불과하다. 운봉전투 이전의 이성계의 군사 활동은 크게 주목받을 만한 것이 없었다고 보인다.

우왕 즉위 이후 지금까지 이성계의 군사 활동에서 크게 드러낼 만한 무공이 없었던 것은 이인임 정권 아래에서 기회가 주어지지 않았기 때문이다. 이는 이성계의 활동기반이 동북면에 있어 중앙과 거리를 두고 있었던 탓도 있었지만 이인임 정권의 견제가 크게 작용하고 있었다. 어쩌다 주어진 군사 활동의 기회마저 독자적인 군사 지휘권을 갖는 사령관의 자격이 아니었다.

그런데 운봉전투 한 달 전에 이성계는 양광·전라·경상 3도의 도순찰사에 임명받아 본격적으로 왜구와의 전투에 나선다. 이는 처음으로 이성계에게 주어진 독자적인 관할 지역으로 독립적인 군사령관을 겸하는 것이었다. 이 무렵 3도 연해의 땅이 왜구의 침략으로 텅텅 빌 정도였다니까 더이상 방관할 수 없어 이성계를 내세운 것으로 보인다.

3도의 도순찰사 이성계 휘하에는 도체찰사 변안열을 부사령관으로 하고, 우인열·도길부와 이성계의 서형 이원계 등 장수 6명이 있었다. 이성계 휘하의 이들 장수들은 이성계의 절제를 받는 위치였지만 대부분 이인임 정권과 밀착된 인물들로 이성계를 견제하는 역할도 겸하고 있었다. 특히 우인열과 도길부가 그런 자였다. 이는 이인임 정권이 이성계의 군사력을 예의주시했다는 것을 말해준다.

이인임 정권이 이성계의 군사력을 경계했다는 것은 당시 최영의 움직임을 통해서도 알 수 있다. 이때 최영은 여러 장수를 거느리고 자신이 사령관이 되어 출정하려고 했으나 우왕이 만류했다는 기록이 이색의 문집에 언급되어 있다. 그러니까 정확히 말하자면 이성계의 군사력을 견제한 인물은 이인임이 아니라 최영이라는 뜻이다.

그런데 더욱 흥미로운 점은 최영의 출정을 만류한 자가 우왕이라는 사실이다. 우왕은 이에 앞서 1년 전에 자신의 주변에 있던 환관을 비롯한 유모 장씨, 그와 결탁된 문신들이 주살되거나 축출되는 사태를 겪었었다. 최영이 군사력을 앞세워 항명하면서 우왕은 전혀 사태에 개입할 수 없었다. 이 사건으로 우왕은 최영의 힘을 실감했다. 그래서 우왕이 최영을 만류하고 이성계를 사령관으로 선택한 것은 최영을 견제하려는 의도가 작용하지 않았을까 여겨진다.

이성계가 사령관을 맡기 직전에 왜구는 진포(금강 하구)에 5백여 척의 함선을 이끌고 들어와 내륙에 상륙하여 김제·옥구·익산 지방을 휩쓸고 있었다. 이에 나세와 최무선을 파견하여 적선을 불태우니 퇴로를 차단당한 왜구는 더욱 내륙으로 향하여 영동(충북)·상주(경북)·선주(경북 선산)까지 휩쓸고 있었다. 이어서 경산(경북)까지 침략하고 함양(경남)으로 향하고 있었다. 왜구의 침략이 시작된 이래 이보다 큰 피해가 없었다고 하니까 그 세력을 짐작할 수 있을 것이다.

1380년(우왕 6) 8월 3도 도순찰사에 임명받은 이성계는 휘하 장수와 군사를 이끌고 남하하는데 왜구는 이미 함양 인근의 군현을 함락시키고 사근내역沙斤乃驛(경남 함양)에 주둔하고 있었다. 여기서 원수 배극렴裵克廉이 이끄는 군사는 왜구에 대패하여 휘하 장수가 여럿 죽고 전사한 군사가 5백 명이나 되었다. 당시 인근 계곡이 붉게 물들어 혈계血溪라고 불렀다니 그 참상을 알 만하다. 그해 9월에 왜구는 운봉현(전북 남원)을 불사르고 인월역(전북 남원군 동면 인월리)에 주둔하였다. 여기서 왜구는 장차 금성산성(전남 담양)에서 전열을 재정비하여 북진하겠다고 호언하고 있었다.

이때 이성계의 군사가 남원에 당도하여 군사를 정비하고 운봉을 넘어 왜구와 가장 가까운 황산荒山 서북 쪽에 진을 쳤다. 여기서 왜구와 대접전이 펼쳐지는데 이게 운봉전투이고 일반적으로 황산대첩荒山大捷으로 더 많이 불린다. 이 전투에서 이성계는 다리에 화살을 맞는 부상에도 불구하고 선봉에서 싸웠고, 왜구에 포위되었다가 간신히 뚫고 나오는 위기를 겪기도 하는데, 자세한 전투 상황은 생략하고 몇 가지만 언급하고자 한다.

운봉전투에서 이성계는 기병을 선봉으로 삼아 산간의 협곡을 이용하여 승리를 이끌었다. 이 기병이 바로 아버지 이자춘으로부터 물려받은 군사력이었다. 그 숫자가 얼마나 되었는지는 잘 모르겠지만, 이런 기병은 거의 이성계의 사병私兵과 같은 존재로 충성심이나 전투력이 일반 군대와는 비교할 수 없다. 죽음을 무릅쓰고 싸울 수 있는 군사였던 것이다.

그 점을 보여주는 것이 이두란의 존재이다. 이두란은 여진인으로 그 아버지의 천호千戶 직을 세습했으니까 그 아버지는 이자춘과 마찬가지로 몽골의 변방 장수 출신이었다. 이두란은 이자춘이 그랬던 것처럼 1371년(공민왕 20)에 고려에 귀부하였고 이자춘이 죽은 후에는 이성계를 섬겨 그 마하에 소속되었다. 이두란은 운봉전투 이전에도 이성계와 여러 전선에서 함께했지만, 특히 이 운봉전투에서 이성계는 이두란의 도움으로 죽을 고비를 넘기기도 했다.

또 한 사람, 처명處明이란 자가 운봉전투에서 이성계를 크게 도왔다. 처명은 이성계가 동녕부전투에서 사로잡은 적의 장수였는데 죽이지 않은 은혜에 감복하여 이성계의 심복으로 들어온 인물이다. 이번 운봉전투에서도 처명은 이성계를 호위 시종하며 선두에서 길을 열었다. 그 역시 이두란과 함께 이성계의 사병적 군대를 형성하는 데 일조하여 운봉전투의 승첩에 크게 기여했던 것이다.

운봉전투에서 또 하나 거론할 인물이 왜구의 어린 대장 아기발도阿只拔都이다. 15, 6세 정도의 나이였다고 하는데 백마를 타고 싸우는 용맹과 민첩함에 겁을 먹은 고려 군사들은 전투를 회피할 정도였다. 이성계는 그 아기발도를 생포하려고 했지만 군사의 희생을 염려한 이두란의 충고를 받아들여 사살하게 된다. 이후 왜구의 사기가 크게 꺾여 승리할수 있었는데, 이성계와 이두란이 마치 한몸처럼 일사불란한 작전을 수행하여 그 아기발도를 사살한 것이었다. 그래서 운봉전투는 이성계와 이두란, 처명과 같은 특별한 유대관계 속의 사병적 군사집단이 아니고서는 이룰 수 없는 승리였다고 보는 것이다.

운봉전투에서 노획한 말이 1,600여 필이나 되었고 살아서 도망친 왜구가 불과 70여 명이었다고 하니까 얼마나 큰 승리였는지 알 수 있다. 재미있는 사실은 전투가 승리로 끝난 후 고려 무장들이 이성계에게 살려달라고 빌었다는 점이다. 이들은 적을 앞에 두고도 적극 나서서 싸우지 않은 잘못 때문인데, 이성계의 사병과는 거리가 먼 무장들로 이런일은 왜구와의 전투에서 아주 흔했다. 이성계의 군대가 승리할 수 있었던 것은 사병적 성향이 강한 군대 때문이었다는 사실을 다시 확인할 수있는 것이다.

그해 10월 이성계는 승첩을 올린 군사를 이끌고 개선하였다. 이때 천수문 앞에서 이성계를 대대적으로 환영하여 맞이한 이가 바로 최영이었다. 이 자리에서 최영은 나라를 다시 구한 전투였다고 이성계를 극찬

했다. 우왕은 이성계와 변안열에게 각각 금 50냥을 하사했지만 장수의 전투는 당연한 일이라고 하면서 극구 사양했다고 한다. 앞서 홍산전투에서 승리한 최영에게 우왕이 수상 자리를 제의했다는 것을 감안하면 금 50냥은 너무 약소했다는 느낌이다.

그런데 개선한 이성계를 우왕이 아니고 최영이 맞이했다는 사실을 주목할 필요가 있다. 이는 최영과 이성계의 친선관계를 보여주는 것이 아니다. 그래도 군사권은 자신에게 있다는 최영 자신의 위상을 확인시키려는 의도가 아니었을까? 이성계는 그것을 무시할 수 없어 그랬는지 환영식에서 최영에게 극도로 자세를 낮추었다.

운봉전투에서 승첩을 올린 후 이성계는 자신의 근거지인 동북면으로 돌아간 것으로 보인다. 앞서 얘기했지만 이후 이성계는 1382년(우왕 8) 7월 동북면 도지휘사에 임명되는데, 이는 고려 정부에서 그의 군사적 기반을 공식적으로 인정한 것이었다.

반발하는 우왕, 측근의 환관

이 무렵 우왕은 친정에 나서는 모습을 보인다. 1380년(우왕 6) 5월 사헌부에서는 상소를 올려 우왕에게 보평청報平廳에 나아가 정사를 결재하고 아울러 조회를 정지하지 말 것을 주문하였다. 보평청은 국왕이 직접 정무를 보는 정청을 말하는 것으로 우왕에게 친정하라고 상소한 것이었다.

신돈이 집권할 당시 공민왕도 상소를 받아 보평청에 나아가 매월 육아일六衙日(매월 닷새마다 여섯 번 정무를 보는 날)에 직접 정무를 챙긴 적이 있었다. 하지만 신돈에 의해 매월 2회로 축소되어 비난받은 바 있었다. 이때 우왕도 육아일 중 2회만 각사의 장관으로부터 정무를 보고 받았다니까 진정한 친정을 행사했다고 보기는 어렵다.

이인임 정권에서 국정은 이인임과 그 측근의 몇몇 인물에 의해 주도되고 있었다. 이는 명의 황제가 고려를 의심하여 압박하는 한 원인으로 집정대신의 직접 조회를 요구한 것도 바로 그 때문이었다. 우왕에게 친정하라는 상소는 그래서 등장했다고 본다. 이인임 정권으로서는 국왕이 친정하고 있다는 모습을 조금이라도 드러낼 필요가 있었던 것이다.

우왕이 친정에 나선 탓인지는 모르겠지만 이 무렵 최영을 질책했다는 기록도 있다. 1380년(우왕 6) 7월 우왕은 환관 이득분李得芬을 시켜 최영이 왜구 침략을 방관하고 있다고 꾸짖었다. 그러면서 우왕 자신이 몸소 군사를 거느리고 출정하겠다는 선언도 한다. 이는 친정의 모습을 보이는 것으로 최영을 견제하고 압박하는 효과도 있었을 것이다.

그런데 결혼한 이후 우왕의 일상 행동은 오히려 친정과는 정반대의 모습을 보이기도 했다. 말을 타고 나가 사냥하는 날이 많았고, 궁궐 후원에 구덩이를 파서 환관들을 빠뜨리는 놀이를 즐기는가 하면, 환관들을 동원하여 매 사냥을 하면서 전쟁놀이에 빠지기도 했다. 그러는 사이 1380년(우왕 6) 8월에는 근비 사이에 창昌이 태어났지만 국왕의 위신을 저버리는 행동을 이어갔다. 도성 안의 개와 닭을 쏘아 죽이고, 기왓장이나 돌을 지나가는 사람들에게 던지는 놀이를 즐기는가 하면, 새를 잡아 구워 먹기도 하고, 민가에서 놀다가 미녀를 만나면 강간을 저지르고, 술에 취해 말을 타고 달리다가 떨어져 부상을 입기도 하는 등, 그야말로 기행의 연속이고 못하는 짓이 없었다. 1380년(우왕 6) 12월 이인임의 생일에는 그 사저에 가서 밤 늦게까지 풍악을 울리고 취하도록 마셨다.

우왕의 이런 행동은 고의적인, 그리고 다분히 정치적 의도가 있어 보인다. 이는 이인임 정권 아래에서 왕권을 제대로 행사할 수 없었던 것에 대한 반발심 때문에 그러지 않았을까? 이미 성년에 접어든 국왕이었지만 마음대로 할 수 있는 일이 없었으니 사춘기 나이에 그렇게 기행을 저지르며 저항하고 반발했으리라고 보는 것이다.

우왕의 이런 모습을 대하면 그는 결코 아둔한 인물은 아니었다는 생각이 든다. 국왕으로서 바람직한 모습은 아니었지만 이인임 정권에 그 나름대로 대처하는 방법이었던 것이다. 국왕 위에 군림하는 권력자에게 저항하며 그 권력을 조롱하기 위해서 말이다. 그래서 우왕이 일탈 행동을 보일 때마다 안절부절 못했던 것은 이인임과 최영이었다.

우왕의 그런 저항 때문이었는지 이인임 정권은 1381년(우왕 7) 3월 우왕 주변의 인물 20명을 축출해버렸다. 축출당한 인물의 중심에는 환관인 이득분과 무장 출신 목충睦忠이 있었다. 환관 이득분이 유배당한 것은 뇌물을 받고 남의 토지를 빼앗았다는 이유였지만 실은 이인임과 최영을 우왕에게 모함했기 때문이었다. 환관인 그가 이인임 정권에 비판적이었다는 뜻인데 그 배후에 우왕을 생각하지 않을 수 없는 것이다.

축출된 목충은 목인길의 사촌동생으로 형 덕택에 무장으로 성장했다. 형 목인길은 앞서 여러 차례 등장한 인물로 지윤을 제거할 때 이인임 편에 섰던 사람이지만 목충보다 1년 앞서 이인임 정권에 의해 유배되었다. 목인길의 유배는 왜구 격퇴에 소극적인 이인임 정권을 비판하다가 당한 일이었는데, 이는 이인임 정권이 무장으로 성장하는 그를 꺼려 한 때문이었다.

목충은 목인길과 비슷한 성향으로 역시 이인임 정권에 비판적이었다. 그런 목충이 우왕 주변의 환관들과 연루되어 함께 유배당했다는 것은 역시 그 배후에 우왕의 존재를 생각하지 않을 수 없다. 우왕과 그 주변에서는 이인임 정권에 우호적이지 않았다는 것을 엿볼 수 있다. 이인임 정권에 비판적인 인물들이 성년에 이른 우왕 주변으로 결집하는 현상으로 봐도 상관없을 것이다.

목충을 제거한 직후 대사헌 안종원은 여러 환관들이 국왕 주변에서 농간을 부린다며 환관을 10명 이내로 제한할 것을 주장한다. 안종원은 이전에 대사헌에서 물러났다가 지윤이 제거된 후 다시 복귀하여 이인임과 가까운 인물이었다. 국정을 농간하는 환관의 수를 제한하겠다는 것은 환관이 우왕의 측근 세력으로 성장하는 것을 미연에 막기 위한 것으로 우왕에 대한 견제였다.

이인임과 최영, 일선 후퇴

경복흥을 축출한 후 이인임이 수상, 최영이 아상을 맡았다는 얘기를 했다. 두 사람이 미묘한 공존관계 속에서 권력을 분할하여 정권의 전면에 나선 것이었다.

이런 상황에서 1382년(우왕 8) 1월, 민감한 무고 사건이 터진다. 익명의 밀고 서신이 알려지면서 사건이 시작되었다. 그 익명서의 내용은 이랬다. "우왕의 즉위에 의심나는 부분이 많고 국왕으로서 절도가 없어,

조민수·임견미·염흥방·도길부·문달한文達漢 등이 이인임과 최영을 제거하고 정창군定昌君 왕요王瑤를 새로운 국왕으로 삼으려 한다." 이는 허위로 정변을 예고하는 것이었다.

새로운 국왕으로 거론된 정창군 왕요는 나중에 고려 마지막 왕인 공양왕恭讓王이 된 인물이다. 정변의 주모자로 거명된 자들은 모두 이인임 정권의 핵심 인물들로 앞서 내재추 참여자로 언급했는데, 여기서 처음 등장한 문달한은 무장으로 출신한 자로 우왕의 장인인 이림의 매부이기도 했다. 그 역시 궁중에서 주로 활동했던 것으로 봐서 내재추였던 임견미 등과 그 역할이 유사한 인물이었다. 정변의 주모자로 거명된 다섯 명 모두 우왕의 지근에서 활동했다는 사실을 눈여겨볼 필요가 있다.

이 사건에서 중요한 점은 이인임 정권의 핵심 인물들이 이인임과 최영을 제거하고 새로운 왕을 세우려 했다는 사실이다. 사건은 특별한 증좌가 없어 단순한 무고로 드러났지만, 사건의 주모자로 거론된 임견미는 가만있지 않았다. 익명서의 내용을 알았거나 전달받은 자들에게 익명서를 쓴 자라고 누명을 씌워 죽이거나 유배 보낸 것이다. 이 사건에서 몇 가지 생각해볼 부분이 있다.

먼저, 이인임 정권의 핵심 인물들이 이인임 정권을 타도하려 했다는 내용이다. 그게 설득력이 떨어진다고 생각하기 쉽지만 정권의 내부 인물들이 정권을 타도하는 일은 아주 흔하다. 이인임 정권의 2인자였던 지윤은 실제 그렇게 정변을 주도하다가 제거당했었다. 그래서 이 무고 사건은 이인임 정권의 분열 조짐이거나 정권의 분열을 노린 자의 소행으로 보인다.

다음으로, 이런 무고 사건이 터졌다는 것은 이인임 정권에 대한 불만

이 충분히 쌓였다는 증거가 될 수 있다. 이인임 정권에 대한 불만은 이인임 본인보다는 바로 그 아래에서 권력을 누리고 있던 임경미·염흥방·도길부 등에게 더 집중되고 있었다. 이인임 자신도 불법에서 예외가 아니었지만, 이들에 의한 권력 농단이나 토지 약탈을 통한 축재, 인사권을 둘러싼 부정 등은 이미 도를 넘고 있었다. 그래서 익명서에서는 이들을 정변의 주모자로 거명하여 상처를 주고, 아울러 이인임·최영 등과 틈을 벌리려는 것을 노리고 있었다.

그리고, 익명서에서 우왕을 버리고 새로운 국왕을 옹립하려 했다는 내용도 눈길을 끈다. 이는 임견미 등이 이인임 타도에서 그치는 것이 아니라 반역까지 모의했다는 것으로 사건을 크게 확대시키려는 의도로 보인다. 우왕이 성년에 접어들면서 이인임 정권에 반발하는 모습을 여러 차례 드러냈는데, 그게 실은 정확히 말하자면 이인임보다는 임견미 등 내재추에 참여한 자들을 향한 불만이 더 크게 작용한 것이었다. 익명서에서 임견미 등이 새로운 국왕을 세우려 한다는 모함은 이런 사정을 정확히 간파한 자가 우왕과 내재추의 반목을 증폭시켜 우왕의 분발을 촉구한 것이었다고 보인다.

익명서에서 마지막으로, 이인임과 함께 최영을 제거 대상으로 거명했다는 것도 주목할 필요가 있다. 이는 최영이 이인임 정권의 중요한 권력 파트너로 부상하여 영향력이 커졌다는 것을 반영하고 있다. 최영이 그렇게 정치적으로 크게 부상하면서 이를 꺼려 할 자들은 바로 임견미 등 정권의 핵심 인물들이었다. 그래서 이번 무고 사건은 이러한 권력의 추이를 정확히 간파한 자가 실제 일어날 것 같은 그럴 듯한 내용으로 임견미 등을 모함한 것이었다.

이와 같은 의도를 지닌 익명서는 누가 작성했을까? 누구라고 지목할 수 없지만 정권의 친위대 노릇을 하며 권력을 농단하던 임견미·염흥방·도길부 등과 정반대편에 서 있던 자라는 것은 확실하다. 그런 위치에 있던 자는 이인임과 최영, 그리고 익명서에서 주모자로 언급된 임견미 등을 제외한 모두가 해당될 수 있다. 그런 사람들은 조야에 차고 넘쳤다.

그런데 이번 익명의 무고 사건 후에 의외의 일이 벌어진다. 1382년 (우왕 8) 6월 이인임과 최영이 동시에 수상과 아상을 그만둔 것이다. 홍영통을 문하시중, 이자송을 수문하시중으로 삼고, 이인임은 영문하부사, 최영은 영삼사사로 물러선 것이다. 이인임의 영문하부사나 최영의 영삼사사는 관직 서열에서는 문하시중의 위이지만 명예직에 불과하다. 이인임과 최영은 자신들이 차지했던 실질적인 수상과 아상을 홍영통과 이자송에게 넘겨준 것이다.

홍영통은 앞에서 내재추에 참여했던 인물로 언급했는데, 이인임 정권과 가까운 것은 분명하지만 임견미 등과는 권력 서열에서 밀렸다. 이자송 역시 이인임 정권과 전혀 무관한 인물은 아니지만 상대적으로 정권과의 관계가 밀접하지 않았고, 권력 서열에서도 임견미 등과는 상대가 되지 않았다. 그래서 실질적인 힘을 발휘할 수 없는 이런 두 사람을 수상과 아상으로 앉힌 것이다. 왜 그랬을까?

우선, 이런 현상은 임견미·염흥방·도길부 등 정권의 핵심 인물들이 치고 올라오면서 이인임과 최영이 스스로 물러난 것으로 볼 수도 있다. 이 무렵 임견미 등은 이인임 정권과 무관하게 독자적으로 권력을 행사하고 있었다. 위의 모함 사건에서 이인임은 사건 자체를 의심하여 극단적인 처단을 막으려 했지만 임견미는 기어이 해당자를 죽이고 만다. 임견미는 이미 이인임 정권의 친위대를 넘어 통제하기 어려운 상대였던 것이다.

이인임은 임견미 등의 부정이나 일탈행위가 도를 넘고 있다는 것을 모르지 않았다. 그럼에도 이들을 통제하거나 견제하지 않았는데, 그 이유는 오히려 반발이나 저항을 살 공산이 컸기 때문이다. 이는 임견미·염흥방·도길부 등이 이인임의 권력과 이제 맞상대할 만큼 컸다는 뜻이다.

그리고 이인임과 최영이 수상과 아상을 맡아 정권의 전면에 나섬으로써 조야의 비난을 받을 소지가 많았다는 점도 생각해볼 필요가 있다. 이인임 정권의 인사권을 이용한 부정이나 불법적인 축재는 이미 정치사회적 문제가 되고 있었기 때문이다. 여기에 이번 모함 사건까지 벌어지면서 자신들이 제거 대상으로 거론된 것도 큰 부담이었다. 이인임과 최영이 수상에서 물러난 후에도 권력을 유지할 수만 있다면 거추장스럽게 직함을 유지할 필요가 없었을 것이다.

게다가 명에서는 집정대신이 우왕을 허수아비로 만들고 배후에서 국정을 조종한다고 의심하여 이를 금지시키거나 집정대신의 직접 조회를 요구하기도 했었다. 또한 명에 수차례 사신을 파견했지만 입경을 금지당하면서 관계 회복도 요원한 일이어서 그런 정치적 부담도 적지 않았다. 그래서 이인임과 최영은 일선에서 일단 물러서는 것이 여러 가지로 유리하다고 판단했을 것이다.

우왕의 한양 파천

그런데 이 무렵 사회적으로 불안한 일들이 일어나면서 민심도 동요하고 있었다. 이것도 이인임과 최영이 일선에서 물러난 배경이 될 수 있는데, 민심의 동요는 마침내 우왕이 한양으로 거처를 옮기면서 천도 후보지로서 한양이 등장하는 계기가 되었다.

먼저, 사회 불안을 반영하는 현상으로 미륵불을 자처하는 자들이 나타났다. 1381년(우왕 7) 5월, 개경에서 한 여승이 스스로 미륵불을 자처하자 여러 사람들이 몰려 재물을 바쳐 보시하는 일이 벌어진다. 사헌부에서 잡아들여 징치하지만 사회 불안은 이것으로 끝나지 않는다. 그해 11월에는 정주(평북)에서 아전들이 반란을 일으켜 도적질을 하였고, 다음 해 1월에는 요동 지역의 호발도가 군사 1천을 거느리고 압록강을 넘어와 의주(평북)를 침범하여 노략질하는 일도 있었다.

그런 불안 때문이었을까? 또 천도 문제가 거론된다. 1382년(우왕 8) 2월 천문지리를 담당하는 서운관에서 변괴가 자주 일어나니 천도하여 재앙을 막을 것을 요청한다. 우왕은 이 문제를 도당에 내려 논의하게 하였으나 이인임이 반대하여 중지시켰다. 이때는 이인임과 최영이 수상과 아상으로 재임 중이었는데 이인임이 왜 천도를 반대했는지는 드러나지 않고 있다.

하지만 이때 최영은 도참사상을 믿지 않을 수 없다고 하면서 한양 천도를 적극 주장했다. 도성의 축조까지 시작했으나 공사가 순조롭지 않으면서 그만둔다. 이인임과 최영이 한양 천도에 대해 정반대의 입장을 가졌다는 점을 주목할 필요가 있다. 게다가 이전의 천도 논의에서 극력 반대했던 최영이 왜 이번에는 천도를 주장했는지 매우 궁금한 문제가 아닐 수 없다.

1382년(우왕 8) 4월에는 영월(강원)에서 양수척楊水尺 무리들이 왜구 행세를 하며 관아와 민가를 불태웠고, 그 무렵 서해도에서도 양수척 무리가 등장하여 소란을 피웠다. 양수척은 화척禾尺이라고도 하며 여진족이나 귀화인의 후예로 알려져 있는데 수초를 따라 떠돌아다니는 자들로 사회 불안의 요인이 되곤 했다. 그들이 왜구 행세를 하며 사회를 어지럽혔다는 사실이 흥미롭다.

그해 5월에는 고성(경남)에서 이금伊金이란 백성이 또 미륵불을 자칭한다. 백성 이금은 자신을 따르는 자들로 제자까지 두고서 조직적으로 사람들을 선동했다. 그가 백성들을 선동하는 말들은 도저히 믿을 수 없는 것이었지만 사람들이 구름처럼 몰려들었다. 심지어는 그를 영접하여 관사에 유숙시키는 고을 수령도 있었다.

백성 이금이 선동하는 말들은 이런 것이었다. "나는 석가불을 강림하게 할 수 있다," "재물을 나누어주지 않는 자는 죽을 것이다," "내가 술법을 내리면 나무에 곡식이 열리며 한 번 심어 두 번 수확할 수 있다" 등으로 허무맹랑한 것이었다. 그 무렵 흉년이 거듭되어 굶주려 죽는 사람이 많았다는 것을 그대로 반영하고 있었다.

그런 선동 중에는 주목할 만한 것도 있었다. "내가 명령하여 산천귀신을 일본에 보내면 왜적을 모두 사로잡을 것이다." 미륵불을 자처하는 이금이 왜구 근절을 외친 것이다. 왜구의 침략과 살인 약탈이 끊임없이 계속되는데 정부에서는 임시방편으로 대응하면서 백성들을 방치하고 있던 시대 상황을 그대로 보여주고 있었다. 왜구 근절이 당시 불안에

떨던 백성들의 간절한 소망이었던 것이다.

이금을 비롯한 주모자 5명을 잡아들이고 도당에 이첩하여 모두 주살하면서 일은 끝났다. 그때 고위 관리 출신으로서 이금의 말을 신봉하는 자까지 생겨났다니까 미륵불을 자처한 이금의 세력은 간단한 정도가 아니었던 모양이다. 전통사회의 이런 미륵신앙의 현상은 말할 필요도 없이 불안한 사회의 위기의식을 그대로 반영하는 것이었다.

그런 위기의식의 반영이었을까? 1382년(우왕 8) 8월, 결국 한양으로 천도할 것을 다시 결정한다. 이때는 이인임과 최영이 수상에서 물러나고 홍영통과 이자송이 새로이 수상을 맡은 직후였는데, 간관들이 천도를 말렸지만 우왕은 한양으로 떠난다. 이게 완전한 천도가 아닐지라도 국왕이 왕도 개경을 장기간 벗어난다는 점에서 중요한 정치적 사건이었다.

이때 왕도 개경은 새로이 수시중이 된 이자송에게 머물러 지키게 하고, 이인임·임견미·염흥방·도길부 등 정권의 핵심 인물들은 하나도 빠짐없이 우왕을 수행하여 한양으로 향했다. 이때 최영은 천도를 반대해서 그랬는지 우왕을 수행하지 않았고, 이인임은 수행했는데 두 사람의 천도에 대한 입장이 자꾸 바뀐다는 점을 다시 주목할 필요가 있다. 이는 천도 후보지가 한양으로 바뀌면서 나타난 문제가 아니라 천도 문제가 정치적 상황이나 권력의 추이에 따라서 논의된 결과로 보인다.

우왕이 한양으로 파천한 직후인 그해 11월 수시중을 이자송에서 조민수로 교체했다. 이는 개경 방어 임무를 이자송이 아니라 조민수에게 맡기기 위한 것으로, 그 이유는 잘 모르겠지만 조민수는 임견미보다는 이인임과 가까운 인물이라는 것을 참고할 필요가 있다. 그리고 이색을 판삼사사로 임명하는데 이색은 병을 핑계로 일을 보지 않았다. 이색의 이런 행동은 이인임 일파의 권력 독점에 대한 불만 때문인 것으로 볼 수 있다.

그런데 한양으로 파천했던 우왕은 1383년(우왕 9) 2월 다시 개경으로 돌아왔다. 반년 정도 한양에 머문 것이었다. 반년 만에 돌아옴으로써 천도가 아니라는 것은 확실해졌지만 그래도 그 정치적 의미는 특별했다. 국왕이 왕도를 떠나 다른 곳에서 반년이나 머문 것도 특별했지만 그게 단순한 행차나 거둥이 아닌 천도를 염두에 뒀다는 사실 때문이다. 이후에도 우왕은 한양 천도를 완전히 단념하지 못하고 추진 의사를 밝혔으나 최영의 조심스런 태도로 밀어붙이지 못했다.

우왕은 왜 그렇게 천도에 대한 미련을 버리지 못했을까? 앞서 설명에서 왜구의 침략에 대한 위협 때문이라는 언급을 했었는데 이 대목에서 그것 때문만은 아니라는 생각이 든다. 혹시 우왕은 이인임 정권으로부터 벗어날 목적으로 천도를 고려한 것이 아니었을까 하는 생각이 스친다. 하지만 한양으로 옮긴다고 해서 이인임 정권의 손아귀에서 벗어날 수는 없는 일이었다. 이인임 정권의 핵심 인물들도 온전히 한양으로 따라왔으니, 우왕이 한양에 머문 반년은 그 점을 확인하는 것이었다. 우왕이 한양으로 거처를 옮긴 것을 '파천'이라고 표현한 것은 그 때문이다.

이번 한양 파천이 또 하나 특별한 것은 천도 후보지로서 한양이 등장했다는 사실이다. 한양이 천도 후보지로 등장한 것은 이게 처음은 아니었고, 공민왕 때도 한양은 천도 후보지로 등장한 적이 있었다. 하지만 우왕이 이번에 한양으로 파천하면서 한양은 천도 후보지로 굳어진다.

우왕을 탓하는 간관, 우왕을 위하는 환관

우왕은 한양 파천 후 개경으로 돌아와서도 기행과 일탈된 행동을 계속했다. 이런 상황에서 우왕에게 국왕으로서 정치를 올바르게 하라는 상소가 잇달아 올라온다. 그 중심에 좌사의(정4품) 권근이 있었다. 권근은 이 책 맨 앞에서, 북원의 사신을 맞아들이는 것에 반대한 김구용·이숭인·정도전 등과 행동을 함께했던 인물로 거론했었다.

권근은 그해 1383년(우왕 9)에만 네 차례나 우왕에게 상소를 올렸다. 동료 간관과 함께 올린 게 한 번이고, 그 나머지는 모두 혼자서 올린 것이었다. 그의 직함인 좌사의대부는 직언을 본분으로 하는 간관이니 그가 상소를 올린 것이 이상할 것은 없다. 하지만 서너 차례 모두 비슷한 내용의 상소를 연거푸 올렸다는 점에서 조금 엉뚱해 보였다.

네 차례에 걸친 상소 내용은 이런 것이었다. 1383년(우왕 9) 2월의 첫 번째 상소는 국정 전반의 모든 문제를 거론한 것으로 한마디로 요약하기가 어렵지만, 가장 중요하게 언급한 문제가 인사 행정에 대한 것이었다. 공로의 유무를 묻지 않고 첨설직을 남발하여 벼슬이 진흙같이 천하게 되었다고 하였다. 현상에 대한 설명으로는 옳은 말이지만, 왜 그런 현상이 빚어지게 되었는가에 대한 문제의식이 전혀 없었다. 이인임 정권에 의해 인사권이 농락당하고 있었으니 이는 우왕의 문제가 결코 아니었던 것이다.

3월에 올린 두 번째 상소문은 여러 사람이 함께 올린 것이었다. 그 핵심은, 말 달리고 노는 기행과 놀이를 멈추고 간언을 받아들여 덕성을 함양하라는 것이었다. 이는 국왕으로서 우왕의 일탈된 행동을 문제삼은 것으로 온당한 지적이었지만 우왕의 처지에서는 매우 섭섭한 말이었다. 국왕으로서 우왕의 행동이 올바른 것은 아니었기 때문에 이 정도는 간관의 직언으로서 충분히 이해할 수 있다.

권근이 올린 세 번째 상소는 그해 8월에 있었다. 그 내용은 두 번째 상소와 큰 차이가 없는 것으로, 도적과 왜구가 끊이지 않아 나라 안팎이 위기이니 행동을 자중하고 국정을 잘 살피라는 것이었다. 권근은 같은 내용의 이러한 상소를 왜 연거푸 올렸을까? 우왕의 일탈 행동이 고쳐지지 않으니 바르게 시정될 때까지 반복 직언하는 것을 간관의 책무로 생각해서 그랬는지는 모르겠지만 권근은 뭔가 문제의 핵심을 애써 간과하고 있었다.

우왕은 그런 상소가 올라온 후에도 궐 밖으로 나가 말을 달리고 사냥하는 것을 멈추지 않았다. 하지만 간관들의 직언을 조심스러워 하면서 불편하게 여겼다. 이에 측근의 환관들이 우왕에게, 간관들도 상감께서 임명하신 것이니 뜻에 거슬리면 갈아치우라는 주문을 한다. 권근 같은 불편한 간관은 해임시킬 수 있다는 것이니, 이는 환관이 우왕을 부추긴 것이었다.

환관들이 답답한 우왕의 속마음을 더 잘 꿰뚫어 보았던 것 같다. 또한 우왕에게 지금 당장 필요한 게 무엇인지 환관들은 정곡을 찌르고 있었다. 우왕에게 지금 요구되는 것은 간관들이 말하는 군왕의 자질이 아니라 국왕으로서 정상적인 권한을 행사하는 일이었다. 환관들의 그런 조언은 우왕에게 인사권을 정상적으로 행사하라는 뜻이었던 것이다. 우왕의 처지에서는 이인임 정권에 이바지하는 간관들보다 자신에게 필요한 것을 조언하는 환관들이 더 유능해 보였을 것이다. 이후 우왕은 간관들을 가볍게 어기고 더욱 거리낌 없이 행동했다.

권근이 올린 네 번째 상소는 역시 그해 8월로, 세 번째 상소문을 올린 직후였는데 상소문이 아니라 간략한 직언의 형태였다. 그 내용은 역시 궐 밖으로 나가 말 달리는 일탈 행동을 멈추라는 것이었다. 우왕은 이때 몰래 궐 밖으로 빠져서 말을 달리면서 밤 늦도록 돌아오지 않아 소동을 일으키는 일이 많았다. 대궐 안이 답답하여 말을 달리다보면 시원스레 가슴이 좀 풀렸던 모양이다.

간관은 국왕에게 비위에 거슬리는 직언을 하는 것이 본분이니 우왕이 이런 상소를 반겨할 리는 없지만, 권근이 올린 일련의 상소에는 뭔가 색다른 의도가 있어 보였다. 세 번째 올린 상소문의 일부를 인용해 보겠다.

……엎드려 바라건대, 멀리 역대 흥망의 이유를 상고하시고 깊이 조종祖宗이 맡겨주신 중책을 생각하시어 놀이를 즐겨하지 마시고 만기의 정사를 도모할 것이며 궐 밖으로 유행遊幸하지 마시고 비상시국의 변화에 대비하십시오. 반드시 간언을 좇아 혹시라도 믿음을 잃지 않도록 단정하고 엄숙하게 처신하시고 재상들을 가까이하여 나라를 다스리는 정책과 도적을 제어하는 계책을 널리 물어 주야로 걱정하고 근면하소서.……
(《고려사》 107. 권근 열전).

그른 말이 하나도 없지만 추상적인 내용의 나열로서 상소문 전체가 그런 투였다. 만기의 정사를 도모하라는 요청은 국왕의 친정을 강조한 말 같지만 놀이나 유행을 삼가라는 뜻이었다. 권근은 당시 국정의 진정한 폐단이 이인임 정권의 농단에 있다는 것을 모르지 않았을 터이니 그가 바보가 아니라면 그 의도는 다른 데 있었다. 이런 상소문은 이인임 정권을 비호하고 모든 실정의 책임을 국왕에게 씌우는 역할을 했으니 이인임에게는 이게 나쁘지 않았을 것이다.

재상들을 가까이하라는 요청도 이인임 정권에 맞서보려는 우왕의 처지에서는 정권을 편들고 있다고 생각할 수 있어 한점도 도움이 안 되는 상소였다. 권근이 진정한 충신이라면 이인임이나 임견미·염흥방 등 그 정권의 핵심 인물들을 탄핵하라는 상소를 올려야 맞다. 현실의 살아있는 권력이니 그리는 못할망정, 휘둘리는 우왕에게 실정의 모든 책임을 씌우고 바른 정사를 도모하라 요청했으니 얼마나 권근이 괘씸했겠는가. 권근은 이때 간관이라는 중책을 맡고 있었지만 이인임 정권의 하수인에 지나지 않았던 것이다.

권근의 상소는 이것으로 끝이 아니었다. 성석린成石璘과 함께 다시 우왕에게 직언을 올리는데, 우왕은 술에 취해서 활로 권근을 쏘려고 했다고 한다. 권근을 얼마나 밉게 봤으면 그랬을까. 성석린은 공민왕 때 과거에 합격하여 관직에 들어왔는데, 그는 앞서 양백연의 옥사에 연좌되었다고 알려져 유배당했다가 사면으로 복귀한 직후였다. 우왕에게는 성석린도 권근과 비슷한 성향으로 보였을 것이다. 간관들 스스로 자신들을 한없이 가벼운 존재로 전락시킨 것이었다.

이즈음 우왕은 기행과 일탈행위를 계속하면서도 때로는 냉철한 판단을 내렸다. 1383년(우왕 9) 8월, 우왕은 밀직제학 조준趙浚에게 이런 부탁을 한다. 양광 경상도에 왜구가 극심한데 원수니 도순문사니 하는 장수들이 겁내어 싸우지 않으니 지방으로 내려가 기강을 바로잡으라고 하였다. 왜구 방어를 위해 파견한 장수들을 믿을 수 없으니 국왕의 비서관으로 있던 조준에게 특별히 명을 내린 것이다.

조준은 충렬왕 때 수상을 지낸 조인규趙仁規의 증손으로 관직생활을 하면서 공민왕 말년에야 늦게 과거에 급제했는데 후에 정도전과 함께 조선왕조 개창의 1등 공신이 된 인물이다. 그는 우왕 초에 우수한 지방관으로서 자질과 능력을 보인 적이 있었고, 국정에 대해서도 정직하고 충성스런 사람들은 멀어지고 아첨하는 무리들만 설친다고 비판한 적이 있었다. 또한 왜구와 싸우는 지방 장수들의 기강을 바로잡는 체복사로서 활동하여 능력을 보인 적이 있었다. 그러니까 우왕이 조준에게 그런 부탁을 한 것은 과거의 능력을 인정받고 있었기 때문이다.

이에 조준은 노모의 병환을 핑계로 그 일을 다른 사람에게 맡기라고 하면서 사양하였다. 하지만 우왕은 조준의 위엄과 덕망을 갖춘 성품까지 칭찬하며 바꿀 수 없다고 하였다. 우왕은 조준을 크게 신뢰하고 있었던 것이다. 이에 다시 조준은 자신에게 군사에 대한 전권을 주지 않으면 직제상 상급자인 지방의 장수들이 자신을 따르지 않을 것이라고 하였다. 조준의 이 말은 자신에게 그들을 통제할 수 있는 확실한 권한을 달라는 것이었다.

그런데 이 문제에 제동을 걸고 나선 자들이 있었다. 바로 이인임 정권과 가까운 무장들이었다. 이들은 우왕에게 요청하여 조준을 그만두게 하여 그 일은 문달한에게 돌아갔다. 조준 대신에 문달한이 양광·경상도 체찰사로 임명받았던 것이다. 문달한은 바로 임견미·염흥방·도길부 등과 같은 무리에 속한 인물이었으니 조준의 일을 방해한 자들이 누구인지 뻔했다.

이 이야기에서 몇 가지 중요한 점이 드러난다. 우선, 당시 왜구의 침략에 맞서 싸우기 위해 지방에 내려간 장수들의 전투 의욕이나 기강이 형편없었다는 사실이다. 그렇게 된 배경에는 앞에서 여러 차례 언급했듯이 장수를 기용하는 방법 등 이인임 정권의 대처에 가장 큰 원인이 있었다. 그래서 군사 감독관으로서 체복사나 체찰사가 필요했던 것인데, 이것도 이인임 정권에 밀착된 무장들이 차지하는 경우가 많았던 것이다.

또 하나 엿볼 수 있는 사실은, 우왕이 인사권을 찾기 위해 나름 애쓰고 있는 모습이다. 우왕이 조준에게 부탁하려 했던 일이 바로 그 군사 감독관이었다. 이는 비서관으로 있던 조준을 우왕이 특별히 신뢰하여 발탁하려는 것으로 국왕으로서 당연히 행사할 수 있는 인사 권한이었다. 하지만 우왕의 신뢰를 받고 있다는 바로 그런 이유 때문에 이인임 정권의 무장들에게 제지당했던 것이다.

우왕의 인사권 찾기, 수상 최영

그런데 권근의 상소가 올라올 즈음인 1383년(우왕 9) 3월, 갑자기 수상이 교체되었다. 문하시중으로 있던 홍영통을 물리치고 수문하시중에 있던 조민수를 문하시중으로 올렸으며, 수문하시중에는 새로이 임견미를 앉혔다. 이인임과 최영이 수상에서 물러난 후 실세인 임견미가 수상에 오른 것이었으니 그 의미가 더욱 컸다.

수상 교체의 내막은 이랬다. 홍영통은 시중이었지만 인사 행정에 참여하지 못하였다. 이는 임견미가 인사권을 독점했기 때문인데, 이에 불만을 품은 홍영통이 스스로 사퇴를 요청한 것이다. 수시중에 있던 조민수도 홍영통과 마찬가지로 인사권에 참여하지 못했지만 그는 이인임과 가까워 홍영통과는 처지가 조금 달랐다. 그래서 조민수를 시중으로 올리고 임견미를 수시중으로 삼은 것이었다. 알기 쉽게 말하자면 홍영통은 조민수와 달리 이인임이나 임견미 모두와 긴밀한 관계가 아니었기 때문에 인사권에서 배척되었고 그래서 그 불만으로 사퇴해버린 것이었다.

이인임은 수상에서 물러난 이후 정치의 전면에 나서는 것을 조심스러워했다. 절정에 이른 권력이었지만 계속 그런 상태를 지키기에는 위험이 따를 수 있다고 판단했던 것 같다. 수상에 오른 조민수는 이인임의 대리인 격이었으니까 그 점을 보여준 것이다. 그 틈새를 이용하여 임견미가 치고 올라온 것이다. 이인임은 노련하게 퇴로를 찾고 있었지만 탐욕스런 임견미는 위험을 아랑곳하지 않고 이를 기회로 생각했던 것 같다.

하지만 임견미는 1년 반 뒤에 그 자리에서 물러나야 했다. 1384년(우왕 10) 9월, 문하시중 조민수와 수문하시중 임견미를 파면 해임하고 최영을 문하시중, 이성림李成林을 수문하시중으로 앉힌 것이다. 여기에는 우왕의 의지가 분명 반영되어 있었는데 배척 대상이 된 인물이 바로 임견미였다.

우왕은 평소에 임견미의 심한 탐욕을 미워했는데, 그런 그가 수문하시중에 올랐으니 얼마나 싫었겠는가. 이에 우왕은 임견미의 아들 임치에게 그 아비의 탐욕을 수시로 언급하며 비난했다. 우왕의 질시를 받은 임견미는 일단 피하고 보자는 생각이었는지 병을 핑계로 사퇴를 요청했던 것이다.

이 소식을 들은 이인임·최영·조민수 등이 자신들도 모두 함께 사퇴하겠다고 우왕에게 요청한다. 우왕의 속마음을 살피면서 임견미의 퇴출을 일단 막아보려는 것이 아니었나 싶다. 우왕은 이런 기회를 놓치지 않고 수상을 교체해버린 것이었다. 아마 이인임과 최영이 임견미의 사퇴를 적극 반대했다면 우왕의 뜻은 관철될 수 없었을 것이니 이는 두 사람이 드러나지 않게 임견미를 견제한 것이라고 볼 수도 있다.

문하시중에 오른 최영은 이인임 정권의 중요한 권력 파트너였고, 이때 처음 수문하시중에 오른 이성림은 무장에서 출발한 자로 염흥방의 이부형異父兄이었다. 그는 공민왕 말년에 왜구를 막지 못했다는 이유로 최영에게 죽을 뻔하다가 염흥방의 구원으로 면한 적이 있었다. 우왕 초에는 북원과 관계 개선을 반대했던 정몽주·김구용·이숭인 등과 연루되어 유배된 적도 있었다. 하지만 이후 이인임 정권에 포섭된 것으로 보이는데 염흥방과의 인척이란 점이 작용했을 것이고 이번 발탁도 그랬을 것이다.

이를 보면 이번 인사는 이인임 정권의 테두리 안에서 양 수상이 교체된 것이니 우왕이 온전히 인사권을 확립했다고 말하기는 어려울 것이다. 하지만 우왕이 싫어한 임견미를 자신의 의지대로 일단 배척했다는 점에서 의미가 적지 않았다. 또한 우왕은 임견미를 배척한 후 도길부에게 간통을 저질렀다는 이유를 들어 지방의 장수로 내보내기도 했으니 이전과는 뭔가 다른 모습이었다.

그런데 문하시중에 오른 최영은 조심스러워했다. 최영은 전국의 군사를 책임지는 도통사의 사퇴를 우왕에게 요청하기도 했고, 병을 핑계로 수상의 일에도 적극 나서지 않았다. 최영의 이런 행동은 어떻게 봐야 할지 모르겠다. 우왕이 비서관을 보내 재차 요청한 후에야 일을 보는데, 아마 최영은 임견미가 배척당한 상황에서 문하시중을 맡게 되어 정치적 부담을 느꼈을 것이다. 게다가 이인임 정권의 임견미·염흥방·도길부 등이 아직 건재한 상황에서 이들에게 휘둘릴 것을 염려했던 것 같다.

문하시중에 오른 최영이 제일 먼저 한 일은 권세가의 토지 탈점을 금지한 것이었다. 도당 회의에서 최영은 토지 탈점을 금지하는 문안을 만들어 참석한 모든 재상들에게 서명토록 하고 다짐까지 받았다. 이게 얼마나 효력이 있을지 모르겠지만 우왕이 세운 수상으로서 출발은 괜찮은 편이었다.

최영을 문하시중에 앉힌 우왕은 환관인 김실金實을 문하찬성사로 삼아 도당의 사무를 관장하도록 했다. 이는 확실하게 우왕이 자신의 의지를 관철한 것이었다. 김실은 앞서 이인임 정권에 의해 제거당한 환관 이득분과 함께 우왕 측근의 환관이었다. 우왕은 측근 환관인 김실을 통해 도당을 장악하려는 시도를 했다고 볼 수 있다. 이러한 인사를 통해 우왕이 얼마나 국왕의 권한을 행사할 수 있을지 모르겠지만 지금까지와는 분명히 다른 모습이었다.

수상 임견미, 밀려난 최영

1384년(우왕 10)을 전후한 무렵 우왕의 행동은 사냥이나 놀이를 위해 말을 타고 궐 밖으로 나가는 것이 일상이었다. 궐 밖의 외출에 밤낮이 따로 없었고 어떤 때는 며칠 동안 입궐하지 않는 경우도 있었다. 간관의 직언이나 상소도 별 소용이 없었다. 우왕이 이런 일탈된 행동을 계속했던 것은 역시 국왕으로서 정상적인 권한을 행사할 수 없는 무력감 때문이었다.

우왕은 인사권을 비롯해서 국왕으로서 정상적인 권한을 행사하려는 노력을 기울여 보지만 쉽지 않았던 것 같다. 여기에는 이인임 정권이 재상을 중심으로 견고하게 구축한 도당의 벽을 도저히 넘을 수 없었기 때문이다. 이런 속에서 국왕으로서 권한을 찾으려는 우왕의 노력은 번번이 벽에 부딪쳤고 오히려 무력감만 더 깊어졌다고 할 수 있다.

앞서, 환관 김실을 문하찬성사에 임명하여 도당의 사무를 관장하게 했다고 언급했는데, 이것도 우왕의 뜻대로 움직여지지 않았다. 1384년 (우왕 10) 11월 무렵에 이와 관련된 재미있는 일화가 전하고 있다.

최영은 수상으로서 김실을 통해 우왕에게 조회에 꼭 참석할 것을 요청하였다. 국왕은 '육아일'이라 하여 보통 한 달에 닷새 간격으로 여섯 번 정도는 조회에 참석해야 하는데 이게 지켜지지 않자 최영이 도당의 사무를 관장하는 김실을 앞세워 다음 날의 아침 조회 참석을 요청했던 것이다.

요청을 받은 우왕은 개의치 않고 그날 궐 밖의 용덕龍德이라는 비첩의 집에서 밤을 보냈다. 여기 용덕은 나중에 숙비淑妃로 책봉된다. 다음 날 아침 백관이 모두 조회에 참석했는데도 우왕은 입궐하지 않고 궐 밖에서 사냥을 계속했다. 이에 김실이 달려가 조회 참석을 요청하니까 우왕의 답변이 이랬다. "재상이 국사를 도모하는 것은 참으로 좋은 일이다. 나는 아직 어린 마음으로 놀기를 좋아하고 절도가 없으니 부끄럽다. 네가 술을 가지고 가서 재상들을 위로하라."

우왕의 말은 이런 뜻이 아니었을까? '어차피 국정은 너희 재상 놈들이 알아서 하지 않았느냐? 이제 와서 새삼 무슨 조회에 참석하라는 것이냐? 네 놈들이 모두 알아서 해라.' 우왕의 말을 김실이 받아 도당에 전하니 재상들의 반응이 또 걸작이었다. "비록 조회는 이루지 못했으나 이제 상감의 말을 들으니 이 또한 기쁜 일이다."

이게 무슨 말일까? 국왕이 조회에 참석하든 안 하든 관계없다는 속마음이 드러난 것이 아니었을까. 우왕이나 도당의 재상들, 양자 모두 상황을 너무나 잘 알고 있었던 것이다. 도당의 재상들은 자신들이 국정을 알아서 하는 일로 여겼고, 우왕의 처지에서는 어차피 이를 거부할 수 없다는 것을 충분히 알고 있었던 것이다.

그런데, 이 일 직후 갑자기 문하시중이었던 최영을 판문하부사로 바꾸고 임견미를 문하시중으로 삼는 일이 벌어진다. 최영이 문하시중을 맡고, 임견미가 수문하시중을 사퇴한 지 불과 두 달 만의 일로 정말 예상치 못한 사태였다. 배척했던 임견미를 문하시중에 다시 앉혔다는 사실이 특히 의외였다.

여기에는 수상으로서 최영의 인사권 행사가 우왕에게 거슬렸던 일이 작용하고 있었다. 사태의 배경은, 우왕이 사소한 일로 문달한의 관직을 빼앗고 대궐 출입을 금지시켰는데, 최영이 그 문달한을 용서하여 대궐 출입을 허용해줄 것을 우왕에게 요청했던 것이다. 최영은 여기서 그치지 않고 그 문달한을 복직시키는 비목批目(인사안)을 만들어 올렸다. 문제는, 문달한이 임견미 등과 가까운 인물이기 때문에 최영이 이를 감안해서 복직시키려 했는데 우왕이 이를 거부했다는 점이다.

우왕을 실망시킨 최영의 인사안에는 문달한 말고 또 한 사람이 있었다. 앞서 우왕에게 연거푸 상소를 올린 권근이었다. 그의 여러 차례 상소에 대해 이인임 정권에서는 반겨 했다는 사실을 참고할 필요가 있다. 그런 권근을 이인임 정권에 필요한 인물로 판단했는지 최영은 인사안에서 권근을 국왕 비서관인 대언(정3품)으로 발탁하겠다고 올린 것이다. 우왕은 문달한과 함께 권근의 인사안도 거부했다.

문제의 핵심은 이런 것이었다. 문달한이나 권근은 이인임 정권에 봉사한 인물이거나 그와 가까운 인물인데 최영이 이들을 배려하려고 했다는 사실이다. 우왕은 최영을 문하시중으로 앉혔지만 그는 우왕보다는 이인임 정권의 눈치를 먼저 살피는 인사를 했던 것이다. 이는 이인임 정권의 영향력 속에서 수상을 맡았던 옹색한 최영의 처지를 그대로 보여주는 것이었다.

우왕은 최영이 올린 인사안에서 문달한과 권근의 이름을 지워버렸다. 특히 권근에게는 국왕의 비서관이 아니라 왜구 방어에나 보내야 합당하다고 하면서 최영의 인사안을 완전히 묵살해버렸다. 이 일로 최영은 문하시중을 두 달 만에 그만두게 되었던 것이다. 최영 스스로도 능력의 한계를 보인 것인데, 오히려 부담스런 짐을 벗었으니 크게 서운하지도 않았을 것이다. 이를 보면 우왕은 상당히 영민하고 강단 있는 인물로 보인다.

그런데 임견미를 왜 문하시중에 앉혔을까? 그는 최영보다 더욱 신뢰하기 어려운 인물이고 이미 우왕이 배척했던 인물인데 말이다. 이는 우왕의 독자적인 인사권 확립이 아직도 요원한 일이었다는 것을 말해준다. 또한 임견미의 정치적 위상이 우왕의 처지에서 무시할 수 없었다는 뜻이기도 하다. 임견미를 일시적으로 배척할 수는 있었지만 그는 이미 이인임 정권에서 이인임을 대신할 위상을 지녔던 것이다. 그래서 최영이 수상에서 물러난 것은 그런 임견미에게 밀려난 것으로 볼 수 있다.

임견미를 수상에 앉힌 것은 삵괭이를 피하려다 늑대를 맞아들인 꼴이었다. 이인임을 당시 사람들은 겉으로는 부드럽지만 속으로 음흉한 삵괭이라고 불렀다고 한다. 이에 비해 임견미는 노골적으로 탐욕을 드러내는 늑대 같은 인물이었다.

임견미가 단순히 이인임의 대리인이라면 이는 이인임 정권의 연장으로 볼 수 있다. 하지만 단순한 대리인이 아니라 독자적인 세력기반이나 권력 행사를 추구한다면 이는 새로운 임견미 정권이라 부를 수 있을 것이다. 문하시중에 오른 임견미가 어떤 태도를 취할지 두고 볼 일이다.

명과의 관계가 회복되면서 이인임 정권에 변화가 온다. 이인임이 일선에서 물러나고 임견미가 집권하지만 오래가지 못했다. 우연찮은 조반 사건을 계기로 우왕과 최영이 결합하여 임견미·염흥방 등 권력의 핵심 인물들을 제거하고 이인임도 유배를 당하는데 이 사건에 이성계도 개입하여 권력의 중요한 발판을 마련했다. 최영은 이인임 정권 몰락 이후 이성계에 대한 견제와 정권 장악을 위해 요동의 정료위를 공격할 생각을 하고 있었다. 마침 명에서는 나가추 세력을 진압하고 본격적으로 요동경략에 나서면서 철령위 설치 문제가 제기되는데 이를 기회로 최영은 본격적으로 요동정벌을 추진했다. 결국 이를 반대한 이성계에 의해 위화도 회군이 성공하면서 최영은 유배되고 우왕은 폐위되었다.

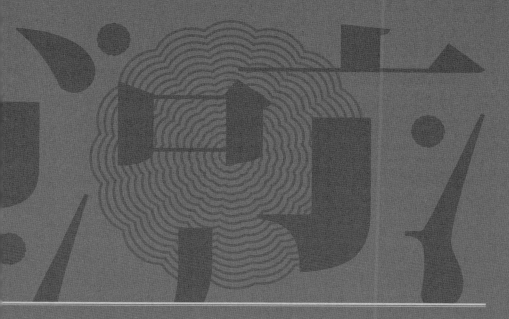

제3장

요동정벌과 위화도 회군

1. 명과의 관계 회복과 권력 변화

임견미 정권과 북원

1384년(우왕 10) 10월, 북원에서 오랜만에 사신을 보내온다. 1380년 2월 사신을 보내와 우왕에게 선명을 내렸는데 그 이후 4년 만의 일이었다. 하지만 고려에서는 이 사신을 맞아들일 수 없었다. 명과의 관계 회복에 고비를 맞고 있는 상황에서 자칫 일을 그르칠 수 있었기 때문이다. 이에 그 사신을 위로하여 돌려보내려는데 길이 막혀 반년이나 화녕(함남 영흥)에서 체류하다가 돌아갔다.

이 북원의 사신은 고려와 명의 관계 회복에 뭔가 진척이 있다는 변화를 감지하고 이를 방해하려는 것이 아니었을까 추측된다. 명의 조공 요구에 적극 부응하여 세공마를 연속해서 바친 때를 맞춰 들어온 것도 그렇고, 반년이나 머물다 돌아간 것도 심상치 않은 것이다. 고려에서 이를 맞아들이지 않은 것은 명을 의식한 것이 분명하지만, 명과 관계 회복을 진정 원한다면 주원장의 요구대로 이 북원의 사신을 붙잡아 명에 압송하는 것이 가장 확실한 태도였다. 하지만 고려에서는 그렇게 하지 않았다.

요동도지휘사에서는 북원의 사신이 영흥에 체류하고 있다는 것을 알아챘는지, 1384년(우왕 10) 11월 여진족 무장을 앞세워 영흥을 공격할 계획을 세운다. 북원의 사신이 고려와 교섭하는 것을 차단하려는 것이었지만 이때 고려에서 취한 행동이 좀 이상했다. 명보다는 북원의 편에 서서 특별한 조치를 도모하는데 요동도지휘사의 영흥 공격을 저지하려는 것이었다.

도당에서는 요동도지휘사의 영흥 공격 정보를 입수하고 그 지역 장수인 김득경金得卿에게 미리 대비하게 하였다. 이어 요동도지휘사의 군대가 북청(함남)을 침략하자 미리 군사를 주둔시키고 기다리던 김득경은 이들을 저지하고 수십 명을 살해하여 공격을 물리쳤다. 이는 요동도지휘사의 군사적 행동을 고려에서 계획적으로 저지한 것이었다. 다시 말해서 북원의 편에 서서 명을 자극할 만한 명백한 태도를 취한 것이다.

문제는 그게 우발적인 무력 충돌이 아니라 도당의 결정에 의한 계획적이고 매우 의도적인 조치였다는 점이다. 도당에서 그런 결정을 내렸다는 것은 당시 이인임 정권이 북원에 대해서 아직도 미련을 버리지 못했다는 것을 증명한다. 그래서 북원의 사신이 길이 막혀 반년이나 체류했다는 것은 핑계에 불과하고, 사실은 북원과의 외교 단절을 과감하게 실천할 수 없었던 이인임 정권의 외교적 지향을 말해주는 것이었다.

그런데 이 사건 직전에 임견미가 문하시중에 올랐다. 그러니까 이번 사건은 이인임보다는 임견미의 의지가 반영된 것이 아니었을까 생각한다. 명과의 관계 회복에 변화가 오면서 이에 부담을 느낀 이인임이 일선에서 물러나고 임견미가 부상하면서 그런 조치가 취해졌다고 볼 수 있기 때문이다. 결정권자가 이인임이든 임견미이든 당시 집권 세력은 북원과의 급격한 외교 단절을 원치 않았다는 것은 분명했다.

이 사건과 관련해서 또 하나 흥미로운 사실은, 사건 직후 1384년(우왕 10) 12월 이성계가 동북면 도원수에 임명된다는 점이다. 아울러 심덕부를 상원수, 홍징洪徵을 부원수로 하여 요동의 공격에 대비케 했다. 이성계는 이에 앞서 동북면 도지휘사에 임명된 적이 있었는데, 언젠가 그 직책에서 물러나와 있었던 것 같다.

동북면의 상원수로 임명된 심덕부는 명에 사신으로 다녀온 적이 있었고, 이후 왜구를 물리치는 장수로 여러 차례 출전했던 인물이다. 그리고 홍징은 후에 임견미가 제거될 때 함께 주살된 것을 보면 그와 밀착된 인물로 볼 수 있을 것이다. 아마 홍징은 이성계에 대한 견제 수단으로 동북면 부원수에 임명되지 않았을까 여겨진다. 그렇게 심덕부·홍징 등과 함께 이성계를 동북면에 파견한 것은 요동도지휘사의 다음 공격에 대비하려는 것이었다.

하지만 이성계는 김득경이 요동의 군사를 패주시켰다는 소식을 듣고 개경으로 돌아와버렸다. 그래서 혹시 이성계를 동북면 도원수에 임명한 것은 어려운 사건에 이성계를 끌어들이려는 임견미의 술책이 아니었을까 의심된다. 만약 이성계가 동북면 도원수로 부임하여 명의 요동군사와 대결했다면 큰 곤경에 빠졌을 것인데, 이후의 사태 추이에서 드러난다.

1385년(우왕 11) 2월, 요동도지휘사에서는 사신을 보내 김득경이 명의 군대를 공격하여 수십 명을 죽인 사건을 문제삼으면서 그를 압송하라고 하였다. 김득경은 도당의 지시에 따라 명의 군대를 공격한 사람이니 이게 사실대로 밝혀진다면 보통 문제가 아니었다. 고려가 명에 대해 적대감을 드러내고 북원의 편에 섰다는 사실이 그대로 드러나기 때문이다. 자칫 잘못하면 지금까지 명과 관계 회복을 위해 기울였던 노력들이 한순간에 물거품이 될 수도 있었다.

이에 도당에서는 압송당할 처지에 놓인 김득경을 회유한다. 김득경에게 국가에 누를 끼치지 않도록 책임지고 처신하라는 것이었다. 도당의 지시를 받아 그런 것이 아니고 개인 차원의 일탈행위로 변명하라는 뜻이었다. 이에 김득경이 자신은 도당의 통첩을 받아서 실행했을 뿐이라고 반발한다. 자신만을 희생시키려는 것에 저항한 것이다.

김득경의 이런 반발에 제일 근심하고 두려워했던 자가 임견미였다. 이는 명의 군대를 공격하라는 도당의 결정을 이끌어낸 장본인이 이인임이 아닌 바로 임견미라는 의미였다. 이때 밀직제학 하윤河崙이 임견미에게 기발한 묘수를 알려준다. 서북 지역에는 도적들이 많아 왕래하면서 죽는 자가 한둘이 아니라고 귀띔한 것이다. 하윤의 이 말은 김득경을 명에서 압송해가면 도중에 죽여버리고 도적의 짓이었다고 핑계대면 그만이라는 뜻이었다. 김득경이 사실대로 실토하는 것을 막기 위한 비상수단이었다.

김득경은 결국 요동도지휘사의 관리에게 압송되어 가던 중 철주(평북)에서 결국 죽임을 당하고 만다. 황제에게는 도적에게 살해당했다고 보고하였다. 그리고 그 사건은 별 탈 없이 넘어갔으니 하윤의 묘책으로 도당의 그 결정을 이끌었던 임견미는 위기를 넘긴 것이다.

그런 묘책을 제공한 하윤은 수상으로 있던 집권자 임견미와 가까이 지내며 책사 같은 역할을 했다는 것을 알 수 있다. 그는 이인임의 친동생 이인미李仁美의 사위이기도 했으니 이인임 정권의 일원으로 봐도 무방할 것이다. 하윤은 조선의 개창에는 크게 기여한 바가 없었지만 창업 이후 태종 이방원李芳遠에 의해 크게 중용된 인물이다.

우왕의 여성 편력

임견미가 문하시중에 오른 이후에도 우왕의 기행과 일탈은 여전했다. 우왕의 왕권을 제약하는 상황이 조금도 나아지지 않았기 때문이다. 이전과 좀 색다른 현상은 주로 여성 편력에 치중하면서 정치 사회적 물의를 더욱 심하게 일으켰다는 점이다. 우왕은 이때 20세를 전후한 혈기왕성한 나이였으니 아마 그런 쪽으로 쏠렸을 것이다.

우왕이 가까이한 여성으로는 먼저 노영수盧英壽의 딸이 있었다. 노영수는 현직 관리였는데 우왕은 그녀와 관계하기 위해 노영수의 집을 자주 들렀다. 또한 노영수의 동생 처가 예쁜 것을 알고 그의 집을 자주 찾기도 했다. 우왕은 결국 노영수의 딸을 의비毅妃로 삼아 궁중에 들인다.

우왕의 여성으로 봉가이鳳加伊도 있었다. 그녀는 이인임의 가비와 조영길趙英吉 사이에 태어났는데 이인임이 그녀를 우왕에게 바친 것이다. 우왕이 이인임의 사저를 자주 찾았던 것은 그녀를 보기 위한 목적도 있었다. 우왕이 여성에 빠져든 데는 이인임의 부추김도 작용했음을 보여주는 일이다. 봉가이의 아비 조영길은 그 덕에 벼슬까지 제수받았고,

우왕은 봉가이를 숙녕옹주肅寧翁主로 삼았다.

용덕龍德이라는 여성도 한때 우왕의 사랑을 독차지했다. 그녀는 공노비 출신으로 의비 노씨의 궁인으로 있던 중 우왕의 눈에 띄어 사랑을 받았다. 우왕은 그녀를 숙비로 책봉하고 그 아비 최천검崔天儉에게 벼슬을 내렸다. 용덕과 봉가이 사이에는 총애 다툼이 심했다. 용덕은 봉가이를 시기하여 그녀가 도길부와 간통했다고 고소하는데, 이 일로 도길부는 서북면 변방으로 쫓겨나기도 했다. 도길부는 내재추에 소속된 이인임 정권의 중요 인물인데 우왕은 이를 빌미로 축출한 것으로 보인다.

이 사건 후 봉가이는 다시 용덕에게 복수를 한다. 용덕과 그 어미가 아첨을 잘하고 무당을 통해 자신을 저주한다고 우왕에게 모함하였다. 이 일로 용덕의 아비 최천검은 유배당하고 용덕의 어미와 가솔들은 교수형으로 죽임을 당했다. 봉가이는 그 어미가 이인임의 노비여서 그랬는지 권력자들과도 연결되어 있었다.

우왕이 봉가이를 위해 궐 밖에 숙녕궁을 짓자 임견미·염흥방 등과 재상들이 달려가 이를 축하하기도 했다. 우왕은 숙녕궁에 머무는 날이 많아 여기서 국정이 보고되기도 했는데, 봉가이는 후궁 중에서 우왕의 총애가 으뜸이었다고 하니까 정권의 후원을 받은 덕이었을 것이다. 봉가이는 나중에 숙녕옹주에서 헌비憲妃로, 후에 다시 덕비德妃로 책봉되었다.

우왕이 마음에 둔 여성으로 정비定妃 안씨도 있었다. 이 정비는 안극인安克人의 딸로 공민왕이 맞은 왕비였다. 노국공주가 생산이 없자 맞아들인 것인데, 우왕은 이 정비를 가까이했던 것이다. 이유는 단 하나 미모 때문이었다. 어린 나이에 공민왕의 왕비로 들어왔던 정비는 우왕에게도 여전히 젊고 탐스러웠던 모양이다. 정비를 향해 우왕은 자신의 후궁들 중에는 모후만한 인물이 없다고 한탄했다고 한다.

우왕은 정비의 처소에 하루에도 몇 번씩 자주 들렀지만 들어가지 못하는 경우가 많았다. 하지만 추문이 일어나지 않을 수 없었다. 이에 정비는 자신의 질녀를 우왕에게 보이고 추문을 피하기 위해 우왕을 경계했다. 이 질녀를 우왕은 현비賢妃로 삼았으니 정비는 현명한 처신을 한 것이었다. 정비는 나중에 창왕을 폐위하고 공양왕이 즉위할 때 정치적으로 중요한 역할을 한다. 왕대비로서 정비의 교서를 통해 폐위와 즉위가 이루어졌기 때문이다.

이밖에도 우왕이 가까이한 여성은 많다. 신분을 가리지 않고 미모가 있다면 취하려 했다. 심지어는 혼인을 앞둔 양반가의 여성이라도 괘념치 않았다. 고위 관리 출신인 강인유姜仁裕의 딸을 빼앗은 것은 그런 경우인데 그 딸을 정비 궁에 가두고 혼인을 가로막은 것이다. 우왕은 이 강씨를 안비安妃로 책봉하고 궐 밖에 민가를 빼앗아 안비전을 짓는다.

왕흥王興의 딸도 비슷한 경우였다. 왕흥 역시 현직 관리였는데 그 딸은 변안열의 아들과 혼인할 예정이었다. 변안열은 이성계와 함께 운봉 전투에 참여하는 등 왜구 방어에 여러 차례 출전했던 장수이다. 이 소문을 들은 우왕은 자신의 명령이 없이는 혼인시킬 수 없다고 하면서 그 딸을 데려오게 하였다. 이게 통하지 않자 우왕은 왕흥의 집에 가서 그 딸을 바치게 하고 관계했다. 조민수가 중간에 우왕의 행동을 막아보려 했지만 통하지 않았다. 왕흥의 딸은 나중에 선비善妃로 책봉되었다.

이인임은 우왕을 데릴사위같이 여겼다고 한다. 아마 자신의 가비가 낳은 봉가이를 우왕이 헌비로 책봉하면서 그런 생각을 했던 것 같다.

또한 이인임은 우왕이 총애하는 기생들에게 곡식을 내려주고 환락으로 끌어들이기도 했는데 여기에는 이인임의 처 박씨도 한몫을 했다. 우왕은 기생을 거느리고 박씨 부인과 함께 외유를 나가곤 했으니 말이다.

1386년(우왕 12) 정월 초하루에 우왕은 이인임의 집에서 그의 처 박씨의 술상을 받은 적이 있었다. 박씨가 축수의 술잔을 올리자 우왕은 술을 마시면서 이런 재미있는 농을 던진다. "내가 한편으로는 손자요, 한편으로는 종의 사위인데 이렇게 마주 앉아 술을 마시는 것은 실례가 아니겠소." 우왕은 박씨 부인에게 자신을 손자요 종의 사위라고 표현하고 있는데 이게 무슨 말일까?

우왕이 자신을 손자라고 표현한 것은 아마 이림의 딸을 왕비로 들인 때문으로 보인다. 우왕의 장인인 이림과 이인임의 인척관계 속에서 나온 말이 아닌가 싶다. 종의 사위라는 표현은 이인임의 노비의 딸인 봉가이를 숙녕옹주로 들인 것을 두고 한 말이 분명하다. 우왕이 이인임의 처에게 이런 말을 한 것은 자기를 비하한 것 같지만 실은 이인임과 그 부인이 자신을 대하는 태도를 풍자한 것으로 볼 수 있다.

우왕은 이인임에게 의존하지 않을 수 없었다. 자신을 왕위에 들어앉힌 자가 이인임이었으니 살아남기 위해서라도 필요했다. 하지만 성년에 들어선 우왕에게는 이인임 정권의 구속과 제약이 억압으로 다가왔을 것이다. 우왕이 던진 위의 말은 그런 자신의 처지를 냉철하게 인식하고, 현실을 어쩔 수 없이 따르지만 이인임이나 그 처 박씨에게 마음속으로는 승복하지 않았다는 뜻이다.

우왕의 수많은 여성 편력은 자신의 억압된 처지와 관련 있다. 국왕이지만 이인임 정권에 포위된 상태에서 자신의 의지대로 할 수 있는 일이

거의 없었다. 그런 상황에서 자신의 의지를 관철할 수 있는 일은 여성을 가까이하는 일 밖에 없었다. 그런 일에는 이인임 정권이 우왕을 간섭하지 않았고 오히려 부추기고 있었던 것이다. 이인임 정권은 성년에 이른 우왕을 그런 쪽으로 이끌어 친정에서 더욱 멀어지게 했다고 볼 수 있다.

우왕이 혼인을 앞둔 전·현직 관리들의 딸을 강요하다시피 취한 것도 이인임 정권의 부추김이 계속되면서 그런 쪽으로 내몬 결과였다. 우왕의 처지에서는 그나마 국왕으로서 권위를 찾으려는 몸부림이었는지도 모른다. 하지만 그런 여성 편력에 대한 관료사회의 비난을 뒤집어쓴 우왕이 스스로 친정을 도모할 수 있는 기회를 잡기는 더욱 어려웠을 것이다.

우왕과 최영

정몽주가 명의 사신으로 파견되었다가 돌아온 직후인 1385년(우왕 11) 4월, 우왕은 정몽주의 사저를 찾았다. 정몽주가 명에서 환국하면서 김유를 비롯해 억류되었던 사신들도 함께 돌아왔고, 앞으로 고려의 조빙을 허락하겠다는 주원장의 약속을 받아왔으니 그 노고를 치하하려는 행차였는지 모른다.

그런데 이때 정몽주의 사저에서는 원로대신들을 위한 잔치가 베풀어지고 있었다. 이에 우왕은 윤환·최영·이인임·홍영통·조민수·이성림·이색 등과 함께 동석하게 되었다. 현직 수상인 임견미와 그 측근 염홍방 등은 원로가 아니라서 그랬는지 참석하지 않았다. 그래도 이인임과 최영이 참석했고 현직 부수상인 이성림이 참석했으니 정권의 핵심 인물들이 우왕과 한자리에 모인 것이었다.

정몽주 사저의 이 연회에서 우왕과 대신들이 주고받은 이야기를 《고려사절요》와 《고려사》 최영 열전의 기록을 참고하여 대화체로 옮겨보겠다. 우왕이 이 무렵 어떤 생각을 하고 있는지 엿볼 수 있을 것이다.

최영: 전하께서 오셨으니 술 한잔 받들어 올리겠나이다.

우왕: 내가 술 때문에 온 것이 아니라 부왕 때의 재상들이 모두 모인다는 말을 듣고 부왕을 보는 것 같아 왔소. 나무는 먹줄을 따르면 곧아지고 임금은 간언하는 말을 따르면 밝아진다고 하는데, 경들은 어째서 이롭고 해로운 것을 말하지 않는 것이오. 술을 즐기는 것은 좋은 일이 아닙니다.

최영: (갓을 벗고 사과하는 태도로) 전하의 그 말씀은 국가의 복입니다. 어제 신이 올린 글이 있으니 실천하시기를 바라나이다.

우왕: 지난밤 꿈에 경(최영을 말함)과 함께 적에 맞서 싸워서 이겼는데 내가 탄 말이 나귀였소. 이게 무슨 징조라고 생각하오?

윤환: 옛날에 원 세조께서 꿈에 나귀를 보면 길하다고 하여 항상 나귀를 대궐 마당에 메어두고 나귀 꿈을 꾸려 하였으나 꾸지 못하였는데, 지금 전하께서 그 꿈을 꾸셨으니 얼마나 좋은 일입니까?

이인임·최영 등: 태평성대를 곧 기다릴 수 있을 것입니다.

윤환: 다만 신들이 늙어서 미처 보지 못할까 두렵습니다.

우왕: (기뻐하며 술을 연거푸 마시고 최영에게 활을 주면서) 경과 함께 주

변을 평정하려 하오. (갑자기 꿇어앉아서 술잔을 이색에게 주면서) 사부께서도 여자 보기를 좋아하십니까?

대화를 자세히 음미해보면 우왕은 국왕으로서 힘은 없었지만 권력의 중심에 있는 인물들을 자세히 관찰했다는 생각이 든다. 특히 최영을 주시했는데, 그가 제일 먼저 우왕에게 술잔을 올린 것은 군사권을 통해 점차 높아지는 그의 정치적 위상을 반영하는 것이었다. 하지만 우왕은 그 술잔을 사양하며 오히려 최영을 비롯한 대신들을 넌지시 비판하고 있다.

우왕은 이전에 최영에게 수시중을 맡기면서 그 아버지를 공신 책봉과 부원군으로 추증하고 그 어머니를 삼한국대부인으로 삼기도 했었다. 이는 우왕이 한때 최영을 회유하여 친정의 파트너로 고려했다는 점을 추측케 한다. 이 자리에서 최영을 주목해서 비판한 것은 이인임·임견미 등과는 뭔가 다를 것으로 판단하여 기대했지만 실망했다는 뜻이 아니었을까?

우왕이 갑자기 최영에게 나귀 꿈 이야기를 한 것은 정치적 연대와 같은 뭔가를 암시하는 것처럼 들린다. 이게 혹시 이인임이나 임견미 등 권력의 핵심 인물들을 함께 견제하자는 뜻이 아니었을까? 하지만 자신이 타고 있던 나귀를 언급하며 불길한 예감도 드러내고 있다. 최영과 연대하여 이인임·임견미 등을 견제하더라도 결국 자신은 나귀나 타는 신세를 면치 못하리라는 불안한 심리의 반영이 아니었을까?

늙은 윤환은 원 세조의 요망한 꿈 이야기로 아첨하면서 우왕의 그런 불안한 심리를 무마하려고 했다. 이어진 이인임과 최영 등의 태평성대

이야기는 우왕에게 실소를 자아내게 했을 것이고, 늙어서 태평성대를 보지 못할까 두렵다는 윤환의 맞장구치는 말도 우왕에게는 허망한 소리에 불과했을 것이다. 그런 아첨의 말이나 허망한 소리에 우왕은 아무 대꾸도 하지 않고 대화를 최영과 사부인 이색에게 돌려버렸다.

우왕의 관심은 온통 최영에게 쏠려 있었다. 주목할 점은 우왕이 최영에게 활을 주면서 던진 말이다. 이는 분명 뭔가를 함께 도모하자는 모습으로 의미심장하게 읽히기 때문이다. 게다가 원로대신들이 합석한 자리에서 우왕이 공개적으로 그런 민감한 언행을 했다는 것은 최영의 의지와는 상관없이 모두의 이목을 집중시켰을 것이다. 우왕은 어쩌면 그 점을 노렸을 테고.

그래서 정몽주 사저에서의 이 회동은 우연이 아닌 계획된 회동이 아니었을까 하는 생각이다. 우왕이 던진 말은 대단히 정제되고 압축된 발언으로 상징과 은유가 강한데, 이런 대화는 미리 생각해두지 않으면 나올 수 없는 것이다. 특히 최영에게 준 활과 이어서 던진 말은 이 회동의 목적을 그대로 보여준다. 간단히 말해서 이 회동의 목적은 우왕이 원로대신들과 더불어 최영을 만나서 공개적으로 뭔가 도모하자고 제안하기 위한 것이었다고 본다. 이는 이인임 정권에서 최영을 이탈시키려는 의도가 아니었을까 생각한다.

그리고 이 회동이 정몽주의 사저에서 열렸다는 점을 주목할 필요가 있다. 우왕과 권력의 핵심 인물들이 정몽주의 사저에서 회동했다는 것은 정몽주의 정치적 위상을 그대로 보여주고 있었다. 이런 회동에서 우왕은 특별히 최영에게 깊은 관심을 드러냈는데, 이게 치밀한 계산 속에서 나온 행동이라면 우왕은 공민왕의 통치술을 쏙 빼닮은 상당한 책략

가라고 볼 수 있다. 이 회동 3년 후 우왕은 결국 최영을 끌어들여 임견미·염홍방 일당을 제거해버리기 때문이다.

주원장의 승인이 떨어지다

1385년(우왕 11) 5월 문하평리 윤호尹虎와 밀직부사 조반趙胖을 명에 파견한다. 윤호는 우왕 즉위 직후 북원의 사신을 맞는 것에 반대하다가 정몽주·김구용·이숭인 등과 함께 유배당했던 인물이다. 조반은 몽골 제국의 하급 관리 출신인데 3년 전에도 정몽주와 함께 명에 사신으로 파견된 적이 있었다.

이번 사행은 주원장의 조빙을 허락한다는 약속을 받은 정몽주 일행이 환국한 지 한 달 뒤이니 신속한 대응이었다. 조빙 허락에 대해 사은하고 공민왕에 대한 시호와 우왕의 왕위 승인을 다시 요청하려는 것이었지만 그 성패는 장담할 수 없었다. 이때 주원장에게 올릴 표문은 정도전이 작성하는데 그가 이제 대명외교에 본격적으로 나섰다고 볼 수 있다.

이들 사신은 그해 7월 명에 도착하여 요청한 것에 대한 주원장의 승인을 받아내는 데 성공한다. 며칠 후 이를 승인하는 주원장의 조서를 지닌 명의 사신이 고려를 향해 출발했다. 명에서도 승인을 더이상 미룰 수 없다고 판단했는지 뜻밖의 갑작스런 결정이었다. 그사이 6월에는 고려에서 주원장의 생일을 축하하는 성절사도 따로 파견했다.

주원장의 승인 조서를 지닌 명의 사신 장보張溥와 주탁周倬 등은 그해 9월 고려에 도착했다. 명의 사신은 조서와 함께 우왕을 고려 국왕으로 삼는다는 책명冊名과 전왕의 시호를 '공민恭愍'으로 한다는 제서制書를 전했다. 공민왕이 죽고 우왕이 즉위한 지 10여 년 만에 마침내 태조 주원장으로부터 전왕의 시호와 현왕의 즉위에 대한 승인을 받아낸 것이다.

주원장으로부터 그런 승인이 떨어졌다는 것은 친명사대관계가 이제 회복되었다는 의미였다. 이는 동아시아 세계질서 속에서 국왕의 정통성을 공식적으로 인정받은 것으로 명의 종주권을 확정하는 것이기도 했다. 북원의 연호를 폐지하고 명의 연호를 채용한 것은 6년 전 일이었지만 이제야 고려의 처지에서는 큰 외교적 난제를 해결한 것이다. 그럼 명의 주원장은 지금까지 미온적이던 고려의 친명사대 요청을 왜 이 시점에서 회복해주었을까?

주원장으로서는 북원을 정복해야 할 과제가 계속 남아 있었는데, 북원을 정복하려면 요동을 차지하고 있던 나가추 세력을 놔두고서는 불가능했다. 주원장에게 당면한 과제는 북원보다는 오히려 나가추에 대한 정벌이었다. 이 무렵 명에서는 나가추 정벌을 준비하고 있었는데 이를 위해서는 배후에 있던 고려와의 관계 회복이 우선 필요했다고 보인다. 고려와 나가추의 연대를 막기 위해서라도 반드시 필요했던 것이다.

재미있는 대목은 주원장이 우왕의 왕위를 승인하면서 그 조서에서 언급한 표현이다. 주원장은 조서에서, 지리적으로 떨어진 고려를 동이로서 스스로 알아서 살기를 원했지만 고려에서 예속되기를 자주 요청하니 수용한다고 사족을 달았던 것이다. 외교문서의 표현이니 그 말을 곧이 곧대로 믿기는 힘들지만 이런 의문은 든다. 만약 고려에서 명과의 관계 회복을 위해 전혀 움직이지 않았다면 주원장은 고려를 어떻게 상대했을까? 가만 놔두지 않았을 게 분명하지만, 혹시 주원장이 먼저 고려를 끌어들이려고 적극 나서지 않았을까? 그렇다면 고려가 대명외교에서 좀 더 유리한 위치를 차지하지 않았을까 하는 생각도 잠깐 스친다.

그런데 명의 사신이 고려에 들어오는 과정에서 좀 미묘한 일이 벌어졌다. 갑자기 이성계를 동북면 도원수로 삼아 함경도로 보내고 최영은 교외에 주둔시켜 명의 사신을 대면하지 못하게 만든 것이다. 이는 최영과 이성계의 이름이 명에 알려져 이인임 정권이 경계한 때문이었고 두 사람에 대한 노골적인 견제가 분명했다.

최영은 외교노선에서는 이인임 정권과 함께했지만 군사권을 장악하여 유일하게 이인임 정권에 맞설 수 있는 중신이었다. 게다가 최영은 새로 수상을 맡은 임견미와는 사이가 좋지 않아 이인임과는 또 다른 미묘한 관계에 있었다. 이성계는 그의 독자적인 군사력 때문에 이인임과 임견미 양인 모두의 경계 대상이었으니 말할 필요도 없을 것이다.

또한 명의 사신 장보는 입경하면서 특별히 이성계와 이색의 안부를 묻기도 했다. 좀 이상한 점은, 최영의 이름이 명에 알려진 것은 그가 군사권을 장악했다는 점이나 이인임 정권의 한 축으로서 그럴 만했지만, 이성계의 이름까지 명에 알려지고 사신이 이색과 함께 그의 안부를 물을 정도였다는 것은 생각해볼 부분이 있다. 명에서 이 두 사람에 대해 특별히 관심을 가졌다는 얘기인데, 왜 관심을 표명했는지 생각해볼 필요가 있는 것이다.

이성계의 정치적 성향에 대해서 앞서 잠깐 언급했듯이 친원적인 성향으로 나아갈 수 없었다. 또한 이로 인해 북원에 치우쳤던 이인임 정권의 외교노선을 따르기 힘들었고, 당연히 이인임 정권과 대립적인 위치에 설 수밖에 없었다. 게다가 이인임 정권도 독자적인 군사력을 지닌 이성계를 경계하는 것은 당연했다. 이성계는 친명과 반이인임 정권의 성향으로 나갈 수밖에 없었던 것이다.

이색도 이와 크게 다르지 않다. 그도 이인임 정권에 우호적이지 않았다. 이인임 정권에 맞서 적극 저항하지는 않았지만 우호적이지 않았다는 것만은 분명하다. 우왕의 사부를 맡은 것 외에는 그의 정치적 위상에 걸맞은 대우도 받지 못했고 권력의 중심에 진입하지도 못했다. 하지만 그에게는 성균관을 거친 제자들이 친명사대를 주장하며 건재하고 있었다. 정몽주·박의중·이숭인·정도전 등이 그들인데 이들은 이인임 정권의 정반대 쪽에 서 있었던 것이다.

명에서는 이성계와 이색의 이런 성향을 주목했을 것이다. 고려와 관계가 회복되면 고려 측의 누구를 대화 상대로 삼을지, 누구에게 힘을 실어주는 것이 자국의 이익에 도움이 될지 고려했다고 볼 수 있다. 그동안 고려에서 수십 차례 사신이 왕래했으니 그런 정도의 정보는 충분히 확보했을 것이다. 명의 사신이 고려에 들어오면서 이성계와 이색에게 관심을 표명한 것은 그런 공통된 정치 성향을 파악한 결과로 보인다.

명의 사신으로부터 주원장의 조서를 접수한 사람은 이색이었다. 명의 사신이 그의 이름까지 거론하여 호감을 표시했는데 그를 내세우지 않을 수 없었을 것이다. 사신의 접반사로는 하윤이 나섰다. 접반사는 사신의 숙식 등을 담당하는 직책으로, 사신의 체류 기간 동안 신변의 관리나 통제도 관장했다. 여기에는 정권과 가까운 인물인 하윤을 내세운 것이다.

명의 사신들은 그해 10월 고려를 떠나는데 우왕이 여러 선물을 하사하지만 모두 사양하고 고려 관리들로부터 이별의 증행시贈行詩만을 받아갔다. 돌아가는 사신에게 이별시를 준 인물이 이색·정몽주·정도전·권근·이숭인 등이었다. 고려를 떠나는 명의 사신에게 개인적으로 시를 지어 준다는 것은 적극적인 친화를 목적으로 한 것으로 앞으로 이들이 본격적인 대명외교의 전면에 나서리라는 것을 예측해볼 수 있다. 바야흐로 대명외교가 트이면서 권력의 추이나 향방에도 어떤 변화의 조짐을 보이고 있는 것이다.

순조로운 대명관계

명의 사신 장보와 주탁 등이 돌아간 직후인 1385년(우왕 11) 10월, 고려에서는 조민수·우현보禹玄寶·하윤 등을 명에 파견하였다. 주원장의 승인에 사은하고 역서曆書를 요청하려는 것이었다. 명과의 관계가 일단 회복된 마당이라 어렵지 않은 사행이었는데, 조민수는 이인임의 측근이었고 나머지 두 사람도 이인임 정권과 가까운 인물이었다.

또한 이와 함께 심덕부와 임헌任獻을 하정사로 파견했다. 이들 사신 역시 어려움이 없는 신년 축하 사행으로 대사헌을 지낸 임헌은 염흥방의 매부였다. 이전에는 대명외교에 전혀 나서지 않던 권력 핵심의 주변 인물들이 명과 관계가 회복되면서 하나 둘씩 얼굴을 내밀고 있는 모습을 눈여겨볼 필요가 있다.

앞서 파견되었던 조민수와 이들 사신은 이듬해 3월 임무를 마치고 무사히 돌아왔다. 이들은 역서와 함께 선마船馬에 대한 부험符驗 8통을 가지고 왔다. 여기 부험은 고려 사신이 선박이나 말을 이용하여 명을 왕래할 때 필요한 일종의 통행증으로 보인다. 명과의 관계가 정상화되면서 필요한 행정적 절차로 왕래하는 고려 사신을 통제하겠다는 뜻이었다.

이어서 12월에는 그해 세공을 명에 보냈다. 말 1천 필, 베 1만 필, 금과 은의 세공을 대신하여 환산한 말 66필이었다. 앞서 주원장이 결정해주고 고려가 약속한 정확한 액수였다. 이렇게 조공도 순조롭게 이루어지면서 명과의 관계는 정상 궤도로 들어섰다고 볼 수 있다.

그런데 앞서 성절사로 파견되었던 사신이 이해 12월 환국하는데 이들 사신은 주원장의 선유宣諭를 받아왔다. 거기에 몇 가지 주목할 내용이 있었다. 하나는 세공을 매년 보내는 것은 번거로우니 한꺼번에 바치라고 한 점이다. 이 문제는 공민왕 때 친명사대관계를 시작하면서 이미 주원장에 의해 3년 1공으로 결정된 바 있었다. 중단된 명과의 관계가 이제 회복되면서 주원장이 다시 언급한 것이다. 고려의 처지에서는 이게 나쁠 게 없었지만 무슨 이유 때문인지 잘 지켜지지 않았었다.

주원장의 선유에서 또 하나 언급한 것은 왜구 토벌을 위해 군선을 파견하겠다고 한 점이다. 이를 위해 고려 측에서 해로를 안내하고 수군의 군영을 설치하라는 것이었다. 그 군영은 고려의 연안에 설치하는 것으로 명의 수군이 주둔할 수도 있어 고려 측에서는 결코 반길 일이 못 되었다. 이 문제는 앞으로 어떻게 귀결될지 지켜볼 일이다.

그리고 1386년(우왕 12) 2월, 정몽주를 다시 명에 파견하였다. 국왕의 편복과 군신의 조복을 요청하고 세공을 감축해달라는 사행이었다. 세공 감축은 상당히 민감한 문제인데 이런 어려운 사행에 다시 정몽주를 동원한 것이다. 정몽주 일행은 그해 7월 돌아오는데 다행히 주원장이 고려의 요청을 수용해주었다. 정몽주는 환국하면서 주원장의 선유와 예부의 자문을 받아왔다.

주원장의 선유에는 고려의 무역에 대한 언급이 있었다. 무역하면서 좋지 않은 의도가 엿보여 금할 것이니 앞으로는 분명한 통행증명을 가진 경우에만 허용하겠다고 한 것이다. 아울러 명에서도 제주의 말을 무역할 것이니 허용하라고 하였다. 좋지 않은 의도란 군사상의 정탐 같은 것을 말하는데, 이를 막기 위해 명에 들어와 불법으로 자행하는 교역을 통제하겠다는 뜻이었다.

몽골 제국 시절 고려 상인들은 별 제약 없이 중국에 들어가 교역 활동을 자유롭게 했다. 몽골 제국이 북으로 쫓겨나고 명이 중원을 차지한 후에도 이런 고려인의 교역 활동은 계속되었던 모양이다. 주원장이 무역에 대한 통제를 언급한 것은 고려인들의 무분별한 중국 내 상업 행위를 더이상 방치하지 않겠다는 뜻이었다. 아울러 자신들도 제주마를 무역을 통해 사들이겠다고 한 것은 밀무역을 없애고 국가 통제 아래 양국의 공무역을 허용하자는 뜻으로 보인다.

그리고 예부의 자문에는 그동안의 세공에 대해서 언급했다. 지금까지 세공을 강요한 것은 고려의 정성을 시험하려는 것이었는데 그 약속이 잘 지켜지지 않았기 때문이라고 하면서, 이제부터 세공을 삭감하며 3년에 한 번 조회하고, 양기良驥(좋은 말) 50필을 조공하라는 것이었다. 이를 홍무 24년(1391) 정단正旦부터 시작하라고 하였다. 홍무 24년이면 5년 뒤인데, 아마 5년 동안의 세공을 앞서 한꺼번에 징수한 것에 대한 면제로 판단된다.

또한 고려에서 오랑캐의 풍속을 중화의 법과 풍속으로 고치겠다고
한 것에 대해서는 부정적인 반응을 보였다. 국왕의 편복과 군신의 조복
을 요청한 것에 대한 답변인데, 이는 고려의 왕과 신하가 알아서 행할
일이라고 선을 긋고 있었다. 즉 풍속을 바꾸는 문제는 간여하지 않겠다
는 뜻이었다. 고려의 앞서가는 행동을 억제하고 좀 더 지켜보겠다는 뜻
이 아니었나 싶다.

정몽주가 환국하면서 가지고 온 이러한 명의 답신은 더없이 좋은 것
이었다. 요청한 세공에 대한 삭감도 얻어냈고 덤으로 3년 1공과 이를 5
년 후부터 시행하라는 결정을 받았기 때문이다. 고려의 처지를 크게 배
려한 것 같은데 주원장이 왜 갑자기 이런 아량을 베푼 것인지 조금 궁
금해진다. 이 문제는 명에서 고려의 잦은 사신 왕래를 달갑게 여기지
않았다는 것과 관련 있다고 보는데 조금 뒤에 살펴볼 것이다.

정몽주가 돌아오고 한 달 후 고려에서는 명에 사신을 보내 세공 감축
에 대한 사은과 다시 의관복제를 요청하였다. 화풍華風을 선망하여 옛
제도를 모두 고치겠다는 것이었다. 명에서는 처음에 부정적인 반응을
보였으나 결국 허락하였다.

우왕의 반격

1386년(우왕 12) 5월, 우왕에게 지금까지와는 다른 색다른 면모를 볼 수
있는 흥미로운 사건이 벌어진다. 사건은 권력의 핵심에 있던 자들의 가
노들을 우왕이 단칼에 주살해버린, 어쩌면 별일 아니라고 볼 수도 있는

일이었다.

발단은 군사를 징집하기 위한 군정軍丁을 점검하는 과정에서 일어났다. 이 무렵 왜구의 침략이 끊이지 않던 때라 군사 징발이 지방별로 수시로 이루어지고 있었다. 특히 개경과 가까운 경기 지역이나 왜구가 자주 출몰하는 강화도의 대안 지역에서는 중요한 군사 업무였다. 이를 위해 부평(인천)의 지방관이 아전을 보내 부평 지역의 군정을 조사하는 중이었다.

이때 부평에 거주하던 염흥방과 최염崔濂의 가노들이 주인의 세력을 믿고 이에 저항하며 방자한 횡포를 부렸다. 이에 그치지 않고 가노들은 그 아전을 구타하여 거의 죽게 만들어버렸다. 염흥방은 임견미와 가까운 권력의 핵심 인물이고 최염은 우왕의 장인인 이림의 사위였으니 그 노비들은 두려울 게 없었던 것이다.

당시 세력가들은 각 지방에 광대한 농장을 경영하면서 노비들에게 그 관리를 맡기고 있었다. 부평의 노비들이 그런 자들이었고 그 노비들은 지방 아전 하나쯤은 우습게 봤을 것이다. 공무를 집행 중인 아전이 노비들에게 죽을 정도로 구타를 당하자 부평 수령이 직접 나서서 군정 공문서를 가지고 다시 그 집을 찾았다. 여기서 또 노비들은 그 수령에게도 행패를 부리고 구타를 서슴지 않았다.

이 소식을 들은 우왕은 순군부의 무관을 즉시 파견하여 그 노비들을 추궁하지도 않고 즉석에서 주살해버렸다. 국왕이 지방관에게 행패를 부린 노비 몇 명쯤 주살하는 것이 대단한 일은 아니었지만 그 노비의 배후에 염흥방 등 세력가가 도사리고 있다는 것을 감안하면 이는 가벼이 볼 사건이 아니었다. 우왕의 행동은 염흥방과 최염의 토지 탈점이나 권력 남용을 강력히 경고하면서 권력자들을 겨냥했다고 볼 수 있기 때문이다.

우왕의 대담함은 여기서 그치지 않는다. 그해 8월에는 수상인 임견미를 파면해버렸다. 그리고 이인임을 좌시중으로 삼고 조영길을 우시중으로 삼았다. 그야말로 전격적인 조치였다. 임견미의 권력 남용이나 비행, 불법적인 토지 탈점은 이인임이나 염흥방을 능가하였고, 우왕은 진즉부터 임견미를 드러내놓고 견제하고 있었는데 결국 일을 해치운 것이다.

우왕은 이보다 2년 전에도 수시중으로 있던 임견미를 배척하고 최영을 수상으로 발탁한 적이 있었다. 이때도 우왕은 뭔가를 도모해보려고 했으나 최영의 소극적인 태도로 뜻을 이루지 못하고 배척한 임견미를 두 달 만에 다시 수상으로 앉히는 해프닝을 벌였다. 이때는 우왕에게 임견미를 축출할 여력이나 조건이 충분히 갖추어지지 않은 탓이었다.

그런데 임견미 대신 실세인 이인임을 수상으로 다시 세운 것은 이해할 수 있지만, 이상한 것은 비중도 없는 무명의 조영길을 우시중에 갑자기 발탁한 점이다. 이 문제는 조영길이라는 인물을 알아보면 바로 풀린다. 조영길은 바로 우왕이 사랑했던 봉가이의 아비였다. 앞서 언급했지만 그녀는 숙녕옹주에서 이때 헌비로 책봉되었으니 조영길은 우왕의 장인이었던 것이다.

게다가 헌비의 어미, 즉 조영길의 처는 이인임의 가비였으니 좌우 시중이 모두 이인임의 권력 안에서 이루어졌다고 볼 수 있다. 이를 보면 아직도 우왕은 이인임의 영향력 안에서 여전히 벗어나지 못했다고 할수 있다. 하지만 우왕이 새로운 권력 판도를 구상하고 있다는 점은 엿볼 수 있을 것이고, 무엇보다도 임견미를 수상에서 축출했다는 것은 대담한 조치로 우왕의 결기를 충분히 느낄 수 있는 일이다.

새로이 우시중에 임명된 조영길이 실권을 제대로 행사했을 것 같지는 않다. 우왕이 별 존재감도 없는 그에게 힘을 실어준대도 이는 쉽지 않은 일일 것이다. 오히려 관료집단의 웃음거리로 전락할 가능성도 많았다. 그럼에도 우왕이 그를 우시중에 발탁한 것은 순전히 임견미를 축출하려는 의도였다고 할 수 있다. 임견미는 1년여 뒤에 염흥방 등 권력의 주변 인물들과 함께 주살되어 일망타진되니 이때의 파면은 그 예고였던 것이다. 조영길이 맡은 우시중은 반년도 못 되어 다시 이성림으로 교체되는데 아마 임명장도 정식으로 받지 못한 인사였던 것 같다.

그렇다면 우왕이 권력의 핵심에 있던 임견미를 축출하는 이런 대담한 조치를 내릴 수 있었던 달라진 정치 환경이나 여건이 무엇이었는지 궁금해진다. 이에 대해 국왕으로서 친정할 수 있는 충분한 성년에 이르렀으니 당연한 조치로 생각할 수도 있다. 하지만 왜 이때 와서야 이런 결단을 내리게 되었는지는 따로 살펴볼 필요가 있다.

이 무렵 친명사대 외교는 주원장의 승인이 떨어지면서 정상 궤도에 올라 더이상 거스를 수 없는 대세로 흐르고 있었다. 앞서 임견미는 영흥에 체류하던 북원의 사신을 위해 명의 요동 군사를 공격하는 무리수를 두었다. 이는 명과의 관계 회복을 주저했다는 뜻인데, 이로 인해 임견미 등 정권의 핵심 인물들은 입지가 좁아지고 갈수록 힘을 쓰기 어려운 국면이 조성되었을 가능성이 많다. 우왕의 대담한 조치는 이런 외교 환경의 변화를 배경으로 한 것이었다고 보인다.

말 교역 문제

명과의 관계가 회복되면서 정기적인 사절단이 순조롭게 파견되었다. 정기적인 사절단에는 새해를 축하하는 하정사賀正使, 명 황제의 생일을 축하하는 성절사聖節使, 황후나 황태자 생일을 축하하는 천추사千秋使가 있었다. 조선 시대에 오면 여기에 연말에 보내는 동지사冬至使가 추가되어 매년 4차례의 연례적인 사행으로 굳어진다.

이러한 정기적인 사행은 명과의 관계가 회복되기 전에도 사실 파견되고 있었다. 시기에 맞춰 정확히 파견되지는 않았지만 명의 냉대를 받으면서도 대강 그러한 의례적인 사행은 완전히 폐기할 수 없었던 것이다. 이제 공민왕에 대한 시호와 우왕에 대한 왕위 승인을 받아 친명사대관계가 회복되었으니 이런 정기적인 사행은 더욱 정확히 이루어져야 했다.

1386년(우왕 12) 9월, 문하평리 김주金湊와 동지밀직사사 이숭인을 하정사로 파견하였다. 김주는 공민왕 때 과거에 급제하여 성균관의 교수로 있던 중 신돈을 비난한 사건에 연루되어 유배된 전력이 있었다. 이숭인은 정몽주와 함께 북원을 배척하다 유배당한 인물이니 김주나 이숭인 모두 신진사대부 성향의 인물들이다. 친명사대관계가 회복되면서 이들이 외교의 전면에 부상하고 있는 것이다.

하정사가 들어간 이때 아울러 세공으로 수말 15필 암말 35필을 바쳤다. 주원장이 요구한 좋은 말 50필을 정확히 보낸 것이다. 다만 5년 후부터 시행하라는 주원장의 요구를 넘어서 앞서 시행한 점이 눈길을 끈다. 주원장의 세공 감축에 미리 보답하려는 것이었는지 모르겠다.

그런데 이에 앞서 1386년(우왕 12) 6월에 문하평리 안익安翊을 성절사로, 밀직부사 유화柳和를 천추사로 파견하였다. 이들 사신이 명으로 향한 것은 앞서 조공 감축을 요청하기 위해 명으로 들어갔던 정몽주가 환국하기 전이었다. 안익은 6년 전 양광도 도순문사로 있던 중 왜구를 막지 못했다고 하여 유배당한 경력이 있었고, 유화는 이전의 경력이 별로 드러나지 않은 인물이다.

이들 사신에게는 색다른 임무가 암암리에 주어져 있었다. 그것은 명에 들어가 교역을 하여 권력자에게 뇌물을 바치는 것이었다. 권력자가 사신에게 뇌물을 요구하니 교역을 하지 않을 수 없었고, 명에 들어가 교역을 하면 이윤이 많이 남는다는 뜻이었다. 아마 고려의 특산물을 가지고 들어가 명의 특산물과 교역하거나 명의 사치품을 들여와 권력자에게 뇌물로 바치거나 이윤을 남기는 형태가 아닌가 싶은데, 주원장이 정몽주를 통해 사사로운 교역을 비난한 것도 이런 문제를 언급한 것이었다.

그래서 사신이 환국하면 권력자는 그 뇌물의 유무나 많고 적음에 따라 승진이 정해지거나 때로는 화를 입기도 했다. 앞에서 명의 사신으로 여러 차례 파견되었던 김유가 그 언행이 폭로되어 이인임 정권에 죽임을 당했다는 얘기를 했었는데, 그는 권력자에게 뇌물을 바치지 않은 탓에 곤경에 처했다는 소문도 있었다. 사신으로 발탁된 안익은 권력자의 이런 뇌물 요구에 대해 탄식했다고 한다.

그런데 안익과 유화, 이들 사신은 그해 11월 환국하면서 주원장의 색다른 요구 사항을 가지고 왔다. 주원장의 요구는 비단 1만 필과 무명 4만 필로써 고려의 말 5천 필을 사겠다는 것이었다. 아울러 고려 말에 대한 구체적인 매매가를 확정해주면서 이 문제를 재상들에게 알리고 국왕과 상의하여 그 가부를 문서로 즉시 알리라는 주문까지 덧붙였다.

예를 들면, 재상들이 소유한 말은 한 마리 당 비단 2필에 면포 4필로 교역하고, 관청의 말이나 백성 소유의 말은 그 반값인 비단 1필에 면포 2필로 교역하겠다는 것이었다. 아마 말의 등급에 따라 가격을 달리한 것 같은데 관청의 말보다는 재상들의 말을 두 배로 정한 점이 눈길을 끈다. 주원장이 이런 구체적인 매매가를 제시한 것은 매우 진지하게 고려의 말을 구매하겠다는 의지를 드러낸 것으로 볼 수 있다.

앞서 먼저 명에 들어갔던 정몽주가 그해 7월 환국할 때도 주원장은 말에 대한 교역 의지를 고려에 전달한 바 있었다. 특히 탐라의 말에 대한 교역 의지를 드러내면서 이를 금지하지 말 것도 주문하고 있었다. 그 직후 고려에서는 탐라에 사신을 보내 말의 수급을 살폈고, 아울러 반란을 도모하는 탐라의 성주와 그 아들을 회유하여 고려에 귀순시키기도 했다.

그해 12월 고려에서는 곽해룡郭海龍을 명에 보내어, 고려에서는 말이 왜소하니 어찌 값을 받을 수 있겠냐며 힘을 다해 마련해보겠다는 회신을 보낸다. 여기 곽해룡은 통역관 출신의 무장인데, 매매에 응하지 않고 그냥 공물로 바치겠다는 뜻이었다. 고려에서는 왜 그렇게 대응했는지 궁금한데, 말의 교역에 대해서는 생각할 부분이 많다.

우선 궁금한 것은, 명에서는 왜 고려의 말을 교역하겠다고 했을까 하는 점이다. 당장 나가추 세력을 정벌하기 위해서라도 군용마는 계속 필요했을 것이다. 그래서 예전처럼 세공으로 납부하라고 강요할 수도 있었을 텐데 대가를 치르고 구매하겠다고 한 점이 좀 이상한 것이다. 이는 아마 사대관계가 회복된 종주국인 명으로서 무작정 세공으로 고려를 압박 강요하는 것은 명분이 없다고 판단했기 때문이 아닌지 모르겠다.

또 하나 흥미로운 문제는, 명에서 교역을 요구할 정도로 고려에서는 말이 충분히 양산되고 확보되어 있었다는 점이다. 앞서 명에서 공물을 압박할 때 금과 은 대신 말로 대신하겠다고 한 것은 말의 확보가 가능했기 때문이다. 그럼, 고려에서는 언제부터 그렇게 말이 충분히 양산되었는지 궁금해진다. 이는 아마 기마 제국 몽골의 영향을 받아 그랬을 것이다. 특히 재상들이 소유한 말을 관청의 말보다 두 배 가격으로 쳐준 것은, 당시 지배층에서는 양질의 고급 말을 많이 소유하고 있었다는 사실을 알려준다. 명에서는 고려의 그런 말 공급 여력을 정확히 파악하고 있었던 것이다.

곽해룡이 명으로 들어간 며칠 후, 명에서는 고가노와 서질徐質을 보내온다. 이들이 들어온 본래 목적은 홍건적의 침략 때 심양 지역의 군민으로 고려에 들어온 유민 4만여 호를 송환해 가겠다는 것이었다. 이 문제는 심양 다루가치 출신의 무고라고 고려 측에서 해명하여 큰 탈 없이 넘어갔지만, 이때 사신으로 들어온 서질은 다시 말을 구매하겠다고 독촉하였다. 말 1필에 비단 2필 면포 8필로 말 3천 필을 구매하겠다는 구체적인 수치까지 제시하였다.

그런 가운데 말의 구매 문제로 명에 파견된 곽해룡은 이듬해 1387년 (우왕 13) 2월 주원장의 자문을 가지고 온다. 이 자문에서 주원장은 구매를 요구한 것은 고려를 예전처럼 핍박하려는 것이 결코 아니라고 하면서 자신의 뜻을 오해했다고 전했다. 그러면서 관청이나 민간의 말을 구별하지 말고 말 1필에 비단 2필 면포 8필로 결정하여 이후부터 정식으로 삼자고 분명하게 요구한다. 앞의 서질이 제시한 가격은 주원장의 결정이었음을 알 수 있다.

이에 고려에서는 즉시 문무관리로부터 백성에 이르기까지 말을 차등 있게 갹출하는데 1품 관리 이상은 대마 2필을 내게 했다. 주원장의 자문을 받았음에도 이때까지도 고려에서는 말을 교역하기보다는 공물로 바치겠다는 것이었다. 이어서 그해 3월에 말 1천 필을 요동으로 보내는데 말이 늙고 왜소하다고 하여 물리쳐버린다. 명에서는 말의 교역을 요청했음에도 대가없이 진상하면서 괜한 흠만 잡힌 것이다.

그해 4월에는 명의 사신 서질이 들어와 다시 말의 교역을 독촉하였다. 고려에서는 권근을 서북면에 보내 말의 숫자를 점검하게 하고 그해 6월까지 5천 필을 1천 필씩 5차로 나누어 요동으로 보냈다. 이때 말의 등급을 상등·중등·하등 3등으로 나누어, 상등은 비단 2필 면포 8필, 중등은 비단 1필 면포 6필, 하등은 비단 1필 면포 4필로 교역이 이루어진다. 하지만 말의 품질이 너무 좋지 않은 것은 퇴짜를 맞아 다시 보내는 등 문제가 생기기도 했다.

주원장의 경고

앞서, 심양 지역의 군민으로 고려에 유입된 4만여 호를 송환해 가겠다는 명의 무리한 요구를 얘기했는데, 이를 진정하기 위한 사신으로 설장수偰長壽를 1387년(우왕 13) 2월 명에 파견했다. 설장수는 설손偰孫의 아들인데, 설손은 원 조정에 참여했던 위구르 사람으로 공민왕 때 고려에 귀화하여 관심을 받았었다. 그 아들 설장수는 고려에서 과거에 급제하여 외교에 많은 기여를 했다. 그런데 그 설손의 동생 설사偰斯는 명 조정에 참여하여 공민왕 때 최초로 고려에 사신으로 들어와 고려와의 외교관계를 튼 인물이었다.

설장수를 유민 송환 문제의 사신으로 발탁한 것은 그런 인척관계를 고려한 것이었다. 그런 덕분이었는지 유민 문제는 이후 더이상 큰 문제없이 넘어갔다. 하지만 그해 5월 설장수가 환국하면서 주원장의 여러 요구 사항이 기록된 문서가 따라왔다. 고려의 처지에서는 명과의 관계 회복이 정상 궤도에 들어섰다고 생각하고 있었는데 조금 뜻밖의 문서였다.

태조 주원장의 선유문은 한마디로 요약하기 힘들 정도로 매우 장황한 내용이었지만 몇 가지는 거론할 필요가 있다. 먼저 주원장은 고려와의 친명사대관계가 성립된 공민왕 때부터 그 복속관계를 언급하며, 이어서 우왕 즉위 후에 고려 측에서 복속관계를 계속 요청하면서도 세공의 약속을 정확히 지키지 않았다고 불신을 드러냈다. 고려가 고집스레 복속 요청을 해온 것은 무력 공격을 피하려는 술책으로 보기도 했다. 그럼에도 고려의 어려운 사정을 감안해서 세공을 감축해주고 3년 1공으로 결정해주었는데 이를 지키지 않은 것도 탓했다. 재미있는 사실은 말을 진정으로 교역하겠다는데 굳이 대가없이 바치겠다는 의도가 뭔지 의심하고 있다는 점이다. 3년 1공이나 말의 교역은 오히려 고려 측에서 환영할 만한 조치였는데 왜 지켜지지 않았을까?

고려 측에서 3년 1공은 매년 조공보다 교역의 축소를 가져왔다. 몽골 제국 시절의 자유로운 교역 활동과 비교하면 이는 상당히 불편했을 것으로 보인다. 명에서 3년 1공으로 고려의 사정을 배려해주었던 것도 배려한 것이 아니라 그게 명에 유리하다고 판단했기 때문이다. 이 당시 명의 입장에서는 고려 사신들이 자주 들락거리는 것을 매우 꺼려 했는데 그 이유는 사사로운 교역이나 정탐 활동을 경계한 때문이었다. 이런 정황을 주원장의 말 속에서 충분히 읽을 수 있다.

앞서, 말을 교역하지 않고 대가없이 바치겠다고 파견했던 곽해룡이 환국했을 때도 주원장은 고려인의 그런 정탐 사례를 들어 주의를 촉구한 적이 있었다. 김통사金通使(김씨 성의 통역관)란 자가 1385년(우왕 11)에 해로로 절강성의 민가에 불법으로 들어왔고, 1386년(우왕 12)에는 임통사가 비밀히 남경에 들어와 환관을 통해 정탐 활동을 했다는 구체적 사실을 언급하며 경고했던 것이다. 이런 정탐 활동은 개인적 일탈이라기보다는 당시 이인임 정권이 비밀히 사주한 일이 아닐까 추측된다. 명 조정의 정보에 가장 궁금해 할 사람은 정권을 장악한 그였기 때문이다. 이런 사정들을 감안하면 명에서 3년 1공으로 조공에 대한 제한 조치를 내린 것은 이해할 만한 일이다.

그런데 고려에서 말의 교역을 회피하고 대가없이 바치겠다는 것은 무슨 이유였을까? 이 문제는 속 시원하게 설명할 수 없어 정말 궁금하다. 단순히 주원장의 진정한 의도를 오해하고 그의 비위에 맞춰 알아서 바치려는 것이었을까? 결국 주원장의 뜻을 이해하고 말을 교역하지만 여기에도 문제가 있었다. 양질의 말이 아닌 것이 태반이어서 요동에서 퇴짜를 맞기도 했다. 주원장은 세공마를 50필로 줄여주었는데도 성의 없이 형편없는 말을 진상했다고 다시 강한 불신을 표출하기도 했다.

주원장의 선유문에는 탐라의 말을 교역하지 않을 것이고 탐라를 고려에서 관리하라는 주문도 있었다. 명의 관리들이 들어가면 소란만 일으킬 것이니 중단하겠다는 것이었다. 이 부분도 얼른 이해가 안 된다. 고려의 처지를 진정 배려한 것인지, 명에서 다른 속사정이 있었는지 잘 모르겠다. 그러면서 주원장은 후한 광무제 때 주변 오랑캐에 대해 복속을 불허했는데 그 식견에 동감한다면서 고려와의 사대복속관계를 달갑지 않게 생각한다는 것도 숨김없이 드러냈다.

한 가지 주목할 점은, 고려 재상들에 대해 한마디 짚고 넘어갔다는 사실이다. 토지와 노비를 불법으로 점유하고 부귀영화를 누리며 백성을 생각지 않는다는 것이었다. 이인임 정권 주변 인물들의 부정부패나 권력 남용을 두고 경고했다고 보인다. 내정 간섭이라 볼 수 있지만 고려의 국정이나 정치 사회적 문제에 대해 관심을 놓지 않았다는 것을 알 수 있다. 이인임 정권에 대해서는 애초부터 주원장이 고려를 불신하는 가장 중요한 원인으로 작용했었는데 아직도 해소되지 않고 있었던 것이다.

주원장은 설장수와 대면하면서 그런 구구절절한 장광설을 늘어놓고 고려의 재상들에게 자신의 모든 말을 잘 전하라는 주문도 잊지 않았다. 설장수가 황제의 말을 모두 기억할지 두렵다고 하니까, 주원장은 자신이 말한 바의 골자는 고려가 지성을 보여야 한다는 것이라고 핵심까지 짚어주면서 고려의 진정한 성의를 촉구했다. 주원장이 설장수에게 더 할 말이 없느냐고 묻자, 이에 설장수가 고려의 의관복제 문제도 거론한다.

고려에서는 명과의 관계가 회복되면서 표문을 올려 명의 의관복제를 이미 요청했었다. 주원장은 다시 이에 대해 상관하지 않겠다는 반응을 보인다. 공민왕 때 이미 조복과 제복을 보내주었는데 이제 와서 웬 야단법석이냐며 핀잔까지 준다. 결국 설장수의 끈질긴 요청으로 그는 주원장이 내려주는 단령團領(깃을 둥글게 단 관복)과 사모를 쓰고 고려에 들어왔다.

그해 1387년(우왕 13) 6월 고려에서는 비로소 원의 호복제도를 폐지하고 명의 제도에 의한 백관의 관복을 정했다. 여기에는 정몽주·하윤·염정수·이숭인·강회백姜淮伯 등의 강력한 건의가 작용하였다. 강회백은 우왕 초에 과거에 급제하여 입사한 신진인사이고, 그를 제외하면 모두 우왕 초에 북원과의 관계 개선에 반대하다가 유배당했던 인물이다. 그때 명의 사신 서질이 말의 교역 문제로 고려에 머물고 있었는데, 새 관복을 착용한 고려 관리들을 보고 황제가 기뻐하겠다고 환영했다고 한다.

하지만 우왕과 환관 그리고 재신들은 명의 관복을 착용하지 않았다. 이게 친명사대에 대한 적극적인 저항의 표시인지는 확실하지 않지만 구시대의 관행을 쉽게 버리지 못하는 풍조는 분명 있었던 것 같다. 이 무렵 백성들은 여전히 몽골 시대의 복식이 주류였다고 하니까 말이다.

이인임의 은퇴, 우왕의 인사권

우왕에 의해 임견미가 축출되고 다시 수상을 맡았던 이인임이 1387년(우왕 13) 8월 은퇴를 요청했다. 늙고 병들었다는 이유를 댔지만 갑작스런 일이었다. 이에 우시중으로 있던 이성림을 좌시중으로 올리고, 반익순潘益淳을 우시중으로 삼았다.

당장 궁금한 문제는 왜 이인임이 이 시점에서 수상을 그만두었을까 하는 점이다. 늙고 병들었다는 것은 변명일 뿐이다. 가장 중요한 이유는 명과의 관계 회복으로 그의 정치적 입지가 갈수록 좁아진 결과로 보인다. 결정적인 계기는 앞서 주원장의 선유문에서 고려 재상들을 향한 재산 축재와 권력 남용에 대해 경고가 있었던 일이다. 진즉부터 명에서는 이인임을 불신하고 견제하고 있었지만 이런 경고까지 받고도 수상에 눌러 앉아 있기는 힘들었을 것이다.

이인임으로서는 어쩌면 이 기회에 물러나는 것이 좋을 것이라 판단했을지도 모른다. 그래서 자진 은퇴를 요청했을 것이다. 하지만 이인임이 계속 권력의 중심을 차지하고 있기에는 명과의 관계 회복이 더이상 그를 허용할 수 없었다고 판단하는 것이 더 온당해 보인다. 그래서 이인임은 자진 은퇴한 것이 아니라 물러날 수밖에 없었고 그래서 실각했다고 봐도 큰 차이가 없을 듯하다. 다만 그런 이인임이 권력에서 완전히 소외되었는지는 좀 더 두고볼 필요가 있을 것이다.

우시중에 처음 발탁된 반익순은 아들 반복해潘福海 덕분에 갑자기 큰 감투를 썼다. 반복해는 충렬왕 때 몽골 제국의 사신과 함께 일본을 회유하기 위해 파견되었던 반부潘卓의 손자인데, 그가 우왕의 총애를 받게 된 계기는 사냥 행사에서 우왕의 목숨을 지킨 사건 때문이었다. 이전년 10월에 우왕이 서해도로 사냥을 나갔는데 이인임·최영 등도 수행하였다. 권력의 두 핵심 인물까지 출동했으니 상당히 큰 행사였던 것 같다. 이때 반복해도 국왕 비서관인 밀직부사로서 수행하였다. 옹진(황해도)에 이르러 산돼지를 본 우왕이 활을 쏘았는데 맞지 않고 돌진해오면서 우왕이 탄 말이 놀라 낙마하고 말았다. 산돼지가 우왕에게 계속 달려들자 반복해가 말을 달려 그 산돼지를 쏘아 죽이고서야 우왕은 간신히 화를 면하게 되었다.

이 일을 계기로 우왕은 반복해를 총애하여 왕씨 성을 하사하고 의자 義子, 즉 자신의 아들로 삼았다. 이로 그치지 않고 특별교서를 내려 문하찬성사(정2품)로 승진시키고 공신으로까지 책봉했다. 또한 그 아비 반익순을 문하평리에서 우시중으로 초월하여 승진시켰던 것이다. 반복해의 용기로 화를 피한 우왕이 상당히 감격했던 것 같지만 그에 대한 포상과 특혜가 좀 지나치다는 세평이 따랐다.

반복해와 그 아비에 대한 우왕의 이런 과분한 포상과 특혜는 우왕 자신의 세력을 부식하려는 의도가 작용했을 것이다. 국왕으로서 제대로 권한을 행사하려면 당연히 생각할 조치였다. 다만 그게 정상적인 인사 행정 속에서 나타난 것이 아니라 극히 사소한 인연을 통해 돌출한 것이었다. 마침 이인임이 은퇴를 요청하여 수상 자리도 비었으니 기회도 좋았다. 당연히 반익순이나 반복해 부자의 고위 관료로서의 책임이나 능력은 고려할 상황이 아니었다. 모처럼 우왕의 의지가 관철된 특별한 인사였지만 발탁된 사람은 왕권을 뒷받침할 만한 인물이 결코 못 되었던 것이다.

우왕의 비정상적인 인사권 행사는 여기서 그치지 않았다. 최천검을 천양부원군川陽府院君으로, 신아申雅와 왕흥을 동지밀직사사, 오충좌吳忠佐를 밀직부사, 노귀산盧龜山을 우부대언으로 삼았다. 모두 하나같이 우왕과 이들의 딸이 관계한 경우이다. 그들은 자신의 딸을 자진해서 바치기도 했고 우왕이 강제로 관계하여 들인 경우도 있었으며, 그 딸들이 정식 후궁으로 책봉되기도 했고 그저 우왕의 비첩으로 그친 경우도 있었지만 그 덕에 이런 벼슬에 오른 것이다.

이런 인사 역시 우왕이 자신의 세력을 어떻게든 부식해보려는 가엾은 행동이었다. 하지만 이렇게 사적인 인연으로 발탁된 자들은 우왕의 친정을 뒷받침하기 어려웠다. 이들에게는 그럴 능력도 없었고 의지도 없었다. 왕권을 뒷받침하기는커녕 이를 빌미로 토지 탈점이나 부정을 저지르다가 다시 우왕에게 내침을 당한 경우도 있었다. 우왕에게는 어떻게든 친정을 도모해보려는 몸부림이었는지 모르겠지만 그에 부응할 수 있는 인물들이 전혀 아니었던 것이다.

특히 우부대언으로 발탁된 노귀산은 노영수의 아들인데, 앞에서 언급했듯이 그 노영수의 딸은 진즉에 의비로 책봉되었었다. 그 덕에 의비의 동생 노귀산이 국왕 대변인 격인 우부대언이 되었는데 그는 당시 20세도 못 된 나이였다. 우왕의 인사권을 관철했다지만 이런 사람을 발탁했으니 관료사회의 웃음거리가 될 뿐이었다.

이뿐이 아니었다. 중·하위직에는 환관이나 장사꾼, 물고기 잡고 사냥하는 자들까지 벼슬을 얻었다니 모두 우왕의 기행과 일탈행위를 부추긴 무리들이었다. 이인임과 임견미가 물러난 공백에 친정을 도모할 좋은 기회가 왔지만 우왕의 의지가 반영된 인사권은 친정체제를 구축하기에는 거리가 먼 인물들이었다. 우왕의 처지에서는 아무런 준비가 없어 그럴 수밖에 없었다는 생각이 들기도 하지만.

그런 속에서도 우왕은 단호한 조치를 내리기도 했다. 1387년(우왕 13) 10월, 우왕은 왕지를 사칭하고 왕패王牌를 위조하여 백성들에게 마음대로 조세를 수탈한 8명을 참수하였다. 모두 권세가의 노비이거나 추종하는 무리들로서 불법적인 토지 탈점을 엄벌한 것이었다. 이어서 순군에 명령을 내려 왕지를 위조하는 행위를 엄금하는 조치를 취하기도 했다. 다만 이런 조치가 일회적인 엄벌로 그치고 권력의 핵심에 있는 자들에 대해서는 전혀 손을 보지 못했다는 것은 우왕이 처한 한계가 분명했다.

그러나 이인임과 임견미가 일선에서 물러난 것만으로도 권력의 판도나 추이는 분명 달라지고 있었다. 그해 11월 우왕은 최영의 집을 직접 방문하여 술을 내리는데, 최영에게 힘을 실어주려는 것으로 이런 기회를 우왕이 어떻게 활용할 것인지 두고 볼 일이다.

2. 철령위 문제와 최영의 요동정벌

주원장의 불신

1387년(우왕 13) 윤6월, 문하찬성사 장자온을 명에 보내 관복 개정에 대해 사은하게 하였다. 장자온은 우왕 즉위 직후 공민왕의 죽음을 알리고 우왕의 왕위 승인을 요청하려고 명으로 향하던 중, 명의 사신이 살해되었다는 소식을 듣고 되돌아와버렸던 인물이다. 이때 명으로 들어간 장자온은 고려에서 보내온 말이 불량하다고 하여 하옥되고 만다.

명에서는 고려에서 보내온 말에 대해 여러 차례 불만을 드러내고 있었다. 세공마이건 교역마이건 양질의 말은 적고 대부분 쓸모없다는 것이었다. 앞서 설장수가 환국했을 때도 주원장은 양질의 말이 아니라고 비난한 적이 있었다. 장자온을 하옥시킨 것은 그에 대한 경고로 볼 수 있다.

그리고 그해 9월 나가추의 항복과 귀순을 축하하기 위해 장방평張方

豆을 명에 보낸다. 장방평은 이전에 두 차례나 명에 세공마를 보내는 일을 맡은 바 있었다. 나가추는 명과 북원, 그리고 고려 3국의 경계에서 북원 편에 섰던 자이니, 그가 명 조정에 항복했다는 것은 주원장으로서는 앓던 이가 빠지는 것과 같은 일이었다. 바로 이어서 10월에는 또 하정사를 따로 파견하였다.

그런데 앞서 간 장방평이나 뒤이어 들어간 하정사는 그해 11월 모두 요동에서 입국을 거절당하고 되돌아오고 말았다. 명에서 갑작스럽게 고려 사신의 입국을 거부한 이유가 뭔지 대단히 궁금한데, 입국을 거절한 요동도지휘사에서는 주원장의 성지聖旨까지 보이며 고려 사신들을 물리쳤다. 주원장의 그 성지를 살펴보면 입국 거절 이유를 대강 짐작해 볼 수 있다.

이후부터 고려 사신으로 오는 자는 백리 밖에서 돌려보내고 국경에 들어오지 못하게 할 것이며, 또한 경사(남경)로도 보내지 말라. 여러 가지 일을 알려주지 말고 시기에 따라 거행하는 사행도 받지 말라. 그 나라의 집정하는 신하는 경박하고 간사하게 속이고 있어 믿을 수 없다. 왕래를 허락한 이후 여러 가지 약속이 지나치지 않은데도 미치지 못하여 한 번도 진정한 성의를 보인 적이 없으니 절교하고 왕래하지 못하게 하라. 들어오기를 고집하면 성지를 보이고 돌려보내라(《고려사절요》 32. 우왕 13년 11월).

한마디로 말해서 고려를 믿지 못하겠다는 것인데, 특히 고려의 집정자를 거론하면서 이인임 정권에 대한 불신을 노골적으로 드러내고 있다. '절교絕交'라는 표현을 주목하면 양국의 국교 단절을 언급한 것으로 볼 수도 있다. 하지만 이미 공민왕의 시호와 우왕의 왕위 계승을 승인한 마당이라 이를 다시 취소할 수는 없었을 테고, 따라서 친명사대관계를 끝장내는 파탄은 아니라고 여겨진다. '절교'는 외교적 파탄까지는 아니고 정상적인 교류를 일단 중단하겠다는 주원장의 의지가 아니었나 싶다.

문제는 주원장의 태도가 왜 이렇게 돌변했는가 하는 점이다. 정확히 말하자면 이게 돌변한 것은 아닐지도 모른다. 태조 주원장은 관계 회복을 허용한 이전이나 그 이후에나 여러 차례 고려에 대한 불신을 숨김없이 드러내놓고 있었기 때문이다. 그럼 이 주원장의 성지는 그 연장선상에서 나온 것일까?

이보다 2년 전 주원장은 불신을 드러내면서도 고려의 조빙을 허용하고 공민왕에 대한 시호와 우왕의 왕위 계승을 승인한 바 있었다. 그리고 3년 1공이나 세공마의 감축 등 고려를 배려하는 조치도 내렸었다. 그런 것을 감안하면 위 주원장의 성지는 돌변이고 뜻밖의 사건이라고 볼 수밖에 없다. 그렇다면 그 2년 사이에 양국 사이에 무슨 일이 있었기에 그랬을까 하는 의문을 당연히 제기할 수 있다.

우선 떠오르는 생각은 말의 진상이나 교역과 관련된 불신이다. 고려에서 보내온 말이 양질의 말이 아니라는 주원장의 불만은 컸다. 하지만 이런 불만은 양국 관계가 회복되기 이전에 진즉부터 제기되었던 문제라서 이것만으로는 교류를 중단한 충분한 이유를 해명할 수 없다.

명과 관계가 회복된 이후 주원장이 고려에 대한 조치에는 여러 가지가 있는데, 중요한 것으로 3년 1공과 세공마의 감축, 말의 교역, 그리고 명에 들어와 불법적인 상업과 정탐 활동 금지 등이었다. 이에 대해 고려에서는 한 가지도 제대로 지키지 않았다. 특히 3년 1공의 원칙을 따르지 않고 매년 정기적인 사절단을 일방적으로 보낸 것은 주원장의 조치를 무시한 것이었다.

당시 명에서는 고려가 사대를 빙자하여 교역을 위해 들어온다고 판단하고 있었다. 파견되는 사신들은 공헌물이 10분의 1이고 사사 물품이 10분의 9였다고 하니까 그 양상을 짐작할 수 있다. 3년 1공이 지켜지지 않은 이유도 교역을 위한 방편으로 생각했던 탓이고, 게다가 교역을 통한 정탐 활동까지 더해진다면 명으로서는 방치할 수 없었을 것이다.

주원장의 성지에서 꼭 언급할 것은 고려 집정자에 대한 불신이 매우 강했다는 점이다. 그러니까 주원장은 여러 약속이 지켜지지 않은 이유가 집정대신 때문이라고 보았다는 뜻이다. 요동에서 입국을 거절당한 사신이 되돌아오자 고려 조정에서는 이에 대해 논란이 일었다. 주원장의 성지에서 집정자에 대해 불신한다는 내용을 확인하고 돌아왔으니 당연한 일이었다. 집정자는 물론 이인임을 비롯한 권력의 핵심 인물들을 지칭하는 것이다.

사신이 되돌아오자 우시중인 반익순이 최영에게 달려가 그 문제를 거론하였다. 반익순은 국가의 외교가 위태롭게 되었는데 나라의 중신으로서 최영이 관망만 한다고 항의하였다. 이에 대해 최영은 이렇게 변명한다. 집정자가 이재를 좋아하고 악을 쌓아서 화를 불러 낭패하게 되었는데 늙은 자신이 어떻게 하겠느냐는 것이었다. 이인임 등 권력자의 이재 활동 때문에 화를 불렀다는 뜻이었다.

여기서 주원장의 3년 1공 조치를 고려에서 따르지 않은 이유가 집정자의 교역을 통한 이재 활동과 관련 있다는 사실을 알려준다. 3년 1공 원칙을 무시하면서 매년 수차례 정기적인 사절단을 파견하여 주원장이 금지한 불법적인 상업 활동을 계속했던 것이다. 여기에 더하여 명 조정에 대한 정탐 활동도 계속했을 터이니, 이 때문에 주원장은 고려와의 교류를 중단한다는 강력한 조치를 내렸다고 본다.

그런데 주원장의 교류 중단 조치가 내려진 직후 명에서는 그해 12월 갑자기 철령 이북의 땅을 자신들이 관할하겠다고 선언한다. 이른바 철령위鐵嶺衛 설치 문제로서 이게 고려에 통보되어 알려진 것은 이듬해 2월이지만, 교류 중단 조치 직후 이런 선언이 나왔다는 것은 시사하는 바가 많다. 즉 교류 중단 조치는 철령위 설치를 밀어붙이기 위한 복선이거나 사전 압박용이 아니었을까 하는 판단을 해볼 수 있다는 것이다.

돌이켜보면 명과의 관계 회복이 지지부진했던 것은 주원장의 고려에 대한 불신이 크게 작용하고 있었다. 주원장의 불신을 초래하는 중심에 국정을 장악한 이인임 정권이 있었다. 관계가 회복된 이후에도 그런 불신은 해소되지 않아 이인임 정권의 입지는 점차 좁아지고 있었지만, 갑자기 교류를 중단하는 조치까지 내려지자 이인임의 처지는 더욱 어려워졌다. 모든 문제가 이인임 정권에 대한 주원장의 불신 때문이라는 사실이 그대로 드러났기 때문이다.

이인임이 수상에서 은퇴를 요청한 것은 교류 중단이 내려지기 직전의 일이었지만 이인임은 그때 이미 물러날 수밖에 없다는 판단을 내렸던 것 같다. 결국 이인임 정권은 애초부터 친명사대관계의 회복에 대한 진정성이나 적극성이 부족했던 탓이라고 볼 수밖에 없다. 이인임은 은퇴한 이후 다시 재기하기는 어려웠고, 임견미·염흥방 등 권력 핵심 인물들도 이래저래 그 입지가 어려워지고 있었다.

한편, 주원장의 갑작스런 교류 중단 조치가 내려지자 이를 타개하기 위해 그해 1387년(우왕 13) 12월 다시 정몽주를 남경에 보내어 조빙 허용을 요청한다. 하지만 그 역시 요동에서 거절당하고 되돌아오고 말았다. 쉬운 외교에는 권력의 측근들을 내세우면서도 어려운 외교 국면에는 정몽주 등 신진사대부를 동원하는 것도 이전과 변함없는 모습이었다.

이런 속에서 우왕이 최영과 이성계의 도움을 받아 이인임 정권을 몰락시키는 계기가 사소한 일에서 시작된다. 이를 조반 사건이라 부른다.

정권 붕괴의 발단, 조반 사건

이인임과 임견미가 일선에서 물러난 후 우왕은 나름대로 친정에 나서 보려는 노력을 기울였다. 1387년(우왕 13) 12월 우왕은 도당에 명령을 내려 국가의 창고와 궁궐 관사의 전민田民을 약탈한 자는 그 이름을 적어 알리라고 하였다. 하지만 도당에서는 우왕의 이 명령을 무시하고 따르지 않았다. 도당에 참여한 자들, 그들이 바로 주범이었기 때문이다.

당시는 권력자들이 토지를 불법으로 탈점하고 전호佃戶(소작민)를 억압하여 노비로 만드는 불법적인 사회 풍조가 만연하고 있었다. 이인임·임견미·염흥방 등 권력의 핵심 인물들이 그 중심에 있었고, 권력이 센 놈은 센 놈대로 약한 놈은 그들대로 불법에서 예외가 없었다. 불법은 사전私田과 공전公田을 가리지 않고 자행되었다. 사전은 전조田租를 개인에게 바치는 토지이고 공전은 국가나 관청에 바치는 토지를 말한다. 그렇게 전조를 바치는 경작자를 전호라고 부르는데 대부분 일반 백성 농민들이었다.

전호는 처지가 열악하여 스스로 세력가의 노비로 전락하는 경우도 있었다. 이를 투탁投托이라고 하는데, 토지를 불법으로 탈점하여 대토지를 소유한 세력가들은 이들 노비를 시켜 각 지방의 대토지를 관리했다. 당시 세력가들은 각 지방에 산천을 경계로 할 정도로 광대한 대토지를 소유했으니까 이를 위한 경영 관리 또한 많은 인력이 필요했던 것이다. 당연히 세력가의 대토지를 관리 경영하는 가노나 노비들의 위세가 대단했다.

조반이라는 사람이 토지 문제를 놓고 그렇게 세력가의 가노에게 당하면서 사건이 시작되었다. 그런데 조반은 명의 사신으로 두 차례나 파견되었던 인물이다. 첫 번째는 정몽주와 함께 사신으로 들어갔으나 요동에서 입국을 거절당하고 되돌아왔고, 두 번째는 윤호와 함께 들어가 공민왕의 시호와 우왕의 왕위 승인을 받아오는 데 성공했다. 어려운 국면에 두 차례나 사신으로 파견되어 성과도 있었으니 승진이 따르련만 이후 관직에서 물러나 있었다. 권력 핵심의 인물들과는 인연이 없었다는 뜻이다.

사건이 일어난 것은 1387년(우왕 13) 12월 말, 앞서 우왕이 도당에 내린 명령이 무시당한 직후였다. 조반이 개경 근교의 백주(황해도 연백)에서 염흥방의 가노 이광李光을 살해한 것이다. 이유는 이광이 조반의 토지를 빼앗았던 일에서 시작된다. 가노 이광은 성명이 분명한 것으로 보아 본래 노비가 아니고 염흥방에게 투탁한 전호로 보인다.

이에 조반은 염흥방에게 달려가 토지를 돌려줄 것을 요청하였다. 염홍방은 염치가 없었던지 토지를 다시 반환해주었는데 그 집 종 이광이 다시 그 토지를 빼앗았다. 권세가보다도 농장의 현장에서는 그 경작지를 관리하는 종이나 노비들의 위세가 얼마나 대단했는지 보여주는 일이다. 이광이 토지를 빼앗는 데 그치지 않고 포악을 부리자 조반은 자세를 굽혀 사정하기도 했지만 이광의 능멸은 더욱 심했다. 이에 분을 참지 못한 조반은 무리 수십 명을 모아 이광의 집에 쳐들어가 그를 주살하고 집까지 불살라버렸다.

조반이 이렇게 염흥방의 종을 과격하게 응징할 수 있었던 것은 이 무렵 우왕이 세력가의 불법적인 토지 탈점에 대해 경고하면서 관심을 기울이던 시기였기 때문이다. 앞서 이보다 1년여 전에도 염흥방과 최염의 종들이 주인의 세력을 믿고 지방관에게 행패를 부리다가 우왕이 직접 나서서 그 종들을 주살한 사건도 있었다. 조반의 대응은 세력가들을 견제하던 우왕의 이런 결단을 믿고 저지른 일이라고 볼 수 있다는 뜻이다.

사건 직후 조반은 염흥방에게 알리기 위해 개경으로 달려갔다. 너무 큰 일을 저질러 그럴 수밖에 없었던 사정을 밝히려고 염흥방을 찾았던 것 같다. 소식을 들은 염흥방은 크게 분노하면서 조반이 반란을 꾀한다고 무고하고 순군을 동원하여 조반의 어머니와 아내를 사로잡고 조반을 체포하게 하였다. 조반이 자신의 종을 살해한 것은 염흥방 자신에 대한 도전이라고 판단했을 것이다. 무리까지 동원했으니 우왕에게 반란이라고 알리고 뒤집어씌우기도 좋았다. 조반 정도의 전직 관리가 권력의 핵심에 있는 염흥방의 상대가 될 수 없었던 것이다. 조반은 결국 붙잡혀 순군옥에 갇히고 국문을 당하게 되었는데, 일이 여기서 마무리된 게 아니라 이때부터 사건은 뜻밖의 새로운 국면으로 들어간다.

1388년(우왕 14) 1월, 정초부터 조반에 대한 국문이 시작되었다. 국문에는 순군의 상만호上萬戶로 있던 염흥방 자신과 도만호·왕복해·부만호·도길부 등이 나섰다. 순군巡軍은 왕도 개경의 치안과 궁궐의 수비를 맡는 중앙 군사력의 중심인데 그 통솔을 이인임 정권의 핵심 인물들이 맡고 있었던 것이다. 다만 왕복해는 앞서 거론했듯이 우왕이 손수 발탁하여 왕씨 성을 하사받은 반복해인데, 그가 임견미의 사위였다는 사실을 참고한다면 염흥방·도길부와 그 성향이 크게 다를 게 없었다.

국문에는 그들 외에도 대간의 관리와 전법(형부)의 관리들까지 참여했다. 그야말로 대규모의 국문 진용을 차린 것이다. 권력의 중심에 있던 염흥방의 가노들을 마음대로 처단한 사건이니 그 진용도 예사롭지 않았다. 하지만 국문이 시작되자 조반은 순순히 승복하지 않고 이렇게 맞받아쳤다. "6, 7명의 탐욕스런 재상들이 사방에 가노들을 풀어놓아 남의 토지와 노비를 빼앗고 백성들을 해치고 학대하니 이들이 큰 도적이다. 내가 이광을 주살한 것은 오직 국가를 위하여 백성의 적을 제거한 것인데 어찌 반란을 꾀했다고 하는가?"

하나도 그르지 않은 말이지만 국문 담당자들이 여기에 흔들릴 수 없었다. 이런 저항에 국문은 더욱 가혹해지고 자백을 받기 위해 종일토록 참혹한 고문이 계속되었다. 하지만 조반은 조금도 굽히지 않고 국문을 담당한 자들을 꾸짖고 욕설까지 하였다. 조반이 죽기를 각오한 것이거나 뭔가 믿는 구석이 있었는지도 모르겠다. 그의 말은 국문이 진행될수록 격해졌다. "나는 너희 국적들을 베고자 한다. 너와 나는 서로 송사하는 사이인데 왜 네가 나를 국문하느냐?"

조반은 국문 담당자들을 오히려 국적으로 몰아세우면서, 특히 염흥방에 대해서는 서로 송사관계를 들어 비난한 것이다. 염흥방은 노기를 드러내며 조반의 입을 사정없이 내리쳤다. 하지만 조반은 전혀 굽힐 기색이 아니었다. 너무나 완강한 조반의 저항에 국문 담당자들도 주춤거렸지만 계속 고문할 뿐이었다. 다만 국문에 참여한 관리 중 하나가 고문을 중단할 것을 제안하였다. 더이상 고문해봐야 얻을 게 없다고 판단했는지, 아니면 고문을 부당하게 여겨 그랬는지는 모르겠지만 그 첫날의 국문은 그렇게 끝났다.

이성계, 사건에 뛰어들다

국문 닷새 후, 그해 1월 5일에 이 사건에 우왕이 적극 개입하면서 엄청난 반전이 이루어진다. 우왕이 최영을 찾아 조반의 옥사에 대해 의논한 것이다. 주변을 모두 물리치고 최영을 독대했다니까 뭔가 은밀한 이야기를 주고받은 것으로 보인다.

이런 사정을 모른 염흥방은 여기서 조반에 대한 국문을 중단할 수 없었다. 다시 국문을 열기 위해 법관과 대간이 나오기를 요청하는데 아무도 나오지를 않았다. 그들이 조반에 대한 국문을 부당하다고 생각해서 그랬는지, 아니면 뭔가 달라진 분위기를 느끼고 몸을 사렸는지는 잘 모르겠다. 하지만 국문을 계속하고자 했던 염흥방에게는 예상치 못한 뜻밖의 사태였다.

1월 7일, 우왕은 하옥된 조반에게 의약을 내려주고 그의 어머니와 아내를 석방케 하였다. 이는 국문을 받는 조반에게 잘못이 없음을 선언한 것이나 다름없었다. 아울러 다음과 같은 왕명을 내렸다. "재상들은 이미 부자가 되었으니 우선 녹봉을 정지하고 가난한 군사들에게 우선 분급하라." 그리고 곧장 염흥방을 체포하여 하옥시켜버렸다. 매우 전격적이고 신속한 조치였는데, 나라 사람들이 모두 기뻐하며 환영했다고 하니 염흥방에 대한 원성이 얼마나 쌓여 있었는지 알 수 있다.

　문제는 하옥된 염흥방 측이 손 놓고 있을 리가 없으니 이에 대한 대비였다. 게다가 순군을 지휘하고 있는 염흥방과 그 무리들이 군사를 동원한다면 최악의 경우 우왕 자신의 신변도 보장할 수 없었다. 우왕이 사전에 최영을 은밀하게 만난 것은 그에 대한 대비였다. 그러니까 우왕은 염흥방이 조반을 무리하게 국문하자 미리 최영과 은밀하게 논의하여 염흥방을 잡을 계획을 세워두었다고 볼 수 있다.

　1월 8일, 우왕은 최영과 이성계에게 요청하여 군사를 풀어 숙위하게 하고 신변의 안전을 도모했다. 염흥방은 구속시켰지만 이인임·임견미 등 권력의 핵심들은 아직 건재하고 있었기 때문이다. 중요한 사실은 이때 우왕은 최영 외에 이성계도 끌어들였다는 점이다. 이는 물론 이성계의 군사력이 필요했기 때문이다. 여기서 궁금한 점은 우왕과 최영은 이미 여러 차례 교감이 있어 충분히 그럴 수 있었지만, 이성계는 지금까지 우왕과 거의 교류가 없었는데 불러들였다는 사실이다. 이성계는 이 사건에 어떻게 개입하게 되었을까?

　두 가지로 추측해볼 수 있다. 하나는 이성계를 끌어들이는 데 최영의 역할이 있지 않았을까 하는 것이다. 최영은 자신의 군사력만을 가지고는 염흥방을 잡을 수는 있겠지만 이인임 정권을 상대하기 어렵다고 판단했을 수 있다. 이를 보완할 인물은 이성계밖에 없었다. 하지만 이런 추론에는 한 가지 약점이 있다. 최영과 이성계는 정치적 성향이 전혀 다르고 무장으로서 서로 라이벌 관계라는 점 때문이다.

그래서 다른 추측을 해본다면 우왕 자신이 적극적으로 이성계를 끌어들였을 수도 있다는 사실이다. 우왕과 이성계는 지금까지 깊은 교류는 없었지만 우왕의 처지에서는 이성계를 주시했을 수 있다. 이인임 정권과 전혀 인연이 없이 겉돌면서 독자적인 군사력을 지닌 그를 충분히 주목할 만했다. 우왕으로서는 이인임 정권의 일원이었던 최영보다도 오히려 이성계를 더 신뢰할 만도 했을 것이다. 어느 쪽으로 봐야 할지 얼른 판단을 내리기 어렵지만 이성계가 최영과 함께 이 사건에 뛰어든 것은 그가 권력의 중심에 진입하는 중요한 계기가 된다.

변방 출신인 이성계는 중앙 정계에 발판을 마련하기 위해 진즉부터 애를 쓰고 있었다. 첫째 아들 이방우李芳雨는 지윤의 사위였다. 지윤은 이인임 정권의 2인자 역할을 하다가 이인임에게 제거되면서, 그 혼인은 이성계에게 큰 보탬을 주지 못했다. 또한 이성계의 딸 하나는 이인임의 동생 이인립李仁立의 아들 이제李濟와 혼인했다. 이성계가 중앙 정계 진출을 위해 여러 방면으로 노력했다는 것을 엿볼 수 있는 대목이다.

독자적인 군사력을 갖춘 이성계에게 아쉬운 것은 군사력이 아니라 중앙 문신들과의 연대와 교류였다. 앞서 언급했지만 이성계가 정몽주와 이미 깊은 교류가 있었다는 것은 이를 말해준다. 이성계의 다섯째 아들 이방원李芳遠(조선의 태종)은 1383년(우왕 9)에 과거에 합격하는데, 이때 이성계는 대궐을 향해 절을 하고 감격의 눈물을 흘렸다고 한다. 이 역시 이성계의 간절한 바람이 무엇이었는지 알 수 있다. 그러한 이성계에게 절호의 기회가 온 것이다. 하지만 일을 그르치면 살아남기도 힘든 위기일 수도 있었다.

최영과 이성계의 군사로써 숙위와 신변 안전을 도모한 우왕은 임견미와 도길부도 즉각 잡아들여 하옥시켜버렸다. 염흥방에 이어 임견미·도길부까지 잡아들였으니 권력의 핵심에 있는 3인을 순식간에 제압한 것이다. 최영과 이성계를 끌어들인 것은 우왕의 소극적인 신변 대비만을 위한 것이 아니라 이인임 정권의 핵심 인물을 제거하기 위한 준비였던 것이다.

임견미는 자신을 체포할 사자가 그의 집에 이르자 이런 말을 던지며 저항한다. "녹봉을 주는 것은 오래된 법제인데 이를 폐지하는 것이 과연 옳은가? 예로부터 국왕의 잘못을 바로잡는 것은 신하의 도리이다." 우왕의 녹봉 정지 명령을 반박하며 국왕의 명령을 바로잡겠다는 것이니 이는 바로 우왕에 대해 정면 도전하겠다는 뜻이다. 자신에게는 그럴 힘이 있다고 판단했을 것이다.

임견미는 자신의 측근에게 이런 사태를 알리고 군사를 동원하려고 생각했다. 임견미의 집은 개경 북방에 있었는데 이미 남쪽 산에는 기병이 포위하고 있어 움직일 수 없었다. 결국 전의를 상실한 임견미는 체포되어 하옥되고 말았다. 그는 체포 압송되면서 이인임이 일을 그르쳤다고 한탄했다고 한다. 이전부터 임견미는 이인임에게 최영을 제거하자고 주장했지만 이인임이 이를 말렸기 때문에 한 말이었다.

이렇게 염흥방·임견미·도길부 등 3인을 잡아들였지만 문제는 이인임이 아직 건재하고 있었고, 이들의 측근이나 족당 세력도 도처에 깔려 있어 안심할 수 없었다. 우왕은 순군을 통해 3인을 우선 치죄하려 했지만 순군이 잘 움직여주지 않았다. 순군을 지휘하는 자들 중에 이들의 세력이 아직 포진하고 있었기 때문이다.

이에 우왕은 순군의 지휘부를 교체해버린다. 왕안덕을 순군 도만호, 이방과李芳果를 부만호로 삼았다. 이들에게 염흥방 등 3인을 치죄토록 한 것이다. 왕안덕은 이인임의 뜻을 좇아 공민왕의 후계자로 우왕을 세우자고 주장했던 인물이니 이인임의 세력으로 볼 수 있어 그를 발탁한 것은 좀 의외인데, 이는 이인임을 배반할 수 없었던 최영의 의중이 반영된 것으로 보인다.

그리고 이방과는 바로 이성계의 둘째 아들이다. 이때 국왕 비서관으로 있던 중 순군의 부만호를 맡아 염흥방 등의 치죄에 뛰어든 것이었다. 아버지와 아들이 함께 이 사건의 중심에 들어선 것이다. 이방과를 진즉 국왕 비서관으로 들였다는 것은 이번 사건 이전부터 우왕이 이성계를 주시했다는 것을 말해준다.

일망타진, 정권의 몰락

항상 그렇듯이 이런 중대한 사건에는 배신자가 있다. 바로 반복해였다. 우왕이 왕씨 성을 하사하여 아들로 삼았던 자이니 의심하지 않고 군사를 주어 최영과 함께 숙위하게 하였다. 하지만 그는 이를 배신하고 돌격 기마대 수십 기를 거느리고 최영의 군사를 공격하려다 실패하고 만다. 자신의 정체만 드러내고 만 것이다.

1388년(우왕 14) 1월 10일, 우시중 이성림(염흥방의 이부형)·대사헌 염정수(염흥방의 동생)·반복해(임견미의 사위)·임치(임견미의 아들) 등을 잡아들여 순군옥에 하옥시켰다. 이들은 다음 날 1월 11일, 임견미·염흥방·도길부 등과 함께 바로 처형되었다. 여기서 멈추지 않고 이존성(이인임의 종손, 이성림의 사위)·임제미(임견미의 동생)·임헌(염흥방의 매부)·반익순(반복해의 아비) 등을 주살했다. 이때 한꺼번에 30여 명을 처단하고 임견미 등 핵심 인물들은 재산까지 몰수했다. 모두 권력 핵심에 있던 임견미·염흥방 등의 인척이나 족당으로서 전광석화 같은 조치였다.

이어서 우왕은 각도에 찰방사를 파견하여 이들에게 빼앗겼던 토지와 백성을 조사하고 모두 본래의 주인에게 돌려주도록 조치를 했다. 그동안 이들 권세가들은 요직을 족당으로 채워 관직을 팔고 토지를 침탈하며 남의 노비를 빼앗아 무리를 이루고 있었다. 조세를 회피하려는 백성들이 이들에게 모여들어 안렴사나 수령은 감히 이들 가신들을 건드리지 못했었다. 우왕의 이런 조치에 나라 사람들이 크게 기뻐하며 거리로 나와 춤추고 노래했다고 한다.

그 며칠 후 바로 우왕은 다음과 같은 새로운 인사 발령을 냈다. 우왕이 왕위에 오른 이후 처음으로 자신의 의사를 반영한 인사다운 인사였다고 할 수 있는데 몇 가지 문제를 짚어보겠다.

① 최영: 문하시중(종1품)
② 이성계: 수문하시중(종1품)
③ 이색: 판삼사사(종1품)
④ 우현보·안종원: 문하찬성사(정2품)
⑤ 문달한·송광미·안소: 문하평리(종2품)
⑥ 성석린: 정당문학(종2품)

⑦ 왕흥: 지문하사(종2품)

①최영과 ②이성계가 수상에 오른 것은 지극히 당연한 것으로 보인다. 그런데 최영은 진즉부터 권력의 중심에 있었으니 새로울 것이 없지만 이성계의 수상 진입은 극적인 발탁으로 이번 인사의 핵심이라고 할 수 있다. 그래서 독자적인 군사기반을 지닌 이성계가 이후 최영과 어떤 권력관계를 이루어나갈지 그의 정치적 행보를 주목하지 않을 수 없다.

이인임 정권에서 겉돌고 있던 ③이색의 발탁도 그럴 만하다. 다만 ④우현보·안종원의 발탁은 조금 뜻밖이다. 모두 이인임 정권에 봉사한 경력이 있기 때문이다. 우현보와 안종원은 이인임 정권에서 요직인 대사헌까지 맡은 것으로 보아 그렇다. 우현보는 과거를 통해 관직에 들어왔는데 공민왕 사후 우왕의 즉위에 동조하여 정방에도 참여하면서 이인임에게 직접 협력한 인물이었다.

⑤문달한도 이인임 정권에 봉사한 인물인데 그의 발탁은 우왕의 장인 이림의 매부라는 관계가 반영된 것으로 보인다. 송광미宋光美와 안소安沼 역시 과거 행적이 드러나지 않아 그 성향을 가늠하기 어려운데 최영과 가까워서 발탁되었다고 짐작된다. ⑥성석린은 앞서 언급했지만 이인임 정권의 핍박을 받은 바 있으니 발탁할 만했을 것이다. ⑦왕흥은 우왕의 왕비로 책봉된 선비의 아비이니 그런 관계가 고려되었을 것이다.

그런데 이번 재상급 인사에서 한 가지 주목할 점은 이성계와 인연이 있거나 가까운 인물은 별로 없다는 점이다. 그나마 이색이나 성석린 정도가 이성계와 정치적 노선이 비슷하다고 볼 수 있는데, 이색은 이성계의 운봉전투 승첩을 축하하는 시를 지어 보내준 적이 있었다. 성석린과는 아직 특별한 인연도 없었다. 이성계가 이번 인사에서 힘을 발휘했다면 정몽주나 정도전 정도는 중용했어야 마땅할 텐데 그러지 못한 것이다. 화려하게 수상에 오르기는 했지만 외로운 등장이었고 당연히 이성계가 국정에 영향력을 행사하기에는 한계가 분명했다.

그래서 이번 인사는 우왕과 최영이 함께 주도했다고 보는 것이 온당할 것 같다. 우왕보다는 오히려 최영의 의지가 더 많이 반영된 것으로 보인다. 따라서 일부 이인임 정권의 잔당들이 다시 발탁되는 현상이 나타난 것이다. 이렇게 보면 이성계의 등장보다도 최영의 건재와 이후에도 계속되는 그의 독주를 주목할 필요가 있다.

인사 발령을 낸 후 1월 18일에는 염국보廉國寶(염흥방의 형)·염치중廉致中(염국보의 아들)·안조동安祖同(염국보의 사위)·윤전尹琠(염흥방의 사위) 등 염흥방의 인척과 숨죽이고 있던 임견미·도길부의 인척들까지 체포하여 전체 50여 명을 단숨에 주살해버린다. 주살당한 이들은 대부분 현직 중견 관리들이었으며 문무관을 가리지 않고 지방관이나 환관들도 있었다. 그동안 임견미·염흥방·도길부의 친인척들이 족당을 형성하여 관료사회에 얼마나 폭넓게 포진해 있었는지 알 수 있다.

여기서 그치지 않았다. 1월 19일에는 전민변정도감을 설치하여 주살된 자들이 빼앗은 토지와 노비를 조사하게 하였다. 아울러 각도에 안무사를 파견하여 이들의 가신과 노비로서 악명 높았던 자들을 잡아들여 무려 천여 명이나 처단하고 이들의 가산도 몰수했다. 권력자의 가노로 처단된 자가 전국에 걸쳐 천여 명이나 되었다니 놀랍다. 이 정도면 전국적인 대량 학살 수준으로 피바람이 일어났을 것이다.

사태의 시작이었던 조반 사건이 일어난 지 한 달도 못 되어 일거에 권력의 핵심에 있던 자들과 그 인척, 그리고 그 가신들까지 일망타진해 버린 놀라운 일이었다. 그래서 이런 의문이 든다. 이렇게 신속히 해치 울 수 있었던 일을 우왕은 왜 이제야 나섰는가 하는 점이다. 이는 물론 최영이 적극 동조하고 협조했기 때문인데, 그럼 최영은 왜 이 시점에서 우왕의 편에 서서 적극 호응했을까?

이 문제는 이인임의 은퇴와 관련 있는 것으로 보인다. 이인임의 은퇴 는 앞서 언급했듯이 실각으로 볼 수도 있는데, 이는 곧 임견미·염흥방 의 득세를 의미했다. 임견미·염흥방의 득세는 최영에게 매우 불길한 징 조였다. 이인임의 은퇴는 최영에게 권력의 중요한 파트너가 사라진 꼴 이었고, 여기에 임견미 등은 진즉부터 최영을 제거하려고 결심했던 인 물이기 때문이다. 이때 조반 사건이 터졌고 우왕의 적극적인 지원 요청 이 있자 최영은 이를 정권 장악의 호기로 여겨 적극 호응했던 것이다.

이 사건에 이성계를 끌어들인 것도 최영보다는 우왕의 의지가 더 작 용했다고 본다. 왜냐하면 우왕이 애초에 이인임까지 제거하려고 마음 먹었다면, 최영은 이인임 정권의 중요한 권력 파트너로서 크게 신뢰하 기 어려웠기 때문이다. 어쩌면 우왕이 이성계를 끌어들인 것은 최영을 견제하려는 의도가 작용했는지도 모른다. 이인임 정권을 타도한 이후 에는 최영의 독주를 충분히 예상할 수 있었기 때문이다.

최영의 독주와 이성계

임견미·염흥방·도길부 등 이인임 정권의 핵심 인물과 그 족당을 일거에 제거하고 이제 남은 것은 은퇴한 이인임뿐이다. 이 문제를 살펴보자.

이인임을 어떻게 처리할 것인가는 중요한 문제였다. 정권의 핵심 인물들을 모두 제거했고 이인임은 이미 은퇴한 상태라 그가 별다른 저항을 할 수 없다는 것은 당연했다. 하지만 지금까지 정권을 장악하고 국정에 대한 농단과 부정부패의 중심에 있던 그를 그냥 놔둔다면 우스운 꼴이었다. 주살하는 것이 마땅했는데 최영이 이를 막고 나섰다.

최영은 우왕에게 이인임을 용서할 것을 요청했다. 이번 사태의 흐름과는 전혀 맞지 않는 판단이었는데, 그 이유를 이렇게 댔다. "이인임은 국가의 계책을 결정하고 대국을 섬기어 국가를 안정시켰으니 공이 허물을 덮을 만합니다."

여기서 최영이 말한 '대국'이 북원을 말하는지 명을 말하는 것인지 애매하다. 이인임 정권이 처음에 북원과의 관계를 재개시켰으니 북원일 수도 있고, 나중에는 명과의 관계도 다시 회복되었으니 명을 말하는 것일 수도 있다. 그런데 북원이라고 단정적으로 언급하면 친명사대를 주장한 사대부들의 반발을 살 수 있고, 명이라고 콕 짚어 언급하면 그들을 납득시키기 어려웠을 것이다. 그래서 최영은 두루뭉술하게 이인임이 '대국'을 섬겨 국가를 안정시켰다고 언급한 것이다.

최영의 요청에 우왕은 아무런 반응을 보이지 않았다. 이를 수용할 생각은 없었겠지만, 그렇다고 최영의 요청에 반대해봐야 관철하기 힘들다고 판단했기 때문이 아닌가 싶다. 결국 이인임은 그해 1388년(우왕 14) 1월 말경 경산부(경북)에 유배되고, 그 동생 이인민李仁敏은 계림(경북 경주)에 유배되었다. 피바람이 부는 속에서 제일 먼저 죽임을 당해야 할 그들이 살아남았다는 것만으로도 엄청난 배려였다. 물론 최영의 영향력이 발휘된 탓이었다.

이를 두고 사람들은 이렇게 탄식했다고 한다. '이번 사건에 제일 큰 도적이 그물에서 빠져나갔다. 정직한 최 공이 개인 사정으로 늙은 도적을 살렸다.' 최영이 불법적인 치부와는 거리를 두고 있었는지 모르겠지만 올바른 처결은 아니었던 것이다. 최영의 처결에 대한 여론의 불만을 엿볼 수 있으며, 아울러 앞으로 최영의 독주를 충분히 예상할 수도 있다.

최영이 사적인 인연으로 영향력을 행사하여 살아남은 자는 이인임뿐이 아니었다. 이헌李巘이란 자는 이인임의 얼자孽子이면서 임견미의 사위였는데 살아남아 곤장을 맞고 변방에 추방되는 것으로 그쳤다. 또한 도유都兪는 도길부의 아들이면서 우인열의 사위이기도 했는데 곤장을 맞고 유배로 그쳤다. 그 역시 도길부의 아들이라는 점에서 살아남기 힘든 자였지만 최영이 우인열과 친밀하여 살아남은 것이었다. 우인열은 초기 이인임 정권에 봉사했던 무장이다.

최영의 이러한 사적인 인연을 통한 영향력 행사는 몇 가지 좀 생각해볼 부분이 있다. 무엇보다도 이인임에 대한 처리는 비난받아 마땅한데 왜 그랬을까 하는 점이다. 이인임이 자신을 우대한 것에 대한 은덕으로 생각해서만이 아니라 또 다른 의도가 있었지 않았을까 하는 생각이 스친다. 최영은 이인임 정권의 중요한 동반자였다. 그런 이인임을 처단한다는 것은 곧 최영 자신의 정치적 기반까지 흔들 수 있다고 판단했을 것이다. 최영에게는 임견미나 염흥방 등이 정적이었지 이인임은 아니었다는 뜻이다.

최영의 이런 독단에 반발한 인물이 바로 이성계였다. 이인임을 처단하지 않고 유배로 그친 것에 대해 이성계가 어떤 태도를 취했는지는 사서에 아무런 언급이 없다. 하지만 불만이 없을 수 없었다고 본다. 수상에 올라 도당에 참여하긴 했지만 혼자인 그가 최영의 결정에 반발할 수 없어 묵인했는지 모르겠다. 어쨌거나 이성계의 처지에서는 최영의 독주를 견제할 수 없었다는 것은 분명해 보인다.

하지만 이성계에게는 최영과 함께 정방에 참여하면서 인사에 대한 발언권이 주어졌다. 정방에서 최영은·임견미·염흥방 등이 선발한 자들을 모두 축출하려고 하였다. 이에 이성계는 최영의 조치에 반발하면서 이렇게 말했다. "임견미·염흥방이 정권을 잡은 지 오래여서 사대부들은 대부분 그들에 의해 발탁된 사람들이 많으니 이제 그 현부賢否를 따질 뿐이지 그 과거를 탓할 수 있겠소?"

이는 정방에서 인사권을 놓고 최영과 이성계가 갈등을 드러낸 것이었다. 이성계는 정방에 참여한 이 기회에 사대부들 가운데 자신의 세력을 키워보고 싶었을 것이다. 중앙 정계에 별다른 기반이 없었던 이성계에게는 중요한 일이었지만 최영은 이성계의 이런 요청을 들어주지 않았다. 최영은 임견미나 염흥방과 가까웠던 자들이라는 구실을 붙여 사대부들을 대거 관직에서 축출했던 것이다. 피바람이 막 휩쓸고 지나간 1388년(우왕 14) 2월의 일이었다.

철령 이북의 땅, 유민 문제

피바람이 막 휩쓸고 지나간 직후 명에서는 요동도지휘사를 통해 고려에 대한 중대한 조치가 전달된다. 나중에 철령위 설치 문제로 나타난 것으로, 철령(강원도와 함남의 경계) 이북의 땅을 요동에서 관할하겠다는 것이었다. 이 조치가 명에서 결정된 것은 1387년(우왕 13) 12월이었지만, 주원장의 이 성지가 고려에 전달된 것은 다음 해 2월이었다. 요동도지휘사에서 방문榜文 형태로 전하는 주원장의 조치는 이런 내용이었다. '호부戶部(명 조정)에서 황제의 성지를 받들어, 철령의 이북 이동·이서 지역은 원래 개원로開原路 관할에 있었으니 이에 속해 있던 군민軍民이나 한인漢人, 여진, 달단達靼(몽골인), 고려인은 종전과 같이 요동에서 관할할 것이다.'

철령 이북 이동·이서를 개원로에서 관할했다는 것은 몽골 제국 시절의 일이었다. 개원로는 몽골 제국 시대 요양행성(요양등처행중서성) 산하의 행정구역 7개 '로路' 가운데 하나로, 그 정확한 치소 위치는 잘 모르겠지만 옛날 숙진·말갈의 땅이었다고 하니까 압록강 북쪽 어느 지점이 아닌가 한다. 이 방문 내용은 간단히 말해서 고려에서는 이후 철령이남만을 관할하라는 뜻이었다. 이대로 관철된다면 이는 말할 필요도 없이 영토 상실을 의미한다.

철령 이북의 땅은 몽골 제국 시절 쌍성총관부에서 관할하던 지역으로 고려의 통치권이 미치지 못한 지역이었다. 그런 지역을 공민왕의 반원 정책에 의해 1356년(공민왕 5) 쌍성총관부(함경 영흥)를 공략하면서 수복한 지역이었다. 그렇게 수복한 지역인데 명에서 갑자기 그 지역을 자신들이 관할하겠다고 나선 것이다.

이런 조치가 전달된 직후, 이 전년 성절사로 명에 들어갔던 설장수가 환국하면서 주원장이 다시 이런 내용의 조치를 내렸다는 것이 확인되었다. 이때 설장수는 고려의 진헌마가 불량하다는 주원장의 불만도 아울러 전했다. 불량한 말의 문제는 이전부터 제기된 주원장의 불만이었지만 철령 이북의 땅을 명에서 관할하겠다는 것은 의심할 여지없이 이제 명확해졌다.

철령 이북의 땅을 명에서 관할하겠다는 조치가 알려진 후 최영은 재상회의를 소집하여 이 문제를 논의하였다. 이때의 논의는 명의 정료위를 공격할 것인가 화친할 것인가의 문제였다. 결론은 큰 논란 없이 화친해야 한다는 쪽으로 났지만, 좀 이상한 것은 명의 철령위 문제에 대처하기 위해 정료위 공격을 갑자기 논의했다는 점이다. 다시 말해서 그에 대한 부당성이나 고려의 입장을 전달하는 외교적 노력보다는 적극적인 공격을 먼저 논의했다는 점이 좀 이상한 것이다.

철령위 조치 이전에 이미 명에서는 요동을 폐쇄하여 통교를 중단시켰고, 명의 정료위에서 군사를 정비하여 고려를 공격할 것이라는 소문도 있었다. 또한 요동에서 도망쳐온 자들에 의하면 고려의 처녀 환자 1천 명과 우마 1천 필을 강제로 징구하려 한다는 이야기도 있었다. 이런 첩보들이 사실에 기초한 정확한 것인지는 모르겠지만 불안이 커지고 있었다. 이런 불안 속에서 최영은 군사를 일으켜 공격하는 것이 좋다고 이미 공언하고 있었고 정료위 공격 논의는 그래서 나왔던 것이다.

앞서 정몽주가 요동에서 입국을 거절당하고 돌아온 직후 고려에서는 1388년(우왕 14) 1월, 밀직사사 조림趙琳을 다시 명에 파견했지만 역시 요동에서 되돌아오고 만다. 이때 임견미·염흥방 등의 무리를 제거했다는 것도 알렸지만 입국을 거절당했다. 명과의 관계가 갑자기 경색되면서 고려는 불안에 휩싸이고 있었던 것이다. 이 무렵 한양산성 수축과 전함의 수선을 논의하면서 각도에 장수를 파견하여 군사를 징발했다고 하니까 철령위 설치 이전부터 고려에서는 뭔가 위기를 느끼고 이미 군사적 준비에 들어갔다고 보인다.

그런데 정작 궁금한 문제는, 왜 하필 이 시기에 명에서는 갑작스레 철령 이북의 땅을 자신들이 관할하겠다고 나섰느냐는 점이다.

이는 요동의 나가추 세력을 평정한 것과 관련 있다고 보인다. 명에서는 나가추 세력을 정벌하기 위해 철령위 조치 수 년 전부터 군사적 준비를 하고 있었다. 공민왕 시호와 우왕의 왕위를 승인하여 고려의 친명사대 요청을 수용한 것은 그 무렵이었다. 나가추와 교류를 계속해오던 고려와의 관계를 다시 회복시켜 친명사대로 묶어 이탈을 방지할 필요가 있었던 것이다.

마침내 1387년(우왕 13) 6월, 명의 군대에 포위된 나가추가 항복함으로써 명으로서는 요동 지역의 오랜 숙원을 해결한다. 이는 요동 지역으로 진출할 수 있는 가장 큰 걸림돌을 제거한 것이었다. 요동 지역은 명과 북원, 그리고 고려 사이에 위치한 전략적인 요충 지역이었는데, 이제 명은 본격적으로 이 지역을 지배할 수 있게 된 것이다.

이 무렵 명에서 요동도지휘사를 통해 고려 사신의 입국을 막고 교류를 중단하겠다는 조치를 내린 것도 이런 요동경략과 무관치 않았다. 요동을 통한 고려 사신의 빈번한 왕래는 요동경략에 방해된다고 판단했기 때문이다. 불량한 말의 문제나 정탐 활동 등으로 고려에 대한 불신이 완전 해소되지 않은 마당이라 주원장으로서는 충분히 그럴 만했다.

그런데 명의 요동경략에서 또 하나 중요한 문제가 이 지역의 유민 문제였다. 이 유민들은 고려의 북방에서 요동 지역까지 여러 곳에 산재해 있었다. 이 지역은 명이나 고려의 통치권이 제대로 미치지 않았던 탓에 전쟁이나 혼란을 피하여 유민들이 늘어가면서 한인, 여진인, 몽골인, 고려인 등이 분산 거주하고 있었다. 또한 고려인들도 원간섭기 초기부터 부역이나 조세를 회피하기 위해 철령 이북 지역으로 흘러들어갔다. 나가추를 평정하기 전에도 명과 고려 사이에는 이런 유민 쇄환 문제를 놓고 갈등이 일어나곤 했었다.

나가추는 요동 지역에서 여진을 비롯해 이렇게 흘러들어온 유민집단을 세력기반으로 하고 있었다. 이제 나가추를 평정한 명에서는 그러한 유민집단을 무주공산으로 방치할 수 없었던 것이다. 요동을 본격적으로 지배하려는 명으로서는 당연한 문제였다. 철령 이북 지역을 명에서 직접 관할함으로써 유민집단을 기반으로 한 또 다른 정치 세력의 부상을 미연에 막을 필요가 있었던 것이다.

앞에 인용한 주원장의 성지에서 언급한 철령 이북 지역을 요동에서 관할하겠다는 것은 바로 그 문제에 대한 대처였다. 그러니까 정확히 말하자면 철령 이북을 요동에서 관할하겠다는 것은 영토 문제에 앞서 유민 문제였던 것이다. 이게 물론 관할 영역의 문제와 무관할 수 없으니 영토 문제로 비화될 수밖에 없었지만 애초 문제의 본질은 그랬다는 뜻이다.

그럼 명에서는 왜 하필 철령이라는 지명을 콕 집어 관할 지역의 한계를 정했을까? 이는 물론 몽골 제국 시절의 관할 영역을 근거로 고려의 양보를 쉽게 얻어내기 위한 것이었다. 다음에 살펴보겠지만 실제 철령위鐵嶺衛가 설치된 곳은 철령과 한참 거리가 먼 압록강 북쪽 요동이었었다는 점에서 알 수 있다.

최영은 왜 요동정벌에 나섰을까?

철령 이북을 명에서 관할하겠다는 주원장 뜻이 명확히 알려지자 고려에서는 전국적인 군사 징발에 들어간다. 지방 각도의 양반, 향리, 백성, 역리의 명부를 만들어 유사시에 징발할 수 있는 태세를 갖췄다. 아울러 전국 5도의 성을 수축케 하고 서북면의 변방에는 장수들을 파견하여 대비케 했다.

그리고 최영은 문무백관을 불러 철령 이북의 땅을 명에 바칠 것인지 가부를 논의하였다. 당연히 모두 불가하다고 하였다. 불가라고 해서 바로 요동정벌을 찬성한 것은 아니었지만 곧바로 최영은 우왕과 비밀리에 회동하여 요동을 칠 것을 논의한다. 개경의 군사를 징발하여 한양의 중흥성 수축에 들어간 것은 그 직후였다. 모두 1388년(우왕 14) 2월의 일로 뭔가 급박하게 전쟁 분위기로 몰아가는 느낌을 지울 수 없는 것이다. 밀직제학 박의중을 명에 보내 철령 이북의 땅에 대한 조치를 철회해줄 것을 요청한 것은 그다음이었다.

이어서 최영은 1388년(우왕 14) 3월, 하윤과 이숭인을 이인임의 인척이라는 이유로 곤장을 쳐서 유배 보냈다. 왜 그런 이유로 이제야 유배 보냈는지 의문인데 요동정벌을 반대한 탓으로 보인다. 그 직후 최영은 느닷없이 이자송을 처단했다. 이자송은 이인임 정권에서 수시중을 맡은 적도 있었지만 비교적 온건한 인물이었다. 이자송이 갑자기 죽임을 당한 것은 최영이 우왕을 부추겨 요동을 치려 하니까 이를 반대한 때문이었다. 겉으로 내세운 이유는 이자송이 임견미와 같은 무리라는 이유를 댔지만, 최영이 요동정벌을 무리하게 추진한다는 인상을 주기에 충분했다.

　요동정벌을 반대한 이자송을 죽인 직후, 같은 해 3월에는 서북면도 안무사 최원지崔元沚의 보고가 올라왔다. 요동도지휘사에서 군사 1천여 명을 강계江界(평북)에 보내 철령위를 설치하려 한다는 것이었다. 이를 위해 요동에서 철령까지 역참 70개소를 설치했다는 보고를 했다. 이 보고에 의하면 철령위는 강계에 설치된 것으로 보인다.

　하지만 《명태조실록》에 의하면 철령위가 설치된 것은 강계가 아닌 봉집현奉集縣(요양성 동북쪽)이었고 정식 명칭은 철령위지휘사사鐵嶺衛指揮使司였다. 이게 철령 이북의 땅을 직접 관할할 명의 군사 행정기구라고 할 수 있다. 철령위가 설치된 지역이 강계인지 봉집현인지 불분명한데, '강계'를 지명이 아니라 '강의 경계'로 해석한다면 명측의 기록인 봉집현이 맞을 것 같고 그 위치는 압록강 바로 북쪽이었다.

　최원지의 보고를 받은 우왕은 여러 사람들이 요동을 치려는 자신의 계획을 반대하여 이 지경이 되었다고 한탄했다고 한다. 요동정벌은 철령위 설치 이전에 이미 품고 있었다는 뜻이며 우왕도 매우 적극적이었음을 알 수 있다. 바로 이어서 8도의 군사를 징집하고 최영은 동교에서 군대를 사열하였다. 요동정벌을 기어코 밀어붙이겠다는 뜻이었다.

　이때 우왕은 8도의 군사를 징집하면서 당장 내일 북진할 것이라고 하고 관리들에게는 모두 원의 관복을 입으라고 명령했다. 이에 이성계가 나서 여러 재상들과 함께 우왕에게 이런 요청을 한다. 국왕이 움직이면 민심이 동요하고, 또한 명의 사신이 곧 올 터이니 그들이 왕래한 이후에 움직여도 늦지 않다고 만류했다. 우왕은 이성계의 이런 요청을 일단 받아들이는 듯했다.

그래서 중요한 문제는, 최영이나 우왕은 왜 그렇게 요동정벌을 서둘렀는가 하는 점이다. 우선 궁금한 문제는 언제부터 최영이 요동정벌을 생각했었는가 하는 시점이다. 최영은 명에서 철령 이북의 땅을 관할하겠다는 조치를 내리기 전부터 요동에 대한 군사적 공격을 생각하고 있었다. 명에서 그 조치가 전달된 직후 외교적인 노력에 앞서 문무백관을 모아 바로 정료위에 대한 공격을 놓고 가부를 물었다는 것은 이를 말해준다.

최영이 이때 정료위 공격을 생각했었다면 이는 그의 우국충정으로 해석할 수도 있다. 그동안 명의 고압적인 자세나 주원장의 고려에 대한 불신, 또한 최영 자신의 외교노선 등으로 볼 때 명에 대한, 특히 요동의 정료위에 대한 불만이나 분노가 없을 수 없기 때문이다. 하지만 정료위 공격은 최영의 독단으로 추진할 수 없었다. 이인임이 일선에서 물러났지만 아직 건재했고 임견미·염흥방은 권력을 차지하고 있었기 때문이다.

그런데 다음 해인 1388년(우왕 14) 1월, 예상치 못한 조반 사건으로 임견미·염흥방 등의 권력 핵심들이 제거되고 뒤이어 이인임까지 유배되는 등 정권의 몰락이 갑자기 이루어졌다.

이인임 정권이 붕괴된 직후에 고려에 전달된 철령 이북의 땅을 명에서 관할하겠다는 조치는 요동정벌을 밀어붙일 수 있는 중요한 명분을 제공했다. 속된 말로 울고 싶은데 뺨을 때린 격이었다. 이에 최영은 즉각 정료위에 대한 공격을 논의했지만 화친으로 결론 나는데, 여기서 물러나지 않고 우왕과 비밀리에 회동하여 요동정벌을 결의했다.

이인임 정권의 몰락은 우왕과 최영에게 새로운 국면이 열리면서 두 사람을 급속히 밀착시키는 결과를 가져왔다. 요동정벌에 대한 합의는 최영과 우왕의 정치적 결합으로 볼 수 있는 것이다. 임견미·이인임의 정권이 무너진 직후라 우왕에게는 최영의 후원이 절실했다. 최영은 우왕의 이런 처지를 이용하여 요동정벌에 끌어들이고 자신의 정치적 입지를 세우는 데 이를 활용한 것이다.

최영과 우왕의 적극적인 결합은, 1388년(우왕 14) 3월 우왕이 최영의 딸을 왕비로 들인 것에서도 알 수 있다. 최영은 자신의 딸이 정실 소생이 아니라는 이유로 사양했지만 우왕은 이 여성을 들여 영비寧妃로 책봉했다. 그 직후 하윤이나 이숭인을 유배 보냈으며, 요동정벌을 반대한 이자송을 죽이는 등 요동정벌을 철회할 뜻이 전혀 없음을 보여주고 있었다.

이후 요동정벌은 특별한 논의 절차 없이 계속 밀어붙였다. 최영은 전쟁 준비를 하는 과정에서도 임견미·염흥방의 가족이나 잔여 세력들을 제거해나가는데, 포대기 속의 어린애까지 강물에 던져 죽이는 등 잔인하게 진행되었다. 최영의 이런 행태가 요동정벌을 밀어붙이기 위한 것인지, 아니면 자신의 권력기반이 아직 탄탄하지 못하다는 불안감 때문인지는 모르겠지만 과도한 조치였다.

여기에 반발한 인물이 이성계였다. 최영이 이성림의 동서였다는 이유로 원주 목사로 있던 서신徐信이라는 자를 죽이자 이성계는 이에 반발하였다. 괴수와 흉한 무리는 모두 제거되었으니 이제부터 형벌과 살육을 그치고 용서해야 한다는 주문이었다. 최영은 이성계의 이 요청을 일언지하에 거절해버린다. 요동정벌에 대한 군사적 준비를 하는 과정에서 일어난 일로서 최영과 이성계의 갈등을 보여주는 대목이다.

그래서 최영에 의한 요동정벌의 무리한 추진은 전시동원체제를 통해 정권을 확실하게 장악하기 위한 것이었다고 본다. 최영이 권력을 장악해나가는 데 가장 큰 경쟁 상대는 이제 이성계였다. 이성계가 소유한 독자적인 군사력 때문이었다. 당연한 일이겠지만, 이성계는 요동정벌 준비 과정에서 완전히 소외되고 있었다. 이성계는 이때까지 요동정벌에 대한 반대 의사를 직접 표출하지 않았지만 이는 시간문제였다.

이성계의 4불가론

앞서, 철령 이북의 땅을 돌려달라는 요청을 하려고 1388년(우왕 14) 2월 밀직제학 박의중을 명에 파견했다는 언급을 했었다. 박의중은 공민왕 때 과거에 급제하여 관직에 나온 인물인데 사신으로서 청렴한 모습을 보였던 그는 그해 4월 남경에 도착하여 뜻밖에 주원장의 후대를 받으면서 고려의 뜻을 전달하였다.

이때 박의중이 올린 표문에는, 철령 이북의 문주·고주·화주·정주·함주(모두 지금의 함경남도)에서 공험진公嶮鎭까지는 예로부터 고려의 영역이었음을 설명하였다. 공험진은 보통 함북 회령 지역으로 보고 있으나 두만강 너머의 북쪽으로 보는 경우도 있어 논란이 많다. 고려의 북쪽 경계를 공험진으로 거론한 것은 예종 때 윤관의 여진정벌의 결과를 말한 것이다. 또한 표문에서는 몽골 제국 시절 고려의 반민에 의해 쌍성총관부가 설치되었지만 이를 다시 수복했음도 언급하면서, 철령은 개경에서 겨우 3백 리 정도밖에 떨어져 있지 않다고 하여 철령위 설치의 부당함을 호소하고 있다.

지극히 온당한 역사적 고증에 의한 대응이었다. 박의중은 그해 6월에 환국하는데, 그가 환국하기도 전에 고려에서는 이미 요동정벌을 추진하고 있었던 것이다. 명에서는 박의중의 표문 내용을 반박하기 곤란했는지《고려사》박의중 열전에는 이때 명에서 철령위 설치 논의를 중단했다는 기록이 있다.

하지만《명태조실록》에는 철령위 설치를 중단했다는 내용은 없다. 다만, 주원장은 고려의 뜻이 합당해 보이기는 하지만 이미 설치된 철령위를 철회할 수 없다고 하여 고려의 뜻을 수용하지 않았다고 한다. 이후 주원장은 이 문제에 대해 고려로부터 트집 잡히지 않도록 조심하라는 명령을 내린다. 철령 이북의 땅을 명에서 관할하겠다는 의지가 좀 무리한 조치라는 것을 스스로 인정했다고 유추해볼 수 있는 대목이다.

이를 보면 철령위 설치는 외교적으로 타개할 여지가 충분했다는 생각이 든다. 결국 철령위가 설치된 곳은 철령이 아닌 압록강 북쪽이었다. 게다가 철령위 설치가 북방의 유민 문제에 대한 대처였다는 것을 고려에서 정확히 파악했다면 치밀한 접근을 통해 외교적으로 얼마든지 해결할 수 있었을 것이다.

1388년(우왕 14) 3월, 최영이 동교에서 군대를 사열한 직후 명의 후군도독부에서는 요동도지휘사의 왕득명王得明을 보내와 철령위를 설치한다는 것을 정식으로 알려왔다. 우왕은 사신 접견을 회피하고 대신 이색이 나서서 주원장에게 잘 말해주기를 요청하였다. 왕득명은 황제의 처분을 자신도 어쩔 수 없다고 반응한다.

최영은 이때 왕득명을 죽이려고 생각했다. 그 직후 요동의 군사가 철령위 설치를 알리는 방문을 가지고 평안도에 이르자 최영은 우왕에게 알리고 이들을 공격하여 요동 군사 수십 명을 실제로 죽인다. 최영의 이런 행동은 요동정벌을 결코 철회하지 않고 전쟁으로 몰아가겠다는 강력한 의지였다. 이 무렵 전국에서 징집된 군사가 개경으로 올라오고 있었다.

개경에서도 군사 징집이 이루어졌다. 우현보에게 개경을 지키게 하고 개경 5부의 장정을 징발하여 군대 편성을 하면서 해주(황해도)로 출발시켰다. 우왕도 해주로 행차하면서 세자 창昌과 왕비들은 한양산성으로 옮기고 최영과 영비는 우왕을 따라 해주로 향했다. 이미 출정을 시작한 것인데, 재미있는 것은 이때까지도 요동정벌을 공식적으로 선포하지 않고 서해도에서 사냥한다고 내세웠다는 점이다.

1388년(우왕 14) 4월 1일, 우왕은 봉주(황해 봉산)에 이르러서야 최영과 이성계를 불러 요동정벌을 꺼내들었다. 요동을 치려고 하니 두 사람이 힘을 합쳐야 한다는 우왕의 주문이었다. 최영에게는 기정사실이었지만 이성계로서는 갑작스런 전쟁 선언이었다. 이성계도 짐작은 하고 있었겠지만 전쟁이 이렇게 빨리 닥칠 줄은 몰랐을 것이다. 아직 전국의 군사가 모두 집결된 상태도 아니었다.

여기서 등장한 것이 이성계의 4불가론이다. 이를 열거해보겠다. 첫째, 이소역대以小逆大: 작은 나라가 큰 나라를 치는 일이다. 둘째, 하월발병夏月發兵: 농사철에 군사를 징발하는 것이다. 셋째, 거국원정 왜승기허擧國遠征 倭乘其虛: 온나라가 원정에 나서면 왜구에게 허점을 보인다. 넷째, 시방서우 궁노교해 대군역질時方暑雨 弓弩膠解 大軍疫疾: 무더운 장마철이라 활의 사용이 어렵고 대군이 전염병에 노출된다.

모두 요동정벌의 어려움을 거론한 것으로 온당해 보인다. 이성계의 불가론을 들은 우왕은 그럴 듯하게 여겼다. 이성계는 최영에게 내일 다시 이 말을 우왕에게 전해줄 것을 요청하고 물러나왔다. 최영은 그리하겠다고 대답했지만, 그날 밤 우왕에게 다른 말은 절대 받아들이지 말 것을 당부했다. 우왕의 귀를 막을 정도로 최영의 굳은 의지는 변함없었던 것이다.

4월 2일, 우왕은 이성계를 다시 불러 이미 군사를 일으켰으니 중지할 수 없다고 잘라 말한다. 이에 이성계는 다른 대안을 제시했다. 어가를 평양에 머무르게 하고 가을을 기다려 군사를 징발하면 북진할 수 있다고 하면서 지금은 때가 아니라고 하였다. 하지만 우왕은 이런 대안도 받아들이지 않았다. 이성계가 한발 물러섰지만 역시 거절당한 것이다.

이성계의 4불가론이나 가을을 기다려 북진하자는 대안은 상당히 타당한 주장이었는데, 이는 한편으로 나중에 있을 회군을 합리화하기 위한 것이 아니었을까 싶다. 이성계가 회군을 생각한 것이 위화도에 당도해서 결심한 것인지 그 이전에 심중에 두고 있었는지 분명치 않지만, 요동정벌에 대한 불가론이나 그 대안 제시는 위화도 회군에 대한 정당성을 부여한 것은 틀림없어 보인다.

4월 3일, 우왕과 최영은 서경(평양)에 머물면서 각도의 군사 징발을 독촉하고 압록강에는 부교를 만들게 하였다. 아울러 임견미·염흥방 등으로부터 몰수한 재산을 서경으로 운반하여 군사들의 포상으로 충당하게 하였다. 또한 전국의 승려들을 징발하여 군대에 편입하기도 하였다.

요동정벌은 친명사대를 부정하기 위해서

4월 12일, 마침내 서경에서 요동정벌을 향한 군대의 전체 진용이 꾸려졌다. 총사령관인 8도 도통사에는 최영, 좌군 도통사에는 조민수, 우군 도통사에는 이성계였다. 좌군 도통사를 맡은 조민수는 이인임의 측근 무장 출신으로 한때 수상을 맡은 적도 있었다. 최영이 그런 조민수를 좌군 도통사에 발탁한 것은 이성계에 대한 견제도 고려했을 것이다. 각 도통사 휘하의 장수는 다음과 같이 편제했다.

8도 도통사: 최영

좌군 도통사: 조민수	우군 도통사: 이성계
서경 도원수: 심덕부	안주 도원수: 정지
부원수: 이무	상원수: 지용기
양광도 도원수: 왕안덕	부원수: 황보림
부원수: 이승원	동북면 부원수: 이빈
경상도 상원수: 박위	강원도 부원수: 구성로
전라도 원수: 최운해	조전원수: 윤호·배극렴
계림 원수: 경의	박영충·이화
안동 원수: 최단	이두란·김상
조전원수: 최공철	윤사덕·경보
8도 도통사 조전원수:	8도 도통사 조전원수:
조희고·안경·왕빈	이원계·이을진·김천장

전체 군사 수는 3만 8,830명이었고 여기에 심부름꾼 1만 1,634명이 따로 있었으며 동원된 말이 2만 1,682필이었다. 모두 합쳐 대략 5만의 군사였고 기병 위주였음을 알 수 있다. 좌군 도통사를 맡은 조민수와 우군 도통사를 맡은 이성계가 30여 명의 휘하 장수들과 군사들을 양분 하여 지휘했을 것이다. 성급하게 나선 정벌이었지만 이 정도의 군사를 짧은 기간에 모을 수 있었다는 사실이 가상했다.

그런데 정벌군의 진용을 보면 이상한 점이 눈에 띈다. 조민수 휘하의 좌군 군사는 서경을 비롯하여 경상도, 전라도, 양광도에서 징집된 것이고, 이성계 휘하의 우군은 안주를 비롯하여 동북면과 강원도에서 징집된 군사라는 사실을 알 수 있다. 다시 말해서 조민수 휘하의 좌군은 넓은 지역에서 징발되었지만 이성계의 우군은 상대적으로 좁은 지역에서 징발되었던 것이다. 전체 정벌군의 군사 숫자를 좌·우군으로 양분했다고 보면 이성계의 우군에는 동북면에 주둔한 자신의 사병들이 대거 동원되었다는 것을 짐작할 수 있다.

이성계의 동북면 사병들이 얼마나 정벌군에 편입되었는지는 알 수 없지만, 이는 최영이 요동정벌을 통해 또 하나 노리는 바였다. 전시동원체제를 통해 이성계의 동북면 사병들을 정벌군에 편입시켜 일단 국가의 군대로 만들고 이를 최영 자신이 총사령관으로서 통솔할 수 있었기 때문이다.

마침내 4월 18일, 조민수와 이성계는 좌·우군을 거느리고 서경을 출발하는데 10만의 군사라고 내세웠다. 우왕과 최영은 서경에 그대로 남아 출정을 지켜보았다. 하지만 최영은 정벌군과 떨어져서 서경에 남아 있는 것이 불안했던지 다음 날 우왕에게 자신도 출정하겠다는 뜻을 밝힌다. 이에 우왕은 "경이 가면 누구와 함께 정사를 의논하겠는가? 나도 따라가겠다"고 고집을 부렸다.

우왕의 불안한 심리를 그대로 보여주면서 최영에 대한 의존이 심각했음을 알 수 있다. 최영은 결국 서경을 뜨지 못한다. 우왕을 이렇게 만든 일차적 책임은 최영 자신에게 돌릴 수밖에 없을 것이다. 평시라면 이런 밀착된 관계가 최영의 권력 유지에 도움이 될 수도 있겠지만, 지금 전쟁을 목전에 두고 있는 상황에서 우왕의 이런 태도는 최영의 발목을 잡고 있음이 분명했다.

이 무렵 우왕의 심리 상태는 극도의 불안에 휩싸여 정상이 아니었다. 대동강 부벽루에서 뱃놀이를 하면서 호악胡樂을 울리고 호적胡笛을 불기도 하고, 말을 씻기는 사람을 괜히 죽이는가 하면, 자신을 놀라게 했다는 이유로 애마를 베기도 했다. 그런가 하면 애먼 사람들을 죽이면서 음란을 즐기기도 했다. 우왕의 이런 행태는 심신미약의 히스테리로 보인다. 최영의 무리한 요동정벌을 따르지 않을 수 없었던 우왕 자신의 옹색한 처지와 전쟁을 앞둔 불안함 때문이 아니었을까.

4월 21일, 우왕은 명을 내려 '홍무' 연호를 정지하고 모든 사람들에게 호복胡服을 입게 했다. 이는 물론 최영과 논의한 결과였다. 명의 홍무 연호를 정지하고 몽골의 복식을 입게 했다는 것은 회복된 친명사대관계를 다시 부정하겠다는 선언이었다. 이 대목에서 최영이 무리하게 요동정벌을 추진했던 배경을 다른 측면에서 다시 생각해볼 필요가 있다.

최영은 이인임 정권의 북원을 향한 외교노선에서 조금도 벗어나지 않았던 인물이다. 이인임 정권은 명과의 관계 회복에 소극적이었지만 정몽주 등 신진사대부에 의해 우여곡절 끝에 친명사대관계가 회복되었다. 이후 이인임 정권이 붕괴되면서 친명사대 외교는 이제 거스를 수 없는 대세였다. 하지만 홀로 남은 최영은 이런 대세를 그대로 따를 수 없었다. 친명사대 외교를 그대로 추종한다는 것은 신진사대부의 정치적 부상이나 영향력 확대를 방관하는 일이고, 아울러 지금까지 쌓아올린 최영 자신의 권력이나 정치적 입지가 흔들릴 수밖에 없었기 때문이다. 이를 극복하고 지키는 가장 효과적인 방법은 친명사대를 부정하고 명과 적대관계로 나가는 것인데, 그건 전쟁밖에 없었던 것이다.

최영의 요동정벌이 대외적으로 명을 직접 자극하여 적대관계로 나아가기 위한 수단이었다면, '홍무' 연호 정지는 대내적으로 신진사대부를 의식하여 친명사대 노선을 부정하려는 선언이었다. 즉 요동정벌은 명과 전쟁을 통해 반드시 승첩을 올리겠다는 것이 아니라 친명사대관계를 단절시키는 것이 당면 목표였다고 할 수 있다. 그래서 최영의 처지에서는 요동정벌에서 승리하면 더없이 좋았지만 패배한다 해도 크게 나쁠 것이 없었다. 친명사대관계를 끝장낼 수만 있다면 승패는 그리 중요하지 않았던 것이다.

그래서 이런 의도에서 성급하게 밀어붙인 최영의 요동정벌은 기시감이 든다. 과거, 우왕이 즉위하자마자 명의 사신을 살해하면서 친명사대관계를 곤경에 빠뜨렸던 이인임 정권의 수법과 정치적 맥락이 똑같은 것이다. 결국 최영은 외교노선에서나 권력 유지 방법에서나 이인임 정권의 충실한 후계자였던 셈이다.

3. 이성계의 위화도 회군과 우왕 폐위

회군 전야

1388년(우왕 14)년 5월 1일, 우왕은 전쟁을 코앞에 두고도 대동강에서 뱃놀이를 즐기면서 인명살상을 멈추지 않았다. 최영은 그런 우왕을 말렸지만 듣지 않아 안타깝게 지켜보는 수밖에 없었고, 서경을 뜨지 못해 우왕 주변을 맴돌고 있을 뿐이었다. 이때 우왕은 최영을 아버지라 부르기도 했으니 그 의존 정도를 짐작할 수 있을 것이다. 이런 현상 역시 과거 이인임과 우왕의 관계를 떠올리게 한다.

이 무렵 왜구는 정벌군의 북진을 알아챈 듯이 더욱 극성을 부리고 있었다. 왜선 80여 척이 진포(금강 하구)에 정박하고 주변을 노략질하였다. 이에 군사를 파견하여 왜구 방어에도 나서야 했는데, 요동정벌의 징집에 회피한 자나 노비로 대신한 자들을 수색 징발하여 방어케 하였다. 하지만 문제는 세자와 후비들을 피신시킨 한양의 안전이었다. 한양에 따로 장수를 파견하여 이들의 보호에 나섰지만 왜구에 허점이 노출되는 것은 피할 수 없었다. 며칠 후에는 후비들을 모두 다시 개경으로 돌아오도록 한다.

마침내 5월 7일, 정벌군이 압록강을 건너 위화도威化島에 주둔하게 되었다. 4월 18일 서경을 출발했으니까 좀 느린 북진이라 할 수 있다. 그 사이 도망하는 군사가 끊이지 않았으며 우왕은 이들을 처단케 했지만 멈출 수 없었다. 군사들 사이에서 전쟁 기피자가 많았고 북진도 쉽지 않았던 것이다.

이런 상황에서 불안한 것은 우왕뿐만 아니라 최영도 마찬가지였다. 총사령관으로서 정벌군과 떨어져 우왕 곁에 묶여 있다는 것이 문제였다. 최영은 여기서 우왕을 다독이며 다시 건의한다. 자신은 서경에서 정벌군을 지휘할 것이니 우왕은 개경으로 돌아가는 것이 좋겠다는 것이었다. 우왕을 개경으로 환궁시키고 자신은 뒤따라 정벌군과 합류하겠다는 판단이었을 것이다.

하지만 우왕은 이런 최영의 충고도 받아들이지 않았다. 그 이유를 우왕은 이렇게 댔다. "선왕(공민왕)께서 해를 당한 것은 경이 남정한 때문인데 내가 어찌 하루라도 경과 떨어져 있을 수가 있겠소?" 공민왕이 시해당할 때 최영은 제주도 반란을 진압하기 위해 개경을 떠나 있었던 일을 두고 한 말이었다. 그랬다. 우왕은 신변의 위협을 느끼고 최영을 자기 곁에 붙잡아두고 있었던 것이다.

그러던 중 5월 11일에는 최영에게 반가운 보고도 올라왔다. 이성(평북)과 강계(평북)를 지키던 무장 홍인계洪仁桂 등이 경비가 허술한 요동의 경계에까지 쳐들어가 살상과 노략질을 하고 돌아왔다는 것이었다.

홍인계는 정벌군의 첨병으로서 작전을 수행했던 것 같다. 승첩이랄 것
도 없는 것이었지만 요동정벌을 밀어붙이는 데 호재라고 판단했는지
우왕은 이들 장수들에게 포상까지 내렸다. 하지만 정벌군의 본진은 위
화도에 주둔한 후 아직 아무런 움직임이 없었다.

그런데 5월 13일, 위화도에 주둔하고 있던 좌·우군 도통사로부터 우
왕에게 '반사班師'의 특명을 내려달라는 요청이 올라온다. 여기서 '반사'
라 함은 전쟁에 나선 군사를 되돌리는 회군을 말하는 것으로 당연히 요
동정벌을 중단하자는 뜻이었다. 이를 위해서는 군통수권자의 명령이
필요하니 이를 재가해달라는 것이었다. 최고통수권자는 국왕인 우왕이
었지만 실권이 최영에게 있었으니 이는 최영의 뜻에 달려 있었다.

이때 회군 요청을 좌·우군 도통사가 함께 올린 것으로 보아 이성계
와 조민수가 뜻을 같이한 것이었다. 이성계는 처음부터 4불가론을 내
세워 요동정벌을 반대했으니 당연한 일이지만, 정치노선이 달랐던 조
민수가 이성계의 뜻에 따른 것은 조금 의외였다. 이는 요동정벌이 그만
큼 무리한 추진이었다는 반증으로 볼 수 있겠다. 하지만 최영이 여기서
회군을 허용할 리 없었다.

회군을 요청한 내용에는 홍수로 인해 강을 건너기 힘들다는 등 4불
가론의 내용과 중복되는 것이 많다. 철령위 설치를 철회해달라는 표문
을 가지고 명에 들어간 박의중이 돌아오는 것을 기다리지 않고 정벌을
단행하는 것은 옳지 않다는 뜻도 피력하고 있다. 아울러 공민왕에 대한
시호와 우왕에 대한 책봉을 얻어냈으니 이는 종묘사직의 복이라고 하
면서 친명사대의 당위성도 언급하고 있었다. 이성계는 회군을 요청하
면서 친명사대를 훼손하지 않아야 한다는 점을 분명히 천명하고 있었

던 것이다.

그런데 회군 요청은 이게 처음이 아니었던 것 같다. 회군을 요청하는 내용 중에, 요동정벌의 불편한 점을 조목조목 기록하여 이미 도당에 전달했는데, 아직 윤허를 받지 못했다는 언급이 있는 것으로 보아 이전에도 올린 적이 있었다고 보인다. 그게 언제였는지는 명확치 않지만 요동정벌은 출정할 때부터 회군의 가능성이 잠재해 있었다고 할 수 있다.

회군 요청을 접한 우왕과 최영은 이를 받아들이지 않고 환관 김완金完을 위화도에 보내 빨리 진군하라고 독촉하였다. 이성계는 이 김완을 돌려보내지 않고 군중에 붙잡아두었는데 이를 보면 승낙 여부와 상관없이 이성계는 회군을 결행할 생각이었던 것 같다. 이때 최영은 요동을 협공하려고 북원에 사신을 파견해 군사 지원을 요청하기도 했다. 당시 북원은 겨우 명맥만 유지하고 있었을 뿐인데 그들의 지원을 생각한 것이다. 요동정벌은 요동을 정벌하는 것에 목적을 둔 것이 아니라 친명사대를 부정하고 다시 북원과 관계를 재개하려는 것이었다는 것을 보여준다.

5월 22일, 좌·우군 도통사는 또다시 회군을 허락할 것을 요청했다. 처음 회군 요청은 우왕에게 올린 것이었지만 이번에는 우왕이 아닌 최영에게 직접 사람을 보내 요청한 것이었다. 이때 우왕은 성주(평남 성천)의 온천에 행차 중이었는데, 최영은 그런 요청에 전혀 개의치 않았다. 이성계가 이렇게 연거푸 회군을 요청한 것은 기필코 회군을 단행하려는 명분 쌓기로 보인다.

이 무렵 위화도의 군진에서는 '이성계가 친병을 거느리고 동북면으로 돌아가려고 한다'는 유언비어가 돌면서 군중이 흉흉해 있었다. 소문을 접한 조민수는 이성계를 찾아가 "공이 돌아가면 우리는 어디로 가야 한단 말이오?"라고 하며 이성계를 말린다. 이에 이성계는 말리는 조민수를 뿌리치며 휘하 장수들에게 회군하겠다는 의지를 이렇게 선언했다. "만일 상국(명)의 경계를 범하여 천자께 죄를 얻으면 종묘사직과 백성에게 화가 미칠 것이다. 내가 순順과 역逆으로써 회군하기를 요청하였으나 국왕은 살피지 못하고 최영 또한 늙고 어두워 듣지 않았다. 그대들과 함께 회군하여 왕을 뵙고 화禍와 복福을 알릴 것이며, 국왕 곁의 악한 자(최영을 가리킴)를 제거하여 백성들을 편안케 할 것이다."

이성계는 회군하여 최영을 제거하겠다는 것을 분명히 선언했다. 이를 보면 이성계의 회군 의지는 확고했고 최영을 제거하는 것을 일차 목표로 삼은 것이었다. 아마 조민수는 대세를 따르는 처지였다고 보인다. 이성계의 주장을 들은 휘하 장수들은 명령대로 따르겠다고 맹서한다. 그리하여 여기서 역사적인 위화도 회군이 시작되는데, 1388년(우왕 14)년 5월 22, 23일경이었다.

회군은 사전에 계획된 군사정변

회군 당시에 '목자득국木子得國'이라는 동요가 나돌아 군사들뿐만 아니라 남녀노소가 노래했다고 한다. 이씨가 나라의 주인이 된다는 뜻인데, 이성계가 위화도 회군을 결심하면서 그때 벌써 왕위에 오를 생각까지 했다는 것일까? 그렇게 보기보다는 이는 이성계가 왕위에 오를 것이라는 후대 관찬사서에 의한 미화나 합리화로 보인다.

잘 알려져 있듯이 위화도 회군은 이성계가 권력을 장악하고 왕위에 오를 수 있었던 결정적 계기였다. 이를 기록한 《고려사》와 《고려사절요》는 조선 초기에 편찬된 관찬사서로서 당연히 조선왕조의 개창을 합리화하는 방향으로 찬술되었다. '목자득국'에 대한 기록은 그런 사례로 볼 수 있는데, 이런 식의 서술은 관찬사서의 기조이니 이 점을 정확히 인식하고 이 시대의 역사 기록을 읽어야 한다.

회군이 시작된 다음 날 5월 24일, 조전사漕轉使 최유경崔有慶이 성주에 머무르던 우왕에게 달려가 회군 사실을 알렸다. 최유경은 조전사라는 직책으로 보아 후방에서 군량 보급을 담당하는 관리로 보인다. 이때 최영은 서경에 있었는지 아니면 성주 온천에 머물던 우왕과 함께 있었는지는 명확히 드러나지 않지만 당연히 최영에게도 회군 사실이 알려졌을 것이다.

그런데 우왕이 성주에서 회군을 보고받은 이날, 우왕과 함께 있던 이성계의 첫째와 둘째 아들인 이방우와 이방과, 이두란의 아들인 이화상李和尙, 그리고 이들과 가까운 몇몇 인물이 우왕의 곁을 떠나 이성계의 군진으로 달아났다. 이성계와 이두란은 모두 정벌군에 참여했는데 그 아들들이 우왕 곁에 있었고, 또한 회군이 단행되자 즉시 이성계한테 달려갔다는 것은 무엇을 말하는 것일까?

이성계와 이두란의 아들들은 출정한 아버지에 대한 견제수단으로 우왕 곁에 묶여 있었다. 애초에 최영은 출정한 장수들의 처자까지 모두 잡아두려고 했으나 일이 다급하여 그러지 못했다고 한다. 그래서 이 아들들은 일종의 볼모나 인질이라고 생각되는데 최영 역시 예측불허의 상황을 조금은 염려했던 것 같다. 이성계와 이두란의 아들들이 회군이 단행되자마자 이성계의 군진으로 달려갔다는 것은 본인들의 그런 처지를 알고 있었기 때문이다. 그래서 회군은 사전에 계획된 것이 아니었을까 하는 생각이 다시 든다. 그게 언제쯤이었는지는 모르겠지만 최소한 위화도에 당도해서 결정된 것은 아니라고 본다.

회군이 사전에 계획된 것이라는 증거는 또 있다. 이성계의 다섯째 아들 이방원은 회군 당시 전리정랑典理正郎(정4품)으로 개경에 있었는데 정변 소식을 듣고 포천(경기)의 전원으로 달려가 친모 한씨와 계모 강씨, 그리고 그 가솔을 데리고 동북면으로 떠났다. 이방원은 아버지의 정변 소식을 듣고 가족의 안전을 제일 먼저 도모한 것인데, 사전에 회군 계획을 몰랐다면 그런 신속한 행동은 어려웠을 것이다.

5월 25일, 회군하여 남진하던 정벌군이 안주(평남)에 이르렀다. 우왕은 정벌군이 제 마음대로 회군하였으니 이들을 저지하라는 명을 내리지만 군사력이 충분치 못했다. 회군을 따르던 여러 장수들은 신속히 진격할 것을 요청하지만 이성계는 오히려 지체하며 남진을 늦춘다. 회군하는 정벌군에 맞설 군사력이 최영에게 없다는 것을 알고 그랬을 것이다. 시간은 이성계의 편이었다.

5월 26일, 우왕과 최영은 서경에서 재물과 보화를 모두 거두어 대동강을 건너 그날 밤 중화군(평양 바로 아래)에 이르렀다. 이어서 5월 28일, 이성계의 회군이 가까이 이르렀다는 보고를 받고 우왕과 최영은 지름길로 달려 기탄(황해도 평산)에 도착했다. 길을 재촉했는지 이튿날 아침 5월 29일에 개경에 들어올 수 있었는데, 이성계의 회군에 쫓겨 독 안에 갇힌 꼴이었다.

개경에 입경할 때 우왕을 따르는 군사는 기병 50여 기에 불과했다.

여기에 회군하는 정벌군을 환영하는 무리가 많았다고 하니까 대세는 이미 판가름난 것이나 다름없었다고 보인다. 최영은 문무백관에게 명하여 병장기를 갖추어 국왕을 호위하게 하였다. 정벌군에 맞서 싸우는 것은 고사하고 국왕의 신변 호위에 급급했던 것이다.

6월 1일, 이성계는 개경 근교에 회군한 군사들을 주둔시켰다. 그리고 앞서 위화도에서 붙잡아둔 환관 김완을 보내 우왕에게 다음과 같은 글을 올렸다. "현릉(공민왕)께서 지성으로 대국(명)을 섬기어 천자가 우리에게 군사로 공격할 생각이 없는데, 지금 최영이 대신으로서 조종 이래로 대국을 섬기는 뜻을 생각하지 않고 대군을 몰아 상국을 범하려 했습니다. 무더운 여름에 군사를 징발하니 삼한이 농기를 잃고, 왜놈들이 빈틈을 타서 깊이 쳐들어와 우리 인민을 죽이고 창고를 불태우고 있습니다. 게다가 한양에 천도하여 나라 안팎이 소요하니 지금 최영을 제거하지 않으면 반드시 종묘사직이 위태로울 것입니다."

앞서 위화도에서 회군을 요청하던 내용과 크게 다르지 않다. 여기에 새롭게 한양으로의 천도가 민심을 소요시켰다는 점을 추가했다. 한양성을 수축하고 출정 직전 세자와 후비들을 한양으로 옮긴 것을 천도로 간주한 것인데, 민심의 동향을 읽고 판단한 것으로 보인다. 이성계는 여기서도 요동정벌의 주역인 최영을 제거하겠다는 뜻을 우왕에게 분명히 밝히고 있다.

이튿날 6월 2일, 우왕은 이에 대한 답글을 이성계에게 보냈다. 그 내용은, 사태가 이 지경에 이른 것은 자신이 부덕한 소치라고 하면서 군신 간의 의리를 강조하여 이성계를 타이르는 것이었다. 눈에 띄는 대목은 자신을 호위하고 왕실을 위해 애쓴 최영을 핑계대지 말고 고집을 접으라는 내용이다. 이런 회유의 글에 이성계가 회군을 철회하고 없던 일로 할 수는 없었다. 이미 엎질러진 물이었다.

이때 이성계의 근거지인 동북면에서는 종군하지 않았던 자들이 앞다퉈 날뛰면서 개경 근교의 군진으로 몰려들었다. 그런 자들 중에는 여진족까지 포함해서 천여 명에 달했다고 한다. 이들은 아마 무장을 갖추고 이성계의 회군 소식을 기다리고 있다가 움직였던 것으로 보인다. 이런 부분도 이성계가 위화도 회군을 사전에 계획하고 있었다는 것을 암시한다.

우왕과 최영은 다급했다. 국가의 창고를 열어 금과 비단을 나눠주며 급히 군사를 모았다. 여기에 응한 자가 노비나 시정잡배들로 수십 명에 불과했다. 이에 지방의 군사도 따로 급하게 징발하여 도성의 4대문을 지키게 하고 급히 수레를 끌어 모아 대궐로 통하는 길목을 막았다. 그리고 새로운 인사 발령과 함께 길거리에 방을 붙였다. '최영을 좌시중, 우현보를 우시중, 송광미를 찬성사, 안소를 문하평리, 우홍수禹洪壽를 대사헌, 정승가鄭承可를 응양군 상장군, 조규趙珪를 밀직부사, 김약채金若采를 지신사로 삼는다. 조민수와 이성계 등 회군한 장수들을 붙잡는 자는 신분을 불문하고 큰 벼슬과 상을 내리겠다.'

이 방문과 인사 발령은 위화도 회군에 대해 왕명을 어긴 불법으로 규정하고 회군을 적극적으로 막을 자를 선임한 것이었다. 이때 관직을 받은 인물들은 모두 최영과 가까운 인물들로 회군에 저항하라는 것이었다. 하지만 이것으로 판세를 바꾸기에는 역부족이었다.

회군의 성공, 최영 유배

1388년(우왕 14)년 6월 3일, 이성계는 숭인문 밖의 산대암山臺巖으로 옮겨 주둔했다. 그리고 유만수柳曼殊에게 우군 일부를 주어 숭인문 안으로 들어가 공격하게 하였다. 유만수는 여러 차례 이성계의 부장으로 왜구 방어에 나섰던 인물이다. 이어서 좌군의 일부는 선의문 안으로 들어가 공격하게 하였다. 하지만 이 첫 공격은 성공하지 못했다. 도성 안에서 필사적으로 저항하는 최영의 군사들을 뚫지 못하고 물러난 것이다.

이에 이성계와 조민수가 직접 나섰다. 좌·우군을 길 양편으로 나누어 숭인문 안으로 행진하듯 들어섰다. 이때 도성 안 사람들이 술과 음식을 가지고 군사를 맞이했고, 방책으로 설치한 수레를 끌어내어 길을 열어주었으며, 노약자는 성 위에 올라가 환호성을 질렀다고 한다. 이역시 위화도 회군에 대한 관찬사서의 과장이나 미화가 더해진 것으로 보인다.

하지만 좌군의 조민수는 도성 안의 영의서永義署 다리에서 최영의 군사에게 쫓기었다. 이성계는 도성 안 사람들에게 환영받는데 조민수의 군사는 쫓기었다는 것은 얼른 이해가 안 된다. 좌군의 조민수는 소극적으로 회군에 가담하여 공격에 적극적이지 않았던 탓일까? 아니면, 환영받았다는 이성계에 대한 기록이 과장된 것일까?

이성계는 큰 깃발을 앞세우고 선죽교善竹橋를 거쳐 남산南山에 올랐다. 남산에는 최영의 휘하 장수 안소가 군사를 거느리고 진을 치고 있었는데 이성계의 대군을 보고 무너져 달아났다. 최영은 전세가 돌이킬수 없다는 것을 깨닫고 분노를 삭이지 못하며 화원花園으로 들어갔다.

이에 이성계는 암방사巖房寺 북쪽 고개에 올라 소라 나팔을 불면서 군사들에게 화원을 여러 겹으로 포위하도록 하고 최영을 내놓으라고 큰 소리로 외쳤다. 나팔 소리는 이성계가 전투에 나설 때마다 사용하는 신호였다.

이때 우왕과 왕비 영비, 그리고 최영은 팔각전八角展에 있었는데 최영은 나가려 하지 않았다. 회군한 군사들은 다시 나팔을 불면서 화원의 담장을 무너뜨리고 일시에 쳐들어갔다. 이어서 곽충보郭忠輔 등 무장 서너 명이 화원으로 들어가 최영을 찾았다. 최영은 우왕의 손을 잡고 서로 울면서 이별을 고하고 있었다. 최영은 결국 곽충보를 따라 나올 수밖에 없었으니 영락없이 포로의 신세였다. 이성계는 최영을 향해 이렇게 말했다. "이번 회군은 나의 본심이 아니오. 하지만 국가가 편안하지 못하고 백성이 괴로워하여 원망이 하늘에 사무친 때문에 부득이한 일입니다. 잘 가시오. 잘 가시오."

이성계는 위화도 회군을 어쩔 수 없이 결단한 조치로 말하고 있다. 회군이 불가피한 조치였는지, 또 다른 목적을 가진 미리 계획된 조치였는지는 차츰 드러날 것이다. 마침내 최영을 고봉현高峰縣(경기 고양)으로 유배시켰는데, 방을 붙여 최영과 함께 수상을 임명받았던 우현보와 기타 인물들은 모두 도망쳐 숨어버렸다.

최영은 유배를 떠나면서 이렇게 탄식했다고 한다. "이인임의 말이 참으로 옳았도다!" 이인임이 일찍이 이성계가 결국 나라의 주인이 될 것이라고 말했다는 것이었다. 이인임은 아마 이성계의 군사력에 주목해서 그런 말을 했을 것이다. 이때 이인임은 경산부(경북)에 유배 중이었다. 그가 이성계의 위화도 회군이 성공했다는 소식을 들었다면 어떤 생각을 했을까?

어쩌면 이인임은 최영에게 요동정벌을 제의했을지도 모른다. 그것만이 친명사대를 주도하면서 부상하는 신진사대부의 세력 확대를 막고, 이성계를 제압하여 권력을 온전히 장악할 수 있다고 말이다. 하지만 그 방법은 극약처방이 될 수도 있으니 조심하라는 말도 덧붙였을 것 같다. 역사서에 없는 상상일 뿐이다. 이인임은 회군이 성공한 직후 유배지에서 죽는데 어쩌면 자결했을 가능성이 많다. 자신의 시대는 이제 완전히 끝났다는 생각을 했을 테니까 말이다.

최영을 유배시킨 후, 이성계와 조민수 두 도통사와 회군에 참여한 36 무장들은 대궐 앞에 나아가 우왕께 절을 하고 군사를 대궐 밖으로 물리쳤다. 이성계의 위화도 회군은 그렇게 일단 성공했다. 대규모 군사가 회군에 참여해서 그랬는지 별다른 전투 없이 큰 희생을 치르지 않고 성공한 것이다. 이전에 최영이 임견미·염흥방 일당과 그 일족을 일망타진할 때의 엄청난 살상에 비하면 회군은 군사적 정변임에도 별로 희생이 없었다는 점이 특별했다.

그런데 몇 가지 의문이 드는데, 최영은 위화도 회군을 정말 예측하지 못했을까? 꼭 회군은 아니더라도 대규모 군사가 동원되는 문제이니 불측한 변을 충분히 경계할 만했을 텐데 말이다. 게다가 독자적인 군사기반을 갖춘 이성계가 요동정벌을 정면으로 반대하면서 참전한 마당이니 더욱 위험했다. 그럼에도 요동정벌을 밀어붙였던 것은 최영에게는 그게 더 절박했던 탓이라고 볼 수밖에 없다.

또 한 가지는, 회군에 반발한 장수나 군사가 전혀 없었다는 점도 조금 의문이다. 이성계 휘하의 우군은 회군에 가담하는 것이 당연하겠지만, 조민수 휘하의 좌군은 이성계의 우군과는 그 성향이 좀 달랐을 것 같은데 그랬다. 이는 좌군이 대부분 농민에서 징발된 군사였다는 사실과 관련 있을 것으로 보인다. 좌군에 편입된 충청, 경상, 전라도의 백성들은 그동안 줄곧 왜구에 시달렸고, 요동정벌이 시작되면서 축성에도 동원되었으며, 마침내 군사로 징발당하면서 농사도 놓치고 있었다. 이에 대한 불만과 원망이 쌓여 회군을 환영하는 것이 대세를 이루었다고 보인다. 조민수는 이런 대세를 거스를 수 없었을 것이다.

6월 4일, 회군이 성공한 직후 다시 명의 '홍무' 연호를 시행하고 모든 관리들에게 호복을 금하면서 명의 관복을 입게 했다. 친명사대의 외교노선을 다시 회복한 조치였다. 공민왕 때 친명사대 외교를 결정하고 홍무 연호를 채택한 이후, 이인임 정권에서 이를 버렸다가 다시 채택했고, 최영이 요동정벌에서 다시 이를 버렸다가 위화도 회군의 성공으로 또다시 채택한 것이다. 이는 정치적 격변에 따른 변화무쌍했던 외교노선을 그대로 보여주는 것이었다.

이어서 우현보를 파면하고 조민수를 좌시중, 이성계를 우시중, 조준을 첨서밀직사사 겸 대사헌으로 삼고 회군에 가담한 여러 장수들을 다시 복직시켰다. 여기서 조준을 갑자기 대사헌으로 발탁한 점이 주목되는데 물론 이성계의 뜻이었다. 이후 조준의 활약이 두드러진다.

그리고 회군에 가담한 모든 장수들이 흥국사에 모여 각 지방의 축성 작업과 징병을 중단하게 하였다. 아울러 최영을 좇아 회군에 저항한 자들을 잡아들여 적극 가담자는 죽이고 일부는 순군옥에 가두었다. 그리고 최영을 다시 합포(마산)로 옮겨 유배시켰다. 이어서 회군에 저항한 자들도 전국 각 지역에 따로 따로 분산 유배시켰다.

이성계의 사람들, 그리고 조준

이성계가 위화도 회군을 단행할 때 혼자서 결정하지는 않았을 것이다. 물론 이성계의 의지가 가장 중요하게 작용했겠지만 그런 중대한 문제를 결정하는 데 이성계 측근에서 조언해주는 사람이 있었을 것이란 얘기다. 우선 떠오르는 인물은 정몽주와 정도전이다. 이 두 사람은 신진사대부 중에서 이성계가 제일 먼저 접촉하고 가까이했던 인물이기 때문이다.

정몽주는 요동정벌 당시 삼사좌사(정3품)로 있었는데 이 무렵 이성계와 접촉한 흔적은 없다. 그래서 정몽주는 이성계에게 직접 회군을 제안할 기회가 없었다고 보인다. 다만 그의 일관된 친명사대 노선으로 본다면 요동정벌을 반대했을 것이 분명하고, 회군이 성공한 후에도 이를 지지했으리라고 본다. 요동정벌은 친명사대를 부정했고, 회군은 친명사대를 지킨다는 명분을 내세웠기 때문이다.

이에 반해 정도전은 사전에 회군에 대해 어떤 식으로든 개입했을 가능성이 많다. 이성계의 함주 군진에서 정도전이 가장 주목했던 것은 그의 군사력이었기 때문이다. 이성계의 군사력에 주목한 정도전이라면 위화도 회군은 그런 군사력을 활용할 절호의 기회가 아니겠는가. 다만 정도전은 회군 당시 외직인 남양 부사로 나가 있어 정몽주와 마찬가지로 이성계와 접촉한 흔적은 드러나지 않는다. 하지만 정도전은 회군이 성공한 직후 이성계에 의해 성균관의 장관인 대사성에 발탁되었다는 점을 고려하면 그가 어떻게든 회군에 간여했을 가능성이 크다.

그런데 요동정벌 과정에서 이성계의 측근으로서 회군을 정면으로 제안했던 인물은 따로 있었다. 남은南誾이 그런 인물이었다. 그는 공민왕 때 과거에 급제하였지만 빛을 못 보다가 삼척에서 왜구를 물리치면서 본격적으로 관직을 시작했다. 무장의 성향이 강해서 그랬는지, 아니면 이성계와 특별한 인연이 작용해서 그랬는지 그는 이성계의 측근 부장으로 요동정벌에 참여하는데, 위화도에서 이성계에게 회군을 직접 제안했던 것이다.

남은은 이성계에게 회군을 제안했을 뿐만 아니라 그때 이성계를 국왕으로 추대할 생각까지 하였다. 이를 보면 남은은 아주 특별한 인물로 보인다. 어느 누구도 함부로 품지 못할 생각을 회군 당시에 이미 드러냈기 때문이다. 그게 이성계의 의중을 반영한 생각인지, 아니면 이성계의 뜻과는 상관없이 남은의 개인적인 생각이었는지는 잘 분간이 되지 않는다.

남은과 같이 회군을 제안하고 이성계를 국왕으로 추대할 생각을 한 사람이 또 있었으니 조인옥趙仁沃이었다. 조인옥은 조돈趙暾의 넷째 아들인데, 조돈은 이성계의 아버지 이자춘과 함께 공민왕 때 쌍성총관부를 수복하는 데 중요한 역할을 했던 인물이다. 조돈이나 이자춘 양인 모두 대대로 함흥 지역의 토착 세력가들로서 고려왕조에 귀부하여 영토 수복에 공을 세웠다. 여기에 조돈과 이자춘은 사돈관계이기도 했으니 이런 여러 인연 때문이었는지 조인옥과 이성계는 일찍부터 긴밀한 사이였다. 조인옥은 그렇게 남은과 함께 회군을 제안하고 이성계를 추대할 생각까지 했던 것이다.

남은과 조인옥이 이성계를 왕으로 추대하려는 생각에 대해 이성계는 매우 삼가는 태도를 보였다고 한다. 그래서 이 생각은 이성계 외에 다른 사람들에게는 전달되지 않았던 것 같다. 회군이 성공한 후 남은과 조인옥은 이방원에게도 그런 추대 의향을 드러냈지만 이방원 역시 더 이상 입 밖에 내지 못하게 했다고 한다. 이성계 부자의 이런 태도는 그런 쪽에 의지가 결코 없어서가 아니라 아직 때가 아니라는 판단 때문이었을 것이다.

그러니까 이렇게 추론해볼 수 있겠다. 회군은 이성계의 측근에 있던 몇몇 사람이 이미 제안했던 일이고, 회군을 결심한 시기는 최소한 위화도에 당도하기 이전이었을 가능성이 크다. 또한 회군을 제안한 남은이나 조인옥 등이 이성계를 왕으로 추대할 생각까지 했다는 것은 회군 이후의 정권 장악까지 고려했다는 뜻이다. 이성계가 막연하나마 왕이 될 생각을 했던 것은 이 무렵이 아니었을까?

그런데 회군이 성공한 직후 또 다른 중요한 제의가 이성계에게 들어왔다. 왕씨를 새로운 왕으로 세우자는 제안이었다. 이를 제기한 인물은 윤소종尹紹宗이었고 이성계의 측근에 있던 조인옥이 이를 받아 다시 주장한 것이다. 왕씨를 새로운 왕으로 세우자는 논의는 우왕을 공민왕의 친자가 아니고 왕씨로 보지 않는다는 뜻이었다.

윤소종은 충숙왕 때 국왕 측근으로 신임을 받던 윤택尹澤의 손자로, 공민왕 때 과거에 급제하여 관직에 나온 인물이다. 이후 주로 대간을 맡으며 신돈과 가까운 무장들의 득세를 비판하는 상소를 올리기도 했고, 공민왕 말년에는 국왕 측근에서 정치를 문란케 하는 김흥경을 비판하다가 탄핵을 받아 쫓겨나기도 했다. 이때 윤소종을 탄핵한 자가 대간의 상관으로 있던 우현보였다. 윤소종은 우왕이 즉위한 후에 하급의 문한직에 주로 머물렀으며 이인임 정권하에서는 특별한 활동이 없었다.

윤소종은 정지 장군을 통해 이성계와의 면담을 요청하고 《곽광전霍光傳》을 전달하면서 그런 제안을 했다. 정지는 앞장에서 언급했듯이 왜구와의 전투에서 여러 차례 승전을 올린 신망받는 장수였는데, 요동정벌에서는 이성계의 휘하 장수로 참전했고 회군에도 가담한 인물이다. 윤소종이 정지 장군을 통했다는 것은, 이때까지 윤소종이 이성계와 특별한 관계가 없었다는 것을 말해주고, 정지는 이때 이성계의 측근에 있었다는 것을 보여준다.

윤소종이 이성계에게 전달한 《곽광전》은 중국 한나라의 대신 곽광이 무도한 창읍왕昌邑王을 폐하고 선제宣帝를 세운 사실을 기록한 책이다. 그러니까 윤소종의 제안은 왕씨를 새로운 왕으로 세우자는 직접적인 언급이 아니라 일종의 암시였다. 조인옥이 이 책을 이성계에게 보여주며 왕씨를 세우자는 논의를 적극 개진한 것이다. 조인옥은 남은과 함께 처음에 이성계를 왕으로 추대할 생각을 했던 사람인데 윤소종의 제의를 받고 왕씨를 새로운 왕으로 세우자고 주장한 것이다.

남은이나 조인옥의 생각처럼 이성계를 왕으로 추대하든, 윤소종의 제안처럼 왕씨를 새로운 왕으로 세우든 지금 재위 중인 우왕을 폐위시켜야만 가능한 일이었다. 그래서 회군 직후 우왕에 대한 폐위 문제는 이성계의 측근에서 자연스럽게 부상하고 있었다. 다만 이성계를 왕으로 추대하자는 논의는 너무 성급하고 무리하다고 판단했는지 잠잠해지고, 대신 왕씨를 새로운 왕으로 세우자는 논의로 대체되었다고 볼 수 있다.

이상에서 언급한 인물들이 요동정벌을 전후한 시기에 회군을 직접 제안했거나 회군을 지지하며 이성계와 뜻을 함께했다. 여기에 반드시

추가해야 할 인물이 하나 더 있다. 바로 조준인데 그는 요동정벌 당시 왜구를 막기 위해 장수로서 양광도에 파견되어 있었다. 그래서 그 무렵 이성계와 접촉한 흔적이 없고 회군에 간여할 기회도 없었던 것으로 보인다. 하지만 조준은 이성계와 요동정벌 직전에 특별한 관계를 맺고 있었다.

조준은 처음에 최영의 천거를 받아 중책에 발탁되었지만 오래가지 못하고 최영과 멀어졌던 인물이다. 이는 최영이 이인임 정권을 추종했기 때문으로 보인다. 즉 조준은 최영을 이인임 정권의 인물들과 조금도 다르게 보지 않았던 것이다. 이후 조준은 이인임 정권으로부터 미움을 받아 4년 동안 경서를 읽으며 두문불출했다고 한다. 최영이 임견미·염흥방을 제거한 후 다시 불러 중용하려 했지만 조준은 이마저 사양할 정도로 최영과는 거리를 두었다.

그러면서 조준이 새롭게 가까이한 인물이 앞의 윤소종·조인옥·정지 등이었다. 아울러 이들과 함께 왕씨가 끊긴 것을 분하게 여기면서 다시 왕씨를 세울 뜻을 가졌다고 한다. 이때가 요동정벌이 단행되기 직전 무렵이었다. 이런 조준이 이성계의 눈에 들어온 것이다. 이성계는 그의 비범함을 알아보고 크게 기뻐하며 옛 친구처럼 대했다고 한다. 이로써 볼 때 조준은 우왕 폐위에 공감했고 최소한 위화도 회군에도 어떻게든 자신의 의사를 개진했을 가능성이 크다.

조준과 이성계, 양자의 관계는 이성계와 정도전의 관계, 그에 못지않게 긴밀했다. 회군이 성공한 직후 이성계는 누구보다도 제일 먼저 조준을 발탁하여 대사헌이라는 중책을 맡긴 것만 봐도 이 점을 알 수 있다. 아울러 이성계는 크고 작은 모든 일에 대해 조준의 자문을 구했다니까 위화도 회군 직후 이성계가 조준을 얼마나 신임했는지 알 수 있다.

우왕 폐위, 창왕 옹립

우왕 폐위에 대한 논의는 이성계의 측근들뿐만 아니라 회군에 참여한
장수들 사이에서도 자연스럽게 나오고 있었다. 회군이 성공한 후 최영
과 가까운 인물들이 모두 유배된 상태에서 우왕을 지켜줄 자는 없었다.
이에 우왕은 자신에게도 화가 미칠 것이라는 점을 인식했는지 1388년
(우왕 14)년 6월 6일 반격을 시도한다.

우왕은 밤중에 환관 수십여 명을 무장시켜 이성계·조민수·변안열을
제거하기 위해 집으로 쳐들어갔다. 이성계와 조민수는 회군에 참여했
으니 죽이고 싶었겠지만 변안열은 요동정벌에 참여하지도 않았는데 왜
제거 대상으로 생각했는지 모르겠다. 아마 회군이 성공하면서 대세에
따라 회군을 지지했던지, 아니면 우왕 폐위에 동조한 탓이 아닌가 한
다. 하지만 이성계 등 이들의 집은 무장한 군사들에 의해 철저히 호위
되고 있어 접근조차 어려워 무위로 그쳤다. 괜한 꼬투리만 잡혀 우왕의
처지는 더욱 어렵게 되고 말았다.

다음 날 6월 7일, 회군에 참여한 장수들이 숭인문에서 모여 우왕 문
제를 논의하고, 조인벽趙仁璧·심덕부·왕안덕을 대궐에 보내 궁중의 병
기와 기마를 모두 거두어들였다. 우왕과 궁중에 대해 일종의 무장해제
를 시킨 것이다. 조인벽은 앞서 언급했던 조돈의 첫째 아들이고 조인옥
의 형이다. 그는 주로 왜구 방어에 주력했던 장수로 심덕부·왕안덕과

달리 요동정벌에 종군하지 않았는데 이 일에 나선 것이다. 이들은 모두 우왕 폐위에 동조한 자들로 보인다.

그리고 6월 8일 우왕을 영비와 함께 강화도로 내쳤다. 이에 따른 별다른 반발이나 저항은 없었다. 이어서 문무백관이 옥새인 전국보傳國寶를 받들어 정비定妃에게 바쳤다. 여기 정비는 공민왕이 들인 안극인의 딸이었는데 왕대비로서 왕실의 어른 자격이었다. 중요한 것은 다음 국왕을 누구로 할 것이며 이를 누가 결정할 것인가의 문제였는데 이런 결정을 힘없는 정비가 내릴 수 있는 상황이 아니었다. 이에 선수를 친 자가 조민수였다.

6월 9일, 조민수는 정비의 전교를 받들어 우왕의 아들인 창昌을 국왕으로 세웠다. 이 사람이 창왕昌王인데 당시 나이 9세였다. 이 창왕은 우왕과 이림의 딸인 근비 사이의 소생이었고, 이림은 이인임과 가까운 인척이었다. 조민수는 이인임의 천거와 발탁으로 지금까지 승승장구했던 인물이니 창왕을 세운 것은 이인임과의 이런 사적인 인연을 생각한 것이었다.

왕씨를 국왕으로 세우겠다고 생각했던 이성계 일파는 조민수에게 갑자기 허를 찔리고 말았다. 회군을 결행하면서 이성계와 조민수는 우왕을 폐하고 왕씨를 세우자고 약속을 한 바 있었기 때문이다. 이때 조민수는 창왕을 세우기 위해 이색을 앞장세웠다. 유학자로서 사대부의 중심에 있던 이색에게 자문하니 창왕을 세우는 데 동의했다는 것이었다.

조민수가 이색의 동의를 빙자하여 재빨리 창왕을 내세운 것은 정치적 주도권을 잡으려는 의도였다. 공민왕이 죽자 바로 우왕을 내세워 정권을 장악했던 이인임처럼 말이다. 회군 후 수상에 올랐던 조민수이니 그럴 만한 힘은 충분하다고 판단했을 것이다. 이어서 조민수는 유배 중인 이인임을 불러들이려고 하는데 이인임은 이미 죽은 뒤였다. 조민수가 이인임을 다시 불러들이려고 했다는 것은 그가 이인임 정권의 충실한 일원이었다는 것을 말해준다.

그런데 조금 의문인 것은 왜 우왕 폐위를 당연하게 여겼을까 하는 점이다. 이성계 일파에서는 충분히 그런 조치를 생각할 수 있겠지만 조민수를 비롯한 이성계 일파와 거리를 두고 있던 사람들조차 우왕 폐위에 대해 동조했다는 점이 조금 이상한 것이다. 게다가 조민수가 이인임의 충실한 후계자였다면 이인임이 옹립했던 우왕을 폐위시키는 데 동조했다는 것은 아무래도 석연치 않다.

우왕 폐위는 위화도 회군을 결행할 때 이미 논의된 사안이었던 것 같다. 다시 말해서 회군에 가담한다는 것은 우왕 폐위에도 동의한다는 것을 의미하고 그때 폐위 문제까지 합의했다는 뜻이다. 조민수와 이성계가 회군 당시 왕씨를 다시 세우자고 약속했다는 것은 이를 말해준다. 회군 당시에는 최영 제거만을 내세웠지만 최영과 우왕은 한몸이나 다름없었으니 우왕 폐위는 불가피한 수순이었던 것이다.

조민수 등 회군에 가담한 장수들이 우왕 폐위에 대해 별다른 이견 없이 쉽게 동의한 것은 피할 수 없는 대세였기 때문이다. 회군에 가담하면서도 우왕 폐위에 반대한다는 것은 앞뒤가 안 맞는 궁색한 행동이었을 것이다. 여기에 우왕이 공민왕의 친자가 아니라 신돈의 자식이라는 사실도 폐위 결정에 영향을 주었다고 보인다. 결국 왕씨가 아닌 창왕을 세움으로써 왕씨의 옹립은 물거품이 되었지만 일단 조민수가 주도권을 잡았다고 볼 수 있다.

창왕을 세웠지만 아홉 살의 유주가 왕권을 행사할 수 없을 것이니 조민수는 그 후견인 역할을 생각했을 것이다. 이는 이성계 일파와 조민수를 비롯한 구세력 사이의 권력투쟁을 예고하는 것이었다. 창왕이 즉위한 직후 조민수는 양광·전라·경상·서해·교주도의 도통사를 맡고 이성계는 동북면·삭방·강릉도 도통사를 맡았다. 두 사람이 수상과 아상으로서 전국의 군사권을 양분하여 일단 양두체제를 세운 것이다. 조민수가 훨씬 넓은 지역을 관할하는 위치에 있었지만 동북면에 사병적 군사력을 보유한 이성계를 넘어서기는 쉽지 않았다.

그런데 창왕 즉위 직후 이성계는 질병을 핑계로 사퇴를 요청한다. 이는 창왕 즉위와 이를 주도한 조민수에 대한 불만이 작용한 것이 아니었나 싶다. 하지만 권력의 중심에 들어선 이성계가 사퇴를 요청한다고 해서 그를 내칠 수 있는 자는 아무도 없었다. 사퇴 요청은 조민수를 향한 이성계의 엄포나 견제용이 아니었을까?

주원장은 회군을 어떻게 판단했을까?

고려에서 요동정벌을 위해 대군이 압록강까지 도달했는데 명에서 이를 모를 수가 없었다. 이를 알아차린 명의 조정에서는 고려를 정벌하자는 논의가 일어났다. 주원장은 정벌을 단행하기 위해 막 준비 중이었는데 고려에서 사신이 도착하자 이를 중단했다고 한다. 이때가 회군이 성공하고 명의 홍무 연호를 다시 시행한다는 조치가 내려진 직후인 1388년 (우왕 14)년 6월 4일경이었다.

그런데 고려 측 사서에는 이 무렵 명에 사신으로 누구를 언제 파견했는지 구체적 기록이 전혀 없다. 명측 사서에도 이 무렵 고려에서 사신이 들어왔다는 기록이 없기는 마찬가지다. 그렇다면 명에서 고려의 사신을 접하고 그만두었다는 얘기는 어떻게 나온 것일까?

앞서, 철령위 조치를 철회해달라는 고려 사신 박의중이 명에 파견된 것은 그해 2월이었고 그때는 요동정벌이 아직 결정되기 전이었다. 그러니 박의중은 요동정벌 사실을 아직 모른 상태에서 명으로 향했던 것이다. 박의중은 그해 4월 명에 도착하여 주원장을 만났고, 그해 5월 5일 명을 출발하여 6월 말에 고려에 들어왔다. 박의중이 명에서 출발할 무렵에는 요동정벌의 군사가 압록강에 막 도착한 때였지만 이때까지도 명에서는 요동정벌 사실을 몰랐다. 알았다면 환국하는 박의중에게 요동정벌에 대한 주원장의 어떤 조치가 전달되었을 것이다. 아니면 환국하지 못하고 억류당했을 것이 뻔하다.

박의중이 고려에 도착한 것은 이미 회군이 성공하여 최영을 유배시키고 우왕까지 폐위시킨 뒤였다. 그리고 고려에서 정식으로 명에 사신을 파견하여 최영의 요동정벌에 대한 죄상과 창왕의 즉위를 알린 것은 그해 7월에야 이루어졌다. 이 사행에 대해서는 뒤에 따로 살펴보겠지만, 명에서 고려 사신을 접하고 공격을 중단했다는 얘기가 어떻게 나오게 되었는지 되짚어볼 필요가 있다. 앞서 사신으로 파견된 박의중과는 무관한 일이 분명하니 궁금한 것이다.

이에 대해서는 이렇게 추론해볼 수 있을 것이다. 이성계는 위화도에서 회군을 결단하면서 명에 비밀리에 사람을 보내 회군 사실을 알리지 않았을까 하는 생각이다. 공식적인 사신이 아니니 사서에 기록이 남아 있지 않았을 것이다. 위화도에서 회군을 시작한 게 그해 5월 22일경이니 그 직전에 사신을 급파했다면 주원장의 중단 조치가 내려진 그 무렵에 대강 도달할 수 있었다고 보인다.

그럼 이성계가 명에 사람을 보내 회군 사실을 알린 이유가 뭘까? 위화도에서 회군을 결심한 이성계로서는 이를 성공시키는 것도 중요하지만 명에서 군사가 움직이는 것도 막아내야 했다. 만약 회군 도중에 요동정벌을 알아차린 명이 고려를 공격한다면 이는 큰 낭패가 아닐 수 없었다. 회군의 성공도 장담할 수 없을뿐더러 사태가 어떻게 비화될지 알 수 없는 일이기 때문이다.

요동정벌이 친명사대를 부정하는 일이고 회군은 친명사대를 지키기 위한 조치라는 것을 이성계는 회군을 전후로 줄곧 내세웠다. 회군이 성공하고 명의 홍무 연호를 즉각 다시 시행한 것도 명과의 관계를 고려하여 친명사대를 원상회복하려는 조치였다. 아울러 혹시 모를 명의 고려에 대한 군사 개입을 미연에 막기 위한 조치이기도 했다. 게다가 회군을 결행할 당시 우왕 폐위까지 결심했다면 명과의 이런 사전 교감은 더욱 중요한 문제였을 것이다.

이상과 같은 추론이 타당하다면 이성계 일파는 명과의 관계에서 비공식적이지만 회군을 일단 묵인받은 셈이다. 하지만 회군 이후 우왕 폐위 등 고려의 급격한 정국 변화에 대해 명의 주원장이 어떤 반응을 할지는 또 다른 문제였을 것이다.

1388년(우왕 14)년 7월, 고려에서는 문하찬성사 우인열과 정당문학 설장수를 명에 사신으로 파견한다. 위화도 회군이 성공한 후 최초의 공식 사절이었다. 명에 우인열과 설장수를 사신으로 파견하기 직전에 마산에 유배된 최영을 불러와 요동정벌을 추진한 죄에 대해 국문이 이루어졌다. 아마 이는 명에 사신을 파견할 때 최영의 죄상을 적시하기 위한 절차로 보인다.

사신 설장수는 여러 차례 명에 파견되어 명과의 관계 회복에 기여하였으니 일단 이성계와 통하는 인물로 볼 수 있다. 하지만 우인열은 초기 이인임 정권에 봉사했고 최영과도 친밀한 인물이었으니 이성계보다는 조민수와 가까운 인물로 볼 수 있다. 최영이 유배되었음에도 그와 친밀했던 우인열이 건재하고 있다는 사실 자체가 조민수의 영향력이 반영된 것으로 보인다.

이들 사신은 세 가지 사항을 명에 알렸다. 우왕의 양위와 창왕의 즉위, 그리고 최영의 죄상이었는데, 세 가지 사항이 서로 연결되는 문제였다. 최영이 문하시중으로서 군국의 권력을 잡고 살상을 마음대로 하면서 군사를 일으켜 요동을 치려 했고, 우왕은 이를 막지 못한 잘못이 있다는 것이었다. 이에 번다한 국사에서 벗어나기 위해 아들 창에게 왕위를 잇게 했다는 것이었다.

이들 사신이 명에 도착한 것은 그해 10월이었는데, 태조 주원장은 이게 이성계의 모략이라고 판단하고 향후의 변화를 좀 더 지켜보겠다는 태도를 취했다. 다시 말해 창왕 즉위를 승인하지 않고 고려 정국과 이성계를 주시하겠다는 뜻이었다. 이런 주원장의 태도는 이번 고려 사신을 접하기 이전에 이성계가 회군을 성공시킨 후 우왕을 폐위시켰다는 사실을 이미 알고 있었기 때문인데, 다음에서 알 수 있다.

고려의 사신이 명에 도착하기 전인 그해 8월, 회군 후에 의주에 남아 국경을 지키던 고려 무장 하나가 도주하여 명에 항복한 일이 있었다.

도주한 그 무장이 명에 알린 내용은, 이성계의 주도로 회군하여 개경을 공격하고 우왕과 최영을 체포했다는 것이었다. 이런 보고를 받은 주원장은 위화도 회군 이후 고려의 정변을 대강 알고 있었던 것이다. 이에 주원장은 요양의 경계를 엄중히 하고 정탐 활동을 계속하라는 명령을 내렸다.

주원장은 위화도 회군이 요동정벌을 중단시킨 것으로 끝난 것이 아니라 우왕을 폐위시킨 정변으로 전개되었다는 것을 이미 파악하고 있었다는 얘기다. 물론 정변 후 이성계가 권력을 장악했다는 것도 알았을 것이다. 고려 사신의 보고를 접한 주원장이 이를 이성계의 모략이라고 판단했던 것은 이 때문이었다. 바야흐로 다시 명과 새로운 외교적 줄다리기를 예고하고 있었는데 이성계가 풀어나가야 할 또 하나의 숙제였다.

찾아보기

【ㄱ】

개경에서 한양까지 1

2020년 11월 29일 초판 1쇄 인쇄
2020년 11월 30일 초판 1쇄 발행

글쓴이   이승한
펴낸이   박혜숙
디자인   김정연
펴낸곳   도서출판 푸른역사
  우) 03044 서울시 종로구 자하문로8길 13
  전화: 02)720−8921(편집부) 02)720−8920(영업부)
  팩스: 02)720−9887
  전자우편: 2013history@naver.com
  등록: 1997년 2월 14일 제13−483호

ⓒ 이승한, 2020

ISBN 979−11−5612−178−7 04900
ISBN 979−11−5612−177−0 04900(SET)